〈그림 I〉

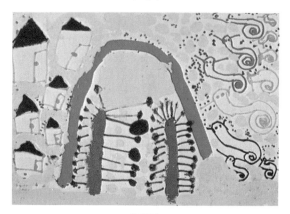

〈그림 II〉

〈그림 III〉

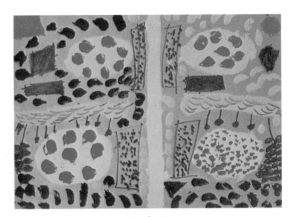

〈그림Ⅳ〉

〈그림Ⅴ〉

카를 융
인간의 이해

**일러두기**

- 이 책은 가와이 하야오의 《융 심리학 입문》(초판 1967년)을 완역한 책으로, 저자의 아들 가와이 도시오가 2009년에 엮어서 출간한 융 컬렉션의 첫 번째 책이다. 융 컬렉션은 다음과 같이 구성되어 있다. I. 융 심리학 입문, II. 카운슬링의 실제, III. 생과 사의 접점, IV. 심리치료법 서설, V. 융 심리학과 불교, VI. 심리치료법 입문.
- 도서명, 잡지명은 《 》로, 논문명은 〈 〉로 묶었다.
- 주석에 나오는 출판사 이름은 국립국어원 외래어 표기법을 따르되, 일본어 음독이 긴 '호세이 다이가쿠 슈판쿄쿠' 같은 것은 '호세이대학출판국'으로 표기했다.

# 카를 융 인간의 이해

## 융이 그린 마음의 해부도

가와이 하야오 지음

가와이 도시오 엮음

김지윤 옮김

바다출판사

# 융 심리학에서 배우다

## 인생의 선택

1952년에 교토대학교 수학과를 졸업했을 때는 평생 고등학교 교사로 일하겠다고 결심했었다. 하지만 교사 생활을 하다가 매너리즘에 빠져서 정신적으로 추락하지 않기 위해서는 '어떤 의미에서든 자신을 발전시켜야 한다'는 선배 교사의 충고를 듣고, 교사로 일하면서 교토대학교 대학원에서 심리학을 배우기로 했다. 수학에서는 더 '발전'할 수 없다는 사실을 잘 알고 있었고, 심리학을 배우는 일은 교사로서도 필요하다고 생각했기 때문이다.

만약 평생 고등학교 선생으로 일하겠다는 일념으로 한 길만 걸었다면 지금쯤 어떻게 되었을까? 마음먹었던 대로 '일본 최고의 교사'가 되어 있을까? 지금 내가 하고 있는 일은 처음 뜻과는 달라졌지만 어떤 면에서는 '교사'와 상당히 비슷하다는 생각도 든다. 내 책은 고등학생 정도의 학력 수준만 되면 읽을 수 있다(사실 학력 수준만으로는 이해하기 어려운 곳도 상당 부분 있기는 하다). 이해하기 쉽게 설명하는 일을 한다는 점에서는 처음에 품었던 뜻을 이뤘는지도 모른다.

심리학을 배우기 시작한 지 얼마 안 되어서 내가 원하는 심리학인 임상심리학을 배우려면 미국으로 가야 한다고 생각하게 되었다. 솔직히 말하면 당시 일본에는 지도자가 없다고 할 정도로 미개척 분야였기 때문이다.

심리학을 배운 지 얼마 안 되었을 때는 심리치료나 카운슬링을 할 수 없었다. 자신이 없어서였다. 사람들에게 도움이 되는 일을 하기 전에 먼저 인간을 '아는 것'이 중요하다 싶었다. 그래서 '로르샤흐 테스트'라는 심리 테스트(나중에는 이것이 사실 테스트가 아니라고 생각하게 되었지만)에 빠져들었다. 당시 나는 로르샤흐 검사법 분야의 권위자였던 브루노 클로퍼Bruno Klopher의 책을 한 글자도 놓치지 않으려고 애쓰며 읽었는데, 아무리 읽어도 이해가 안 되는 부분이 있었다. 답장은 기대하지도 않았지만 혹시나 하는 마음에 클로퍼 교수에게 편지를 보내 질문했는데 놀랍게도 답장을 받았다. 내가 질문한 부분은 자신의 실수로 인한 오류이며 지금까지 그걸 지적해준 사람이 없었다는 내용이었다. 나는 놀랍기도 하고 기쁘기도 했다. 이 사건으로 미국 유학을 가고 싶은 생각이 더욱 커졌다.

그리고 1957년에 교토대학교에서 열린 미국 세미나가 미국 유학 의지를 한층 더 불타게 했다. 세미나에 온 미시건대학교 보덴 교수의 강의는 아주 명쾌한 데다가 풍부한 경험까지 뒷받침되어 있어서 깊이가 있었다. 그는 내가 심리치료법이나 카운슬링에 대해 품었던 다양한 의문을 풀어주었다. 그리고 그 시기에 나도 조금씩 카운슬링을 시작했다. 자발적이었던 것은 아니고 고등학생이 상담을 하러 와서 어쩔 수 없이 하게 되었지만 말이다.

유학을 결심하고 클로퍼 교수와 보덴 교수 중 누구 밑에서 공부해야 할지 망설였다. 보덴 교수는 직접 만났기 때문에 그의 뛰어난 학식을 잘 알고 있었다. 그럼에도 나는 클로퍼 교수를 선택했는데, 전혀 모르는 일본인에게 솔직하게 답변해주었다는 사실이 크게 작용했던 것 같다. 당시에는 몰랐지만 이 선택이 후에 내가 융 심리학을 전공하게 되는 첫걸음이 되었다.

풀브라이트 장학금*을 받고 UCLA에서 클로퍼 교수를 만났을 때의 감격은 말로 다 표현할 수가 없다. 하지만 감격도 잠시, 곧이어 혹독한 현실에 직면할 수밖에 없었다. 클로퍼 교수는 아주 바빴기 때문에 수업시간에 교실에서 만나는 것이 전부였다. 게다가 수업 시간에 서툰 영어로 미국 대학원생 사이에서 의견을 말하기란 아주 어려운 일이었다. 나중에 생각해보니 이러한 환경은 일본인 특유의 나약함을 불식시키는 데에 도움이 되었다. 교수님에게 인정받기 위해서는 어떻게든 발언해야 했기 때문이다. 하지만 오늘도 말을 제대로 못 했다며 후회하는 날이 더 많았다.

---

\* 풀브라이트 프로그램Fulbright Program: 미국의 학자, 교육자, 대학원생, 연구원 등 각종 전문가를 대상으로 한 국제 교환 프로그램 및 장학금 제도를 총칭한다.—옮긴이

## 분석 체험

클로퍼 교수의 강의는 훌륭했다. 그는 로르샤흐 검사법에 관한 지식을 넘어서 심리치료법과 임상심리학 전반에 걸친 통찰력을 가지고 있었다. 수업을 들으면서 교수님의 확고한 인생관 기저에 융 심리학이 있다는 사실을 알게 되었다.

강의가 끝나고 잠깐의 틈을 이용해 교수님께 그런 말씀을 드리며 융 심리학을 공부하고 싶다고 털어놨다. 그러자 교수님은 마침 대학 서점에 가려고 했는데 잘됐다며 같이 서점에 가자고 했다. 그리고 프리다 포드햄Frieda Fordham의《융 심리학 입문An Introduction of Jung's Psychology》을 추천해주셨다. 나는 책을 구입해서 곧바로 읽기 시작했는데 매우 흥미로워서 손에서 놓을 수가 없었다. '이거다. 이게 바로 내가 배우고자 했던 것이다.' 강한 확신이 들었다.

책을 읽다 보니 "분석가가 되고자 하는 사람은 자신부터 분석을 받아야만 한다."는 문장이 있었는데, 나는 큰 충격을 받았다. 당시에는 이런 사실을 전혀 몰랐기 때문이다. 먼저 분석검사를 받아야 한다는 생각과 함께 만약에 검사를 받았다가 내 결점이 밝혀져서 심리치료가의 길을 포기해야 한다는 결론이 나오면 어쩌나 진심으로 두려웠다. 그러던 어느 날 클로퍼 교수의 조교와 잡담을 하다가 "나도 분석을 받아보면 어떨까?" 하고 일단 지나가는 말처럼 한마디 던졌다. 그런데 며칠 뒤에 클로퍼 교수님이 나에게 전화해서 "분석받고 싶다고 했다면서요?" 하고 물었다. 놀라긴 했지만 부정을 잘 못하는 일본인 특유의 성향이 나와서 "예스, 예스." 하고 대답하다 보니 자연스럽게 교수님의 제자 중 취리히에 있는 융 연구소에서 자격증을 받고 귀국한 마빈 스피글맨Marvin Spiegelman 박사의 분석을 받게 되었다.

'결점을 들키면 어쩌지?' 하는 걱정스러운 마음으로 분석을 받으러 갔다. 그런데 스피글맨 박사를 만나자 두려움과 불안은 눈 녹듯이 사라지고, 나는 상담하는 내내 나의 삶의 과정을 열심히 설명하느라 바빴다. '이렇게 내 마음을 잘 알아주는 사람이 있을까?' 싶었다. 결점에 대한 걱정보다도 나라는 '인간'을 있는 그대로 받아들여 주는 사람이 있다는 기쁨이 더 컸다.

하지만 분석대상이 주로 '꿈'이라는 이야기를 들었을 때는 놀랄 수밖에 없었다. 나는 바로 "꿈 같은 비과학적인 것은 신뢰할 수 없다."고 말했다. 일본인의 비합리성과 애매한 태도가 싫어서 서양의 합리주의와 명쾌함을 배우러 미국에 갔기 때문이다. 그런데 거기서 '꿈' 이야기를 꺼내는 것은 말도 안 된다고 생각했다. 내가 이렇게 말하자 박사는 "꿈 분석을 체험해보지도 않고 비과학적이라고 말하는 것이야말로 비과학적이다. 일단 분석을 받아본 다음에 판단해도 늦지 않다."라고 답했다. 이 말을 듣고는 나도 납득할 수밖에 없었다.

다음 상담 날까지 나는 전혀 생각지도 못했던 이상한 꿈을 꿨다. 그것은 마치 하나의 이야기처럼 그 자체로 재미있었지만, 무엇을 의미하는지는 알 수 없었다. 그런데 스피글맨 박사에게 꿈 내용을 보고하고 내용에 대한 연상을 거듭할수록 내가 내뱉는 단어가 열쇠가 되어 꿈의 양상이 변하고, 나의 중요한 문제점과 겹쳐졌다. 퍼즐 판에 퍼즐 조각이 정확하게 맞아떨어져서 그림이 완성되는 과정 같았다. 치료 초기에 꾸는 꿈인 '최초 꿈initial dream'은 운이 좋으면 본인의 과거부터 시작해서 미래에 이르기까지의 전망을 보여주는데, 나는 이때 전형적인 최초 꿈 경험을 한 듯하다. 스피글맨 박사가 "당신은 동양과 서양 사이에서 굉장히 중요한 공헌을 하게 될 것이다."라고 했던 말이 아직도 생생하게 기억난다.

이런 경험을 하고서도 나의 '과학주의'는 좀처럼 꺾이지 않아서 '융 심리학의 비합리성'에 대한 공격을 멈추지 않았다. 그래서 분석 시간은 종종 토론 시간으로 변하곤 했다. 돌이켜보면 나의 끈질긴 항의를 싫은 기색 하나 없이 받아주고, 피하지 않고 대화를 나눠준 스피글맨 박사가 참 고맙다. 그는 "모든 것에 의심을 품는 자세는 상당히 중요한데, 평생 이런 시선을 잃지 말기를 바란다."는 말도 해주었다. 이 조언은 아직도 가슴속에 남아 있다.

그 후 나는 클로퍼 교수와 스피글맨 박사의 추천으로 스위스에 있는 융 연구소로 유학을 떠났다. 1년 반이나 미국에서 유학했기 때문에 "그 정도면 충분하다. 스위스에서 또다시 3년이나 있으면 출셋길이 막힌다."며 열심히 만류하던 사람도 있었다(그 당시는 유학을 짧게 마치는 것이 당연하다고 여겨지던 시절이었다). 하지만 나는 더 철저하게 갈고닦지 않으면 다른 사람을 위해 심리치료를 할 수 없다는 사실을 잘 알고 있었고, 내가 아직 미숙하게만 느껴졌다.

스위스에서는 마이어라는 남자교수와 프레이라는 여자교수 밑에서 배웠다. 두 명의 분석가에게 배우는 것은 장단점이 있겠지만, 프레이 교수는 그것이 "자아를 견고하게 하는 데에 도움이 될 것"이라고 말했다. 그는 서양인에 비해서 약했던 나의 자아를 더 강화해야 한다고 했는데, 그 말은 이제 와서 돌이켜보면 나에게 꼭 필요한 말이었다. 나는 융 학파 분석가 중에 합리적 사고력이 부족한 사람이 있다는 사실을 그냥 넘어갈 수가 없었는데, 다행히도 두 분 교수님은 합리적이지 못한 스타일은 아니었다.

## 학문과 인간

융 연구소에서 공부하고 분석체험을 더해 가면서 명확해진 사실은 융 심리학의 입장에서는 학문과 인간이 떼려야 뗄 수 없는 관계에 있다는 사실이다. 그리고 이 점이 내가 융 심리학에 끌렸던 큰 요인 중 하나이다. 융 심리학은 융이라는 사람과 떼어놓고 생각할 수 없다.

《무의식의 발견》이라는 명저를 쓴 엘런베르거Henri F. Ellenberger는 자신의 책에서 심층심리학 이론은 인간과 불가분의 관계라고 말했다. 그리고 프로이트나 융의 이론을 탄생시킨 핵심을 설명하면서 '창조적 질병creative illness'이라는 용어를 사용한 것은 뛰어난 직관이라 할만하다.

융이 체험한 창조적 질병에 관해서는 나의 또 다른 저서인 《융의 생애》를 참고하기 바란다. 그는 정신병적인 수준에 이를 정도로 깊이 무의식에 영향을 받으면서도 그것을 극복하려고 노력했다. 그 과정에서 그의 집단 무의식과 원형 이론이 탄생했고, 자신의 신화와 만다라를 발견했다. 이런 과정을 통해 그의 심리학 이론이 서서히 형성되어 갔다.

융이 자신의 독창적인 이론을 수립하는 과정에서 프로이트와 아들러 중 누구의 이론이 맞는가를 판단하기보다 인간 성격유형의 차이를 따져보았다는 사실은 주목할만하다. 그는 '외향-내향'과 네 가지 심리기능의 조합을 생각했는데, 나는 개인적으로 융의 성격유형론이 좋아서 이 생각을 많이 해보았다.

내가 처음 분석을 받기 시작했을 때는 내 성격유형을 '내향적 사고유형'이라고 여겼기 때문에 그에 따라 분석했는데, 점차 '내향적 직관유형'이라는 사실을 깨닫게 되었다. 융 학파 분석가 중에는 이 유형의 사람이 가장 많다고 한다. 융 또한 그랬을 것이다. 일반적으로 '직관'이라는 단어 속에 내포된 이미지는 그다지 좋지 않다. 나 또한 직관력이 근거 없다며 도외시하는 실수를 한 적이 있지만, 지금은 나의 직관을 상당히 신뢰한다. 융의 성격유형론은 앞으로도 새로운 발견을 할 여지가 있다.

융의 성격유형론은 두 가지 대립된 생각이나 입장 중 어느 쪽이 올바른지를 판단하지 않고, 양자의 상호보완작용에 의한 역동적인 관계에 주목해서 항상 전체를 보려는 관점을 취하는데, 이러한 융의 사고방식의 특징은 그의 인간성을 반영한 것이기도 하다. 융은 평범하지 않은 사람이어서 일반적으로는 양립하기 힘든 요소를 상당 부분 가지고 살았던 듯하다.

융 연구소에서 공부했을 때 융에게 직접 사사받은 제자를 만났는데, 그는 마치 융이 아직도 살아 있는 것처럼 융이라는 사람의 매력을 생생하게 느낄 수 있는 이야기를 들려주었다. 이처럼 융을 공부하는 사람 중에는 유난히 융과 자신을 동일시하는 사람이 많았다. 그러나 마이어 교수만은 융과 적절한 거리를 유지하고 있는 듯해서 기뻤다. 융에게 심하게 동화된 사람의 이야기를 듣고 있노라면 나의 선천적인 회의감이 꿈틀거렸다. 나는 1962년에 스위스로 유학을 갔는데, 융은 내가 가기 1년 전에 사망했기 때문에 융을 직접 만난 적은 없다. 유감스럽기도 하지만 아마 이것이 나의 운명일 것이다.

만약 융을 직접 만났다면 그가 많은 사람을 매료시킨 인물인 만큼 나도 그에게 강하게 동화되어서 그 이후의 내 인생이 달라졌을지도 모른다. 처음에 썼듯 내가 융 학파 분석가가 된 계기는 여러 가지 우연이 겹쳤기 때문이라고도 할 수 있고, 전체적으로 보면 커다란 필연의 움직임이라고도 할 수 있다. 내가 융을 만나지 못한 것도 그중 하나일 것이다.

### 융 심리학의 특징

융의 삶과 심리학 이론은 서로 겹쳐져서 떼려야 뗄 수 없었고, 심리학 이론을 논하는 동안에도 융 연구가들이 각자의 생각을 드러내기 때문에 융 심리학은 이해하기 어려운 부분이 있다. 하지만 이것도 어쩔 수 없는 일이다. 어떻게 보면 각자 '자신의' 융 심리학을 구축하면 된다고 말할 수 있겠다. 융 심리학의 근본은 '개성화individuation'이기 때문에 융의 말을 그대로 따르려는 사람은 오히려 융 학파가 아니라고 생각한다. 개인적으로 융 심리학의 가장 큰 특징을 뽑자면 어떤 견고한 체계를 진리로서 제시하지 않고 인간의 마음, 나아가서는 삶의 방식에 대한 근본 자세를 묻는 것이라고 생각한다. 쉽게 말하면 생각하는 존재로서의 인간의 특징뿐 아니라 그 전全 **존재**를 가능한 한 존중하고, 거기서 발생하는 것을 모두 받아들이려고 하는 것이다.

프로이트가 아버지와의 관계에 집착할 수밖에 없었던 것처럼 융은 어머니라는 존재에 강한 무언가를 느꼈던 듯하다. 이런 사실에서 직접적으로 끌어낼 수 있는 결론은 아니지만, 근대 서양에서 부성父性 원리가 극단적으로 강조되는 와중에 융은 보기 드물게 모성母性 원리의 의의를 생각했던 사람이다. 앞서 말했듯 '전체성'이나 '전全 존재' 등도 이와 관련이 있다.

부성 원리는 '절단'하는 기능이 있다. 근대에 서양에서는 강조된 부성 원리에 의해 근대과학과 개인주의가 탄생했다. 그들에게는 타자에게서 자립해서 '자아를 확립'하는 것이 상당히 중요한 목표였다. '자아=의식'의 강조에 대해 프로이트가 무의식의 중요성을 제기한 것은 가히 혁명적이었는데, 그는 무의식을 어떻게 하면 자아가 컨트롤할 수 있는 범위 안에 놓을지를 연구하는 데에 몰두했다. 그리고 그의 심리학은 부성 원리를 바탕으로 구축되었다.

반면에 융은 모성 원리에도 주목하면서 자아를 넘어서 인간을 전체로서 보려고 했다. 어쩌면 그가 직접 체험한 환각 등은 자아로 손쉽게 컨트롤할 수 있는 것이 아니며 마음 전체로서 다룰 수밖에 없었다고 말하는 편이 나을지도 모른다. 그래서 그가 중시할 수밖에 없었던 것이 이미지다. 융이 중요하게 여겼던 이미지에 대해서는 이 책의 제4장 '심상心像과 상징象徵' 부분에 설명해놓았다.

본문에도 "이념의 특징이 그 명확함에 있다면, 원시심상의 특징은 그 생명력에 있다."는 말을 인용했는데, 인간의 마음을 전체적으로 파악하려면 이미지에 주목해야 하지만, 그것은 생생하게 이야기할 수 있다 해도 명확함이 부족할 수밖에 없다. 나는 분석가인 스피글맨 박사와 논쟁하면서 융 학파 사람 중에는 '어쩐지 수상쩍은 사람'이 많다고 말한 적이 있다. 현재도 융 학파는 어쩐지 수상쩍어서 싫다는 사람이 많을지도 모른다. 하지만 나는 인간이라는 존재가 애초에 수상쩍은 존재이기 때문에 이는 어쩔 수 없다고 생각한다. 다만 그 '어느 정도' 수상쩍은지, 자신의 수상쩍음을 어느 정도 자각하고 있는지가 중요한 것 같다.

융 심리학의 특징 중 하나는 어떤 일을 파편적으로 보고 인과관계를 알아내려고 하는 것이 아니라 공시적共時的으로 보고 전체적인 배치를 읽어내려고 하는 것이다(본문에서는 융이 말하는 'synchronicity'를 '동시성'으로 번역했는데, 그 후에는 '공시성'으로 번역했다). 공시성은 미국 유학 중에 알게 되었는데, 이것은 융 심리학에서뿐만 아니라 과학 분야를 이해하는 데에 상당히 중요한 개념이다. 다만 이 생각은 오해를 불러일으키거나 쓸데없는 공격을 받는 경우도 많기 때문에 이 책 본문에서는 가볍게 훑고 넘어가는 정도로만 다루었다(그 후에 일반적으로도 받아들여지게 되었기 때문에 내 생각도 발표하기로 했다).

프로이트가 인간 마음의 발달을 성性심리학적으로 보고 성인이 되기까지의 발달단계를 설정했다는 사실은 잘 알려져 있다. 그런데 이와는 달리 융은 오히려 중년 이후의 인생에 주목해서 죽음까지도 아우르는 심리학을 구축하고자 했다. 어려서부터 '죽음'에 대해서 생각해왔던 나는 이런 점에서도 융 심리학을 매력적으로 느꼈다. 죽음까지 다루기 때문에 융 심리학은 종교와 깊은 관련이 있다. 이런 부분도 세월이 지나면서 서서히 주목하게 되었다.

융 심리학을 깊이 이해하다 보면 기독교의 무게를 통감하게 된다. 기독교를 제대로 이해하지 못하는 사람은 융이 하는 말을 이해하기 상당히 어렵다고 느낄 수 있다. 기독교도가 아닌 나로서도 이런 두꺼운 벽이 존재한다는 사실을 실감할 때가 많다. 처음에 언급했듯 융 심리학은 그의 삶과 쉽게 떼어놓을 수 없기 때문이다. 이것도 앞에서 이야기했듯 융 심리학은 삶의 근본 자세를 묻는 학문이라고 생각하기에 나는 내가 '융 학파'에 속한다고 여기고, '나 나름의 이해'에 따라서 '융 심리학'을 이야기하고 있다고 생각한다. 이것도 어쩔 수 없는 일이다.

마지막으로 융이 아주 중요하다고 생각한 '자기自己'에 관해 조금 설명하려 한다. 기독교도가 아닌 일본인이 융의 사상에 매료되는 까닭은 융의 '자기'에 대한 생각에 끌리기 때문인 듯하다. 나 역시 그랬으며 본문에도 그런 느낌이 들게 하는 내용이 있다. 그런데 그 후의 오랜 경험을 통해서 '자기'를 정밀히 검토할 필요가 있다고 느끼게 되었다. 융의 '자기'에 관해서는 나의 다른 책(본 컬렉션 중《심리치료법 서설》과《융 심리학과 불교》참조)에서 다시 논할 예정이다.

# 차례

1장

———

성격유형

1907년 프로이트와 처음 만난 융은 그의 협력자로서 경력을 시작하지만, 프로이트가 1912년에 〈리비도의 변천과 상징〉을 발표하자 그와 자신의 지향점이 다르다는 사실을 확인하고는 결별을 선언한다. 그 후 융은 자신의 길을 확립하기 위해 고군분투했고, 결별 후 처음 발표한 책은 인간의 성격유형에 관한 책이었다.[1] 이는 융 스스로도 말했듯이 그가 가는 길이 프로이트나 아들러와 어떻게 다른지를 보여주기 위한 노력의 산물이다.[2] 융은 자신이 어떤 현상을 대하는 기본적인 태도가 프로이트나 아들러와는 다르다고 생각했기 때문에 그들과의 차이를 설명하려 했다. 이것은 현상에 대한 개인의 의식적인 경향을 다룬다는 점에서 중요한 의미가 있는데, 이후에는 무의식 안에 숨어 있는 마음의 움직임을 밝히는 데에 힘쓰기 때문이다. 이러한 사실은 무의식의 구조 문제를 다루기에 앞서서 개인의 의식적 경향을 먼저 생각해보아야 한다는 점을 시사한다. 융은 이와 같은 의식적 경향을 문제 삼으면서도 항상 무의식의 보상작용compensation을 염두에 두었다. 그리고 무의식과 의식의 상호보완성과 마음의 전체성을 향한 강한 관심에는 그가 일생을 바쳐 연구하려고 했던 자기self에 대한 생각이 내포되어 있으며, 성격유형에 관한 그의 저서가 얼마나 중요한지를 보여준다.

융이 사용한 '내향형introvert'과 '외향형extravert'이라는 용어는 누구나 알 정도로 유명하다. 하지만 그의 근본적 생각은 그만큼 알려지지 않았다. 이제 그의 생각을 따라가며 각 성격유형에 관해서 설명해보겠다.

# 1

## 인간의 유형

성격이나 기질을 바탕으로 인간의 유형을 나누려는 시도는 고대 히포크라테스의 기질론부터 현대의 크레치머E. Kretschmer, 1888~1964와 셸던W. H. Sheldon, 1898~1977의 연구에 이르기까지 아주 오래전부터 있어왔고, 그 방법 또한 다양하다. 하지만 유형론을 이용한 인간 연구와 관련해서는 많은 비판과 혼란이 존재해왔기 때문에 융의 생각을 전달하기에 앞서 나의 생각을 밝혀두고자 한다.

먼저 성격유형을 나누는 까닭은 어떤 사람의 성격을 알아보기 전에 방향을 잡기 위한 좌표축을 설정하기 위함이지, 사람을 분류하기 위한 분류함을 만드는 것이 아니라는 사실을 강조하고 싶다. 분류론 책을 처음 접한 사람이 빠지기 쉬운 함정은 후자와 같은 생각에 사로잡혀서 사람을 쉽게 A유형이니 B유형이니 하고 단정 짓는 것이다. 이렇게 되면 서로 다른 독립적 인간이 핀으로 고정시킨 곤충 표본처럼 움직일 수 없게 되므로 우리 같은 심리치료사도 어찌할 도리가 없어진다. 실제로 **완전히** 내향형이거나 **완전히** 외향형인 사람은(적어도 일반인 중에서는) 존재하지 않는다. 유형학을 하나의 좌표축으로 생각하면 축 위에 존재하거나 한 자리에 계속해서 멈춰 있는 사람은 드물고, 축에서 벗어나 있거나 축을 기점 삼아 움직이는 경우가 더 많다. 유형학은 그 움직임을 추적함으로써 개인의 특성을 살펴보는 학문인데, 그런 점에서 상당히 실질적이라고 할 수 있다. 또한 축을 설정하는 방법은 융과 크레치머, 그리고 셸던이 모두 조금씩 달라서 특정한 개인을 기술할 때 어떤 좌표가 다른 좌표보다 더 적합한 경우도 있다.

다음으로 '기본적인 경향basic attitude'과 외적으로 '관찰 가능한 행동observable behavior'의 관계를 생각해보겠다. 이 둘의 관계가 복잡하게 얽혀서 상당한 혼란을 일으키기 때문이다. 상당수의 유형학 학자, 특히 유럽 학자들이 의식적이든 무의식적이든 인간의 기본적인 경향에 집중한 반면, 20세기부터 시작된 객관주의와 함께 미국에서는 관찰 가능한 행동에 중점을 두려는 연구가 주류를 이루었다. 하지만 기본적인 경향은 외적 행동과 일대일로 엄밀하게 대응할 수 없기 때문에 문제가 복잡하다. 예를 들어 내향적인 경향을 가진 사람이라고 해서 **반드시** 인간관계가 나쁘다거나 행동력이 없다고 단순하게 판단할 수도 없고, 그 행동을 쉽게 예측할 수도 없다. 그렇다고 해도 기본적인 경향을 설명하려면 결국 관찰 가능한 어떤 행동을 기술하는 단어를 사용해야만 하는 어려움이 있다. 하지만 기본적인 경향을 설명하는 용어들이 어떤 성격유형 전체를 규정한다고 볼 필요는 없다. 하나하나의 용어를 떼어놓고 보면 어떤 성격유형을 기술하는 용어 안에서 모순이 드러나기도 하고 서로 다른 성격유형 사이에 유사한 점이 있기도 하기 때문이다.

이것은 고지식한 행동주의적 관점에서 보면 이해할 수 없겠지만, 이런 일이 일어나는 까닭도 앞서 말했듯 기본적인 경향과 외적 행동의 불일치가 원인이므로 어쩔 수 없다. 유형학 또는 성격학에 있어서 유럽과 미국의 차이는 로르샤흐H. Rorschach, 1884~1922가 '로르샤흐 테스트'에서 중심 개념으로 소개했던 경험주의적 해석이 미국에서는 거의 받아들여지지 않았다는 사실로도 알 수 있다. 또한 향성向性검사로 측정되는 향성은 융의 '내향형-외향형'을 근거로 한 것처럼 보이지만 실은 다르다는 사실도 앞의 견해를 뒷받침한다. 그렇기 때문에 성격을 분류할 때 그것이 앞서 말한 두 가지 관점 중 어느 쪽에 강조점을 두고 있는지 주의해서 보아야 한다.

또 유형론을 혼란스럽게 만드는 큰 원인으로 융이 일찍이 지적했던 인간 마음의 상호보완성 문제를 들 수 있다. 즉 인간의 마음 자체에 그 성격유형의 일면성—面性을 보상하려는 경향이 내재되어 있기 때문에 그 사람의 행동에 대한 피상적인 관찰이나 본인의 주관적 판단에만 의지하면 문제를 점점 더 혼란스럽게 만들 수도 있다. 사려 깊다고 여겨지던 사람이 갑자기 감정을 주체하지 못하고 폭발하거나, 모두 소심하다고 생각했던 사람이 여러 사람 앞에서 아무렇지도 않게 노래를 부르는 예는 쉽게 찾을 수 있다. 이런 것들을 단순히 어쩌다 눈에 띄는 행동을 했다고만 판단하기는 어렵다.

실제로 이러한 외적 행동만으로 쉽게 판단하기 어려운 기본적인 경향까지 문제 삼을 필요는 없겠지만, 심리치료 일에 종사하는 사람에게는 오히려 이쪽에 주목하는 편이 더 유용하다. 기본적인 경향을 문제 삼을 경우 주관적 판단이 관여하기 때문에 외적인 행동보다 깊은 수준까지 시야를 넓혀야만 하는데, 이것은 과학적 접근이라기보다는 현상학적인 접근법에 가까워지기 때문이다. 유럽의 유형학은 미국의 실험심리학자(혹은 일본의 심리학자)들에게 평판이 좋지 않지만, 생동하는 사람을 접하는 정신건강의학과 의사나 심리치료사에게는 매우 매력적이다. 실제로 임상치료사인 미국인 먼로R. Munroe, 1903~는 정신분석의 여러 학파를 소개하는 방대한 저서에서 융을 소개하면서, "미국 학생들이 융의 책을 읽는다면 심리 테스트 결과를 곧바로 한 사람의 행동적 특징으로 파악하지 않을 것이며, 인간 행동의 이면에서 작동하는 심리적 경향underlying trends을 파악하기까지 자신이 그토록 고생하지 않았을 것"이라며 탄식했다.[3] 먼로 교수 또한 인간의 기본적인 경향과 관찰 가능한 행동이 어긋남을 지적하면서, 로르샤흐 테스트로 분명히 밝힐 수 있는 것은 오히려 그 어긋남이라고 강조했다.[4]

이런 점을 언급했다고 해서 인간의 **경향**과 **행동**에 관련이 없다고 말하려는 것은 아니다. 그리고 실제로는 융이 인간의 기본적인 경향이라고 생각한 '내향형-외향형' 개념이 엄격한 심리학자의 대표 격인 아이젠크H. J. Eysenck, 1916~1997에게 인정받았다는 사실[5]은 주목할만한 가치가 있다.

지금까지 기술한 내용을 참고하면서 융의 유형학을 살펴보자.

## 2

# 일반적 경향 '내향형-외향형'

융은 자신과 프로이트, 그리고 아들러의 차이가 인간의 기본 경향에 대한 견해 차이에서 생겼다고 생각했다. 프로이트는 인간의 행동을 규정하는 원인으로 개인의 외부에 있는 인물이나 사건을 드는데, 아들러는 그 사람의 내적인 요인, 즉 권력에 대한 의지를 중요하게 생각한다고 했다. 융은 이처럼 같은 사건을 보더라도 그것을 대하는 태도가 다르면 생각이나 견해도 달라진다는 점에 주목하여, 인간에게는 서로 다른 두 가지의 일반적 태도가 있다고 생각했다. 즉 어떤 사람의 관심이나 흥미가 외부의 일이나 사람을 향해서 그것들과의 관계나 의존성에 무게를 두면 '외향적'이라고 부르고, 반대로 그 사람이 내적 세계의 주관적 요인에 무게를 두면 '내향적'이라고 말함으로써 이 두 가지를 구분했다. 융의 말을 빌리면 다음과 같다.[6]

세상에는 어떤 일을 대할 때 말은 하지 않지만 속으로는 '아니요'라고 말하면서 일단 뒤로 물러섰다가 조금씩 반응하기 시작하는 사람이 있고, 같은 상황에서도 자신의 행동은 당연히 옳다고 확신하듯 즉각적으로 반응하는 사람이 있다. 전자는 대상과의 소극적인 관계, 후자는 대상과의 적극적인 관계가 그 특징이라고 할 수 있다. (……) 전자는 내향적 태도, 후자는 외향적 태도에 속한다.

새로운 일을 시작할 때의 태도에 따라서 둘의 차이가 분명하게 나타나는데 외향형인 사람은 항상 **적당히** 행동할 수 있지만, 내향형인 사람은 어딘가 **불편한** 느낌이 따라다닌다. 외향형인 사람은 그다지 깊이 생각하지 않지만, 사람들에게 적당히 말을 걸고 적당히 입을 다물면서 마치 그곳에 계속 있었다는 듯 전체 안에 녹아들어 자연스럽게 행동할 수 있다. 내향형인 사람은 새로운 환경에 당혹감을 느끼고 어떤 발언을 했다가 비웃음을 당할지도 모른다는 생각에 말을 하지 않거나, 때로는 '이럴 때는 활발하게 행동해야 한다'는 **생각**에 사로잡혀서 터무니없는 행동을 하고는 나중에 혼자 후회하기도 한다. 이처럼 외향형인 사람이 새로운 상황에서 능력을 발휘할 수 있는 반면, 내향형인 사람은 자신이 마음을 놓을 수 있는 친근한 환경에 있을 때 능력을 발휘한다. 새로운 상황에서는 무능력자처럼 보이던 사람이 상황에 익숙해지면서 서서히 그 능력을 드러내서 사람들을 놀라게 할 정도의 깊이를 보여주는 경우를 떠올려 보면 이해하기 쉬울 것이다.

외향적인 사람은 일반적으로 어린 시절에 득을 보는 경우가 많다. 그들은 유치원이나 초등학교 등 새로운 환경에 금방 적응하고 선생님이나 어른들의 생각을 읽고 행동하며 불안감을 별로 느끼지 않고 주어진 상황에 적극적으로 임한다. 하지만 외향성이 지나치면 바깥 세계에 흥미가 넘쳐서 위험한 짓을 하거나 번잡하게 행동해서 **얌전한** 어린이를 좋아하는 선생에게 눈엣가시가 되기도 한다. 반면에 내향적인 사람은 유치원이나 초등학교 저학년 때 힘들어하는 경우가 많다. 그들은 친구를 잘 사귀지 못하고 선생님과도 정을 붙이기 어려워 한다. 재능이 풍부해도 그것을 펼치지 못해서 때로는 **이상한** 아이로 비치기도 한다. 그래서 내향적인 아이는 교사와 부모의 걱정거리가 되지만, 사실 이는 특별히 걱정할 필요가 없다. 오히려 이럴 때 어른들이 내향적인 성격을 교정하려고 하거나 이상하다고 단정해서 자연스러운 발달 과정을 비뚤어지게 만들 수도 있다. 외부에서 압력을 받더라도 재능 있는 내향적 성향의 사람은 서서히 자기 세계를 넓히고 일어선다. 하지만 그 세계가 편향되었다면 깊은 지식을 가지고 있으면서도 그 편향성 때문에 자신과 타인에 관해 고민하게 된다. 외부의 압력에 맞서서 높은 자리에 오른 다음, 다른 사람을 괴롭히고 세상을 공격함으로써 과거에 자신이 외부에서 받았던 상처를 갚는 사람이 그 예이다. 교사가 내향적인 아이를 **정상적인** 인간의 모습 중 하나로 받아들이고, 느긋한 시선으로 돌봐주는 태도는 이러한 편향성을 없애는 데에 아주 중요하다.

외향적인 사람은 일반적으로 사교적이고 다양한 것에 흥미를 가지며 교우관계도 넓다. 그들은 적당히 생각하고 행동하여 사람들과 자연스럽게 사귀는데, 이는 어떤 일을 하기 위한 좋은 밑바탕이 된다. 그러나 외향적인 사람의 생각은 피상적이고 평범한 경우가 많다. 다른 사람과의 관계를 배경으로 적당히 자신감을 가지고 행동하지만, 때로는 사소한 외적 장애에 좌절하며 감춰진 유약함을 드러내는 경우도 있다. 내향적인 사람은 과도하게 자기 비판적이고 자신감이 없는 것처럼 보이지만 일단 마음만 먹으면 약간의 장애가 있더라도 굴하지 않는데, 이는 외향적인 사람과 대조적이다. 내향적인 사람은 익숙한 자신의 영역을 제외하고는 타인과의 관계가 원활하지 않다는 특징이 있다. 개중에는 자신의 내적인 충족에만 마음을 쓰고, 그것을 외부에 전달하는 일에는 무관심한 것처럼 보이는 사람도 있다.

물론 이런 두 가지 일반적인 태도는 완전한 모습으로 존재하지 않는다. 사람들은 보통 양쪽 태도를 함께 지니고 있다. 하지만 대부분 어느 한쪽이 습관적으로 나타나고 반대쪽은 그 뒤편에 그림자처럼 숨어 있다. 어떤 사람을 외향형이나 내향형으로 구별할 수 있는 까닭은 이 때문이다. 융은 이런 두 가지 유형은 타고난 개인의 기질로 귀착된다고 생각했다. 그 증거로 이 두 가지 경향이 사회적 계층의 차이나 성별 등과는 무관하게 나타난다는 사실과 이와 같은 경향이 아주 어렸을 때부터 나타난다는 점, 그리고 개인의 타고난 태도를 억지로 바꾸려고 하면 상당히 피로해져서 마음의 건강을 해친다는 점 등을 그 이유로 들었다. 이러한 융의 생각에 전적으로 찬성할지 말지는 차치하더라도 마지막에 든 점은 주목할만하다. 실제로 신경증 환자 중에는 강한 환경적 압력 때문에 자신의 근본적 태도를 뒤틀고 있는 것처럼 보이는 사람이 종종 눈에 띄기 때문이다. 외향형인 부모 밑에서 자란 내향형 아이나 내향형인 부모 밑에서 태어난 외향형 아이는 부모의 태도를 따라하려고 노력하고 어느 정도는 성공하지만 결과적으로 어딘가에서 장애가 발생하는 경우가 있다. 또한 내향적인 나라인 일본에서 외향적인 나라인 미국으로 건너간 유학생이 최선을 다해서 미국 생활에 적응하려고 노력한 결과 외적으로는 성공한 듯 보여도 신경증 등의 증상에 시달리는 사례도 심심치 않게 찾아볼 수 있다.

지금까지 환경의 압력에 관해 이야기했는데, 이와 관련하여 하나의 집단(가정, 사회, 시대정신 등)이 어느 한쪽 태도를 높이 평가하는 경향이 있다는 사실을 짚고 넘어가지 않을 수 없다. 예를 들어 융도 지적했듯 서양에서는 외향적인 태도를 선호하기 때문에 이를 사교성이 풍부하다거나 적응을 잘한다는 등 긍정적인 표현으로 서술하고, 내향적인 태도는 자기중심적이라거나 병적이라고까지 말한다. 이는 오토 바이닝거 Otto Weininger, 1880~1903가 자신의 성격론에서 내향적 성격에 주목하면서 그것을 자기성애적이라든지 자기중심적이라고 불렀던 점[7]이나 프로이트가 내향적인 것은 자폐와 동등한 의미를 가지는 병적인 것이라고 말했다는 사실에서도 드러난다. 실제로 미국에서 'introvert(내향적)'라는 단어는 일반적으로 이상한 사람, 부적응자라는 의미를 포함한 뜻으로 받아들일 정도이다. 이에 반해 동양에서는 적어도 근세까지 내향적 태도를 높이 평가해왔다. 일찍이 동양은 내적인 풍요로움과 물질적 빈곤을 함께 즐겼지만, 근래에 들어서 진보된 서양 문명에 매료된 나머지 (적어도 일본에서는) 외향적인 태도를 높이 평가하는 경향이 강해졌다. 물론 이것은 서양과 비교하면 전통적인 내향성에 대한 반작용으로 불필요하게 외향성이 강조되거나 내향성의 기초 위에 얹어진 얄팍한 외향의 도금에 지나지 않지만 말이다. 어찌되었건 외향적 태도를 중요시하는 세계의 전체적 추세에 융 심리학은 하나의 반기를 들었으며, 그렇기 때문에 그의 심리치료법이 유효한 의의를 가진다고도 할 수 있다.

다음으로 내향과 외향의 태도가 항상 한쪽 면만 가진 행동으로 이어지지는 않는다는 사실을 지적하고 싶다. 예를 들어 평소에는 큰 소리로 대답도 하지 못할 정도로 소극적인 사람이 수많은 관객 앞에서 익살스러운 춤을 추거나, 항상 시끌벅적하게 파티 분위기를 띄우던 사람이 별다른 이유도 없이 갑자기 기분이 가라앉아 침묵하는 경우를 우리는 종종 볼 수 있다. 융은 의식의 태도와 무의식의 태도를 들면서 이 두 가지는 보상적인 관계라고 설명했다. 즉 의식의 태도가 일반적으로 외(내)향적인 사람은 무의식의 태도가 내(외)향적인데, 의식의 태도가 지나치게 강조되면 무의식이 그에 보상적으로 움직인다는 말이다. 의식의 태도가 일면성이 지나치게 강하면 무의식의 태도는 때때로 의식의 제어를 깨고 병적인 성격을 띠고 출현하게 된다. 실제로 이러한 관점에서 융은 외향적인 사람이 겪는 정신병으로는 히스테리가 많고, 내향적인 사람은 정신쇠약psychasthenia에 시달리는 경우가 많다는 사실을 들어 자신의 이론을 뒷받침했다.

즉 히스테리는 외향형인 사람의 특징으로, 사람들의 주의를 끌고 다른 사람에게 강한 인상을 심어주기 위해 자기를 드러내는 경향과 결부되어 있고, 외부에서 영향을 받기 쉽다는 점에서 피암시성被暗示性이 높다고 할 수 있다. 이들은 이야기하기를 좋아하고 타인의 마음에 들고자 하기 때문에 거짓으로 이야기를 꾸며낼 때가 있다. 하지만 외향적인 일면성에 대한 반작용으로 육체적인 장애라는 수단을 통해 지나치게 밖으로만 향해 있는 마음의 에너지를 무리하게 안으로 향하게 하려는 무의식의 움직임이 일어나 증상이 복잡해진다. 그래서 내향적인 성격을 띤 공상 활동을 활발히 하거나 다른 사람을 전혀 고려하지 않는 자기중심적인 태도를 보이기도 한다.

한편 내향형인 사람의 신경증으로는 정신쇠약을 들 수 있다. 내향형인 사람이 일부러 타자와의 관계를 끊고 타자의 가치를 낮게 보려고 하면 할수록 무의식은 타자에게 사로잡히는 태도를 취하게 되는데 그 내적인 싸움이 자신을 소모시킨다. 일반인이 원하는 명성이나 지위 등을 완전히 무시하고 자신은 그런 것과는 상관없이 남들보다 우위에 있다고 확신하면서도 무의식 안에서는 자신이 무시한다고 생각했던 명성이나 지위를 구하며 불쾌한 흥분을 경험하게 된다. 그리고 외적으로는 특별히 어떤 행동도 하지 않지만, 내적인 싸움으로 인해서 신경증에 걸리게 된다. 이 병의 특징은 신경이 비정상적으로 민감한 한편, 매우 지치기 쉬우므로 둔감하다고 여겨질 정도로 움직임이 없어지는 것이다.

지금까지 살펴본 내용에 따르면 개인의 행동이 의식적인 태도의 표현인지 무의식적인 태도의 표현인지를 구별하지 않으면 개인의 성격 유형을 결정하기가 매우 어렵다는 사실을 알 수 있다. 그리고 여기에는 관찰자 자신의 유형도 얽혀 있는데, 이 점에 관하여 융은 다음과 같이 말했다.[8]

일반적으로 말하자면 판단에 의지하는 관찰자는 의식적인 성격을 파악하기 쉽고, 지각적인 관찰자는 무의식적인 성격에 쉽게 영향을 받을 것이다. 판단은 주로 심적 과정의 의식적인 동기에 관심을 가지는 반면 지각은 단순한 현상을 기록하는 것이기 때문이다.

결국 무의식적 태도에 의한 행동은 어딘가 우발적이고 제어되지 않으며 유아적이거나 비정상적이고 병적인 느낌이 들기 때문에 이런 점을 통해서 의식적 태도에 의한 행동과 구별할 수 있으며, 이 두 가지 행동을 구별할 때 비로소 어떤 사람의 유형을 판단할 수 있다.

# 3

## 네 가지 심리기능

　융은 지금까지 기술한 두 가지 일반적 태도와는 별도로 각 개인마다 가장 발달한 심리기능이 있다고 생각했다. 심리기능이란 서로 다른 각양각색의 조건이 주어지더라도 원칙적으로는 불변하는 마음의 활동 형식인데, 융은 이를 네 가지 근본기능인 '사고thinking' '감정feeling' '감각sensation' '직관intuition'으로 구별했다. 예를 들어 재떨이 하나를 보더라도 이것이 도자기라는 부류에 속한다거나 깨지기 쉬운 속성을 가지고 있다는 점 등을 생각하는 것이 사고기능이며, 재떨이의 느낌이 좋은지 나쁜지를 정하는 것이 감정기능, 재떨이 모양이나 색을 적확하게 파악하는 것이 감각기능, 그리고 재떨이를 보는 순간 원에 관한 수학 문제의 해답을 떠올리는 등 그 물건의 속성을 넘어선 가능성을 생각하는 것이 직관기능이다. 이것들은 각각 독립적인 기능이며 어떤 사람이 그중 어느 한 기능에 의지하는 일이 많으면 각각 사고형이나 감정형 등이라고 부를 수 있다. 거기에 앞서 설명한 태도가 결부되기 때문에 내향적 사고유형, 외향적 사고유형 등 여덟 가지 기본 유형이 생긴다. 그리고 일반적으로는 이러한 기본 유형의 중간에 속하는 사람도 많다.

이 네 가지 기능 중에서 〈그림1〉에서도 볼 수 있듯이 사고와 감정, 감각과 직관은 대립관계에 있다. 즉 사고기능이 발달한 사람은 감정기능이 덜 발달되어 있고, 반대로 감정기능이 발달한 사람은 사고기능이 덜 발달된 경우가 많다는 뜻이다. 이는 감각과 직관도 마찬가지다. 실제로 사고력이 높은 사람은 하나의 그림을 앞에 두고 마음에 드는지 여부나 그림을 보고 느낀 점을 말하지 않고 모르겠다면서 혼자 **생각에 잠기는** 경우가 많다. 또한 누군가와 이야기하다가 대화 속에서 굉장한 사실을 떠올리면 나중에 그때 대화했던 상대방의 복장이나 대화 장소, 심지어는 대화를 나눈 상대의 이름조차 기억하지 못하는 등의 예를 종종 접할 수 있다. 이처럼 어떤 개인이 주로 의존하고 있는 심리기능을 '주기능main function', 그 대립기능을 '열등기능inferior function'이라고 부른다. 여기서 열등기능이란 미분화未分化된 것을 가리키는 것이지 **취약하다**는 뜻이 아니라는 점에 주의해야 한다. 오히려 열등기능은 미분화되기는 했지만 강한 기능이라고까지 말할 수 있다. 예를 들어 모든 것을 지적으로 생각하고 감정을 섞지 않고 일을 처리하는 것이 특기인 사고형 인간이 시시한 미담에 감격해서 눈물을 흘리거나 사람들이 놀랄만한 의리를 보이거나 인정에 가득 찬 동정심을 나타낼 때, 이것은 확실히 강하기는 하지만 미분화된 반응이라고 말

해야 한다. 이는 미분화된
열등기능이 갑작스럽게 제
어할 수 있는 영역을 넘어
서 나타나는 것이라고 할
수 있다. 실제로 열등기능
이라는 것은 때때로 우리의
제어를 벗어나서 움직이므
로 우리를 깜짝 놀라게 하
기도 한다. 주기능과 열등

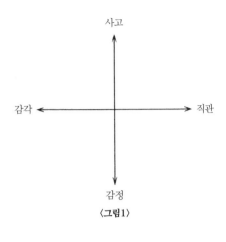

〈그림1〉

기능의 관계에 관해서는 뒤에서 상세히 다룰 예정이다.

감각과 직관이 무언가를 먼저 자신의 내부로 받아들이는 기능인 반면, 사고와 감정은 그것들을 바탕으로 어떤 판단을 내리는 기능이라고 할 수 있다. 사물의 색과 형태 또는 문득 떠오른 생각은 **무조건적으로** 존재하지만, 사고나 감정은 그것을 개념으로 규정하거나 좋고 나쁨을 판단한다. 이런 점을 고려하여 융은 사고와 감정을 합리기능rational function, 감각과 직관을 비합리기능irrational function이라고 부르기도 했다. 이 경우 비합리란 이성적이지 못하다는 뜻이 아니라 이성의 틀 밖에 있다는 뜻이다. 직관과 감각은 겉으로 드러난 사건을 **있는 그대로** 지각하는 것을 본래의 특성으로 삼으며, 어떤 방향성을 제시하거나 법칙에 비추어보면서 다루지는 않는다. 여기서 감정을 합리기능으로 구분하는 것이 이상하게 느껴질지도 모르겠다. 융이 말하는 감정기능은 나중에도 설명하겠지만 호불호好不好와 미추美醜의 판단기능을 가리키기 때문에, 누구나 하나의 체계나 방향성을 가지고 있다. 이런 의미에서 이것을 사고와 함께 합리기능이라고 부른다. 실제로 사고형이나 감정형인 사람은 자신의 사고체계나 감정체계가 지나치게 강해서 현실을 있는 **그대로** 인식하지 못하는 경우도 있다. 이런 사람들이 자주 하는 전형적인 질문은 "**어떻게** 그런 생각이 떠올랐습니까?" "그런 터무니없는 일이 **어떻게** 일어날 수 있습니까?" 등이다. 이런 질문에 대한 직관형과 감각형의 대답은 매우 간단하다. "그냥 생각이 떠올랐어요." "어쨌든 일어난 일이니까요." 어쩔 수 없다. 아무리 비합리적이라고 한탄해도 현실은 어찌되었든 그렇기 때문에Just so! 어쩔 도리가 없다는 사실을 사고형이나 감정형인 사람은 때때로 잊어버리곤 한다. 이 것으로 일단 네 가지 심리기능에 대한 전반적인 설명을 마치고, 각 기능에 관해 개별적으로 기술해보겠다.

### (1) 사고

융은 사고를 "그 고유의 법칙에 따라서 주어진 표상 내용에 개념적인 연관성을 부여하는 심리기능"[9]이라고 말했다. 사고는 감각에 의해서 지각되는 외적인 사실 혹은 마음 내부의 무의식적이고 주관적인 것에 의존하고 있는데, 전자의 요소가 강한 경우는 외향적 사고유형이며, 후자의 경우는 내향적 사고유형이다.

'외향적 사고유형'은 지성이 알려주는 결론에 따라 생활하려고 노력한다. 그리고 그들에게 방향을 제시해주는 것은 객관적으로 드러난 사실이다. 이런 사람은 철학이나 종교 같은 내적인 문제에 관여하더라도 결국은 주위 사람들의 생각을 바탕으로 움직이거나 남의 의견을 받아들일 때가 많다. 새롭고 독창적인 생각보다 일반적으로 받아들여지는 생각의 도식을 만들어서 예외를 용인하지 않는 태도를 취함으로써 이를 지키려고 한다. 이것이 잘 진행되면 **실질적**으로 좋은 조직을 만들거나 사회에 도움이 되는 이론을 제공하는 사람이 된다. 하지만 이 도식이 점점 완고해지면 누구나 아는 사실이라고 하더라도 꼭 자신의 입으로 말하고 싶어 하는 참견꾼이 되거나, 다른 사람도 반드시 자신과 같은 생각을 하리라 믿으며 사람을 하나의 틀에 억지로 끼워 맞추려는 경향이 강해진다. 이런 유형의 사람은 감정을 억누르는 특징이 있으며 예술이나 취미, 인간관계 등을 경시하는 경향이 강한데, 이것이 약해진다 하더라도 자기 사고의 도식 안에 모든 것을 집어넣으려는 경향은 남아 있는 경우가 많다. 즉 취미 하나를 갖더라도 **실리**를 겸비한 취미인지, 생각하는 일을 중심으로 하는 취미인지를 따지려 드는 것이다. 그런데 감정이 지나치게 억제되면 본인의 의식적인 제어를 넘어서 표면으로 드러나는 경우가 있다. 언제나 논리적이고 합리적이라는 사실을 자랑으로 여기는 학자가 자신의 의견과 반대되는 학설에 **감정적인 반발**이라고밖에 볼 수 없는 언동을 한다든지, 도덕의 수호자라는 얘기를 들을 정도로 견고한 도덕관을 가지고 행동하는 사람이 누가 보더라도 천박한 사람에게 빠져서 파렴치한 사건에 말려드는 것이 그 예이다. 이 정도로 심하지는 않다고 하더라도 일반적으로 강한 외향적 사고유형은 예외를 용인하지 않는 태도와 그 반발로 나타나는 미분화된 감정반응 때문에 가족을 힘들게 하는 경우가 많다.

'내향적 사고유형'은 새로운 '사실'에 대한 지식보다 새로운 '견해'를 내놓는다는 특징이 있다. 융은 내향적 사고유형의 대표주자로 칸트를 들면서, 외향적 사고유형의 대표인 다윈과 대조해 보이기도 했다. 이런 성향의 사람은 **깊이** 있는 사고를 해서 완전히 독창적인 체계를 세움으로써 빛을 발하기도 하지만, 사람에 따라서는 전혀 전달이 불가능한 독선에 빠지기도 한다. 이러한 전달 불가능성에서 오는 답답함이 그의 미분화된 감정반응과 결합해서 비정상적일 정도로 파괴적이고 공격적인 생각이나 행동으로 나타나는 경우도 있다. 혹은 감정반응이 공격적으로 나타나지 않고 천진한 방향으로 나타나서 단순히 덜렁대는 정도에 그치는 사람도 있다. 이런 사람의 생각의 깊이는 그와 아주 친하고 잘 이해해주는 사람에게는 존경의 대상이 되거나 강한 감화를 불러일으키기도 하지만, 일반적으로 이런 유형은 좋은 교사가 되기 어렵다. 대개의 경우 가르치는 일 자체에 흥미를 못 느낀다. 내향적 사고유형의 독특한 느낌을 여실히 보여주는 쇼펜하우어의 일화가 있다.[10] 어느 날 쇼펜하우어가 생각에 잠긴 채 공원 화단 안으로 걸어 들어갔다. 이를 보고 공원 관리인이 "당신은 지금 자신이 무슨 짓을 하고 있는지 알아요? 본인이 누군지는 알고 있어요?"라며 소리쳤다. 이 말을 듣고 쇼펜하우어는 이렇게 대답했다고 한다. "아…….그 답만 알았더라면!"


### (2) 감정

융에 따르면 감정기능은 주어진 내용을 받아들일지 거부할지를 정하고, 일정한 가치를 부여하는 기능이다. 따라서 하나의 판단작용이라고 할 수 있는데, 사고가 개념적인 관계를 묻는 반면 감정은 좋고 싫음이나 유쾌함과 불쾌함 등 주관적인 판단으로 행해지는 것으로, 지적 판단과는 구별된다.

'외향적 감정유형'은 자신의 기분에 따라서 사는데, 그것이 환경이 요구하는 것과 상당히 잘 맞아떨어지기 때문에 자연스럽게 비춰질 수 있다. 사람들이 '좋다'고 생각하거나 '훌륭하다'고 생각하는 것은 이 유형의 사람에게도 그렇게 느껴지는 것이다. 융은 일반적으로 사고형은 남성이 많고 감정형은 여성이 많다고 말하는데, 외향적 감정유형의 사람은 파티를 할 때 꼭 필요한 사람이다. 많은 사람 사이에서 조화롭고 즐거운 분위기를 끌어내기 위해서는 이런 심리기능이 매우 중요하기 때문이다. 처음 보는 사람에게 호감을 주고 '적당한' 관계를 만들어야 하는 영업사원도 이런 유형의 사람이 재능을 발휘할 수 있는 분야이다. 실제로 이런 유형의 여성은 좋은 사회인, 좋은 아내로서 대인관계를 원활하게 하며 애교와 재치가 있어서 많은 사람에게 호감을 사며 생활한다. 하지만 지나치게 외향적이면 외부 세계가 차지하는 비중이 너무 많아져서 주체성을 잃고 감정유형의 최대의 매력인 개성이 사라져버린다. 이렇게 되면 타인의 마음에 들기 위해 하는 노력이 어색해 보이거나 천박하게 보이기까지 한다. 외부 세계의 통제력이 지나치게 강해지면 그것을 끌어내리기 위해서 지금까지 억압당했던 미분화된 사고기능이 머리를 들기 시작한다. 이때는 '그건 결국 ○○에 지나지 않는다'는 판단에 따라서 지금까지 감정적으로 중시하던 것의 가치를 한번에 끌어내리게 된다. '종교는 아편에 지나지 않는다'거나 '아내는 성생활을 함께하는 하녀에 지나지 않는다'는 식의 말을 하면서 지금까지의 가치를 짓밟는 것이다. 항상 즐겁게 참가했던 학부모 모임에서 누군가가 이런 사고기능을 사용하기 시작하면 갑자기 토론과 연설의 장이 열리고, 열등한 사고기능은 감정의 뒷받침을 받으며 활동한다. 그리고 자신도 눈치 채지 못했던 새로운 재능을 발휘한 듯한 쾌감과 함께 결코 보여서는 안 되었을 치부를 드러낸 듯한 불쾌한 느낌이 섞인 기분을 맛보면서 집에 돌아간다.

융은 '내향적 감정유형'인 사람은 '깊은 물은 고요하다'는 말이 가장 잘 어울리는 사람이라고 말한다. 겉으로 보기에는 소극적이고 불친절하며 좀처럼 감동하는 일이 없는 것처럼 보이는 사람이 깊은 동정심이나 섬세한 감정을 가지고 있음을 알게 되어 놀라는 경우가 있다. 이런 사람은 올바르기는 하지만 어떤 상황에서는 부적절한 판단을 해서 스스로 곤경에 빠지는 경우가 있다. 예를 들어 친구가 새로 맞춘 옷을 보고 다들 멋지다거나 잘 어울린다고 웃으며 이야기하고 있을 때, 그것이 전혀 멋지지 않다고(난감하게도 이 판단이 맞는 경우가 많다) 느껴서 어떤 말을 할지 모르게 되는 것이다. 이런 유형의 사람은 깊은 감정 때문에 역사에 이름을 남길 정도로 자기희생적인 행위를 하거나 높은 종교성이나 예술성을 드러내는 경우가 있다. 하지만 외부 세계와의 관계가 지나치게 약해지면 자신의 감정판단을 억지로 관철하기 위해서 제멋대로 굴거나 때로는 잔인해지기까지 한다. 타인에게 전달하지 못하는 자신의 내적 감정은 아이에게로 투사되는 경우가 많아서 갈 곳을 잃은 엄마의 정열이 모두 아이에게 향하고, 아이가 성장해서 독립하는 것을 어렵게 만들기도 한다. 이렇게 해서 **애정 많은** 엄마에게서 문제아가 탄생하는 것이다. 또는 자신의 기분을 표현하지 못하는 것과 열등한 사고가 섞여 들어서 타인이 자신을 어떻게 생각할지를 걱정하고, **생각에 잠겨서** 그 내면적인 싸움에 지친 나머지 정신쇠약에 걸리는 사람도 있다. 그렇지만 만약 자신의 감정을 표현하고 전달할 수 있는 사람들이 주변에 있으면 그 안에서는 따뜻하고 친절한 사람으로서 변하지 않는 우정을 나눌 수 있다.

### (3) 감각

감각은 생리적 자극을 지각에 중개하는 기능이다. 그런데 외향적 감각은 알기 쉽지만, 내향적 감각은 그 존재 여부부터 의심스럽다고 생각하는 사람도 있을 것이다. 하지만 감각에도 주관적 요인이 있어서 외부의 자극 그 자체보다도 그것을 어떻게 받아들일까 하는 내적인 강도가 중요한 요소로 작용하는 경우가 있다. 이럴 경우 외부로부터의 자극은 단순한 계기에 지나지 않는다. 그 예로 같은 대상을 그리게 해도 사람마다 전혀 다른 작품을 그려낸다는 사실을 들 수 있다.

'외향적 감각유형'인 사람은 그야말로 리얼리스트 그 자체라고 할 수 있다. 그들은 객관적 사실을 사실 그대로 받아들이고 경험을 쌓아 간다. 여기에 사고나 감정의 도움이 그다지 더해지지 않으면 그 사람은 무사태평하게 자신이 속한 시대와 장소에서 현실의 향유자로 살아 간다. 다양한 음식점 위치와 맛을 잘 기억하기 때문에 친구들과 한잔 하러 갈 때 적절한 장소로 이끌고 가서 유쾌하게 즐길 수 있는 사람이다. 그러나 저급해지면 상스러운 향락주의자가 되어서 이성을 즐거운 감각을 얻기 위한 수단으로만 여기게 되기도 한다. 세련된 방향으로 갈 경우 고상한 탐미주의자가 된다. 감정기능과 적당히 연결되어서 음악이나 그림에 재능을 보이거나 사고기능의 도움을 받아 적확하고도 방대한 자료 축적을 특기로 하는 학자가 되기도 한다. 감각은 **실생활**을 원활하게 하기 위해서는 반드시 필요한 기능이지만, 이쪽으로만 지나치게 치우치면 억압된 직관에 피해를 입게 된다. 예를 들어 이토록 **현실적인** 사람이 특정한 어떤 일에 관해서만 정말로 비현실적이어서 미신이라고밖에 생각할 수 없는 것에 **빠져버리는** 경우가 있는 것처럼 말이다.

'내향적 감각유형'은 내향적 직관유형과 함께 현재라는 시대에 살면서 외부 세계에 적응하기에 상당한 어려움을 느낀다. 이 유형은 외부 세계의 자극 그 자체보다는 그로 인해 일어나는 주관의 강도에 의지하기 때문에 다른 사람들에게는 전혀 해석 불가능하게 행동하는 것처럼 보일 때가 많다. 그들은 다른 사람들이 아름다운 꽃밭으로 보는 것을 무섭게 타오르는 불꽃으로 보기도 하고, 작은 눈동자에서 넓은 바다의 심연을 발견하기도 한다. 이런 사람은 자신이 **본 것**을 적절하게 표현하는 데에 어려움을 느끼므로 그것을 전달하기를 포기하고 타인을 좇아 사는 경우가 많다. 그래서 평상시에는 타인의 지시를 따르며 순종적인 태도를 보이던 사람이 뜻밖의 상황에서 완고함을 내보이는 경우가 있는 것이다. 하지만 만약 이 사람이 자기 내부에 있는 것을 타인에게 전달할만한 창조성을 가졌다면 위대한 예술가로서 그 재능을 꽃피우게 된다. 그리고 그 예술가가 그려낸 상像은 우리 마음 깊숙한 곳에서 어떤 작용을 일으켜서 우리는 자신의 내부에도 확실히 존재하는 것을 그 사람이 그려낼 때까지 왜 몰랐을까 하는 생각을 하게 된다. 그리고 그가 상을 **만들어**내거나 **생각해**낸 것이 아니라 그야말로 **보고 들은 것**을 그대로 전하려고 한다는 사실을 깨달을지도 모른다. 일찍이 샤갈은 공상의 세계를 그린다는 말에 반발하며 "나는 현실 세계, 내적 현실inner reality을 그리고 있다."고 말했다고 전해진다.

### (4) 직관

직관은 어떤 일 그 자체보다도 그 배후에 있는 가능성을 지각하는 기능이다. 그 과정은 무의식의 길을 더듬어가면서 생겨나기 때문에 왜 그것을 얻게 되었는지는 다른 사람은 물론이고 본인조차도 설명하기 곤란하다는 점에서 매우 까다롭다고 할 수 있다. 그래서 직관형인 사람은 자신이 지각한 것을 사건의 결론을 추론하거나 관찰함으로써 얻었다고 믿는 경우도 많다. 하지만 그 설명을 자세히 들어보면 선행하는 올바른 결론에 미분화된 사고나 관찰이 나중에 덧입혀진 것에 지나지 않는다는 사실을 알 수 있다. 필자는 일찍이 전형적인 직관형 인간이 어떤 사람의 이야기를 듣고 "당신이 하는 말은 이해가 잘 안 되지만, 어찌되었든 간에 전적으로 찬성합니다."라고 대답하는 것을 본 적이 있다. 이해가 안 되면서 어떻게 찬성할 수 있는지는 정말 이해하기 어렵다. 이런 경우 어쨌건 결론이 맞는지가 가장 중요하다. 감각이 사실성을 추구하는 반면 직관은 가능성에 주목한다. 그렇기 때문에 어떤 이라도 사방이 막힌 상황에 직면해서 다른 기능에 의지하지 않으면 안 될 때, 설령 직관이 주기능이 아닌 사람이라도 그것이 자동적으로 움직이기 시작한다는 사실을 알아차리게 되는 것이다.

'외향적 직관유형'의 사람은 외적인 사물에 대해서 모든 이가 인정하는 현실의 가치가 아니라 **가능성**을 추구하면서 행동한다. 이런 유형의 사람 중에는 기발한 착상으로 특허를 내거나 시세 파악에 능하거나 중매를 잘하는 사람이 있다. 또는 불륜을 탐지해내거나 아직 다듬어지지 않았지만 앞으로 크게 될 인물을 찾아내는 일 등에 정열을 쏟는 사람도 있다. 직관이 사고나 감정에 의한 판단의 보조를 받지 못하면 외향적 직관유형의 사람은 씨는 뿌리지만 수확물을 얻지 못하는 사람이 될 위험성이 높다. 즉 하나의 가능성을 발견해도 그 일이 완성되기도 전에 또 다른 새로운 가능성에 정신이 팔려서 그쪽으로 가버리는 등 한곳에 진득하게 앉아서 일의 성과를 즐기지 못하는 것이다. 그래서 결국 그 사람 다음으로 온 사람이 성과를 거저 얻게 되기도 한다. 직관형인 사람은 타인을 풍족하게 하는 데에 힘을 쏟으면서 정작 자신은 항상 빈곤에 시달리게 된다. 이와 같은 경향이 강해지면 억압당했던 감각 기능이 제어를 뚫고 나타난다. 이것은 황당무계하다는 점에서 감각형 인간이 빠지기 쉬운 상태와 비슷하지만, 감각형 인간이 종교적이거나 신비로운 일에 사로잡히는 데에 반해서 이 유형의 사람은 현실적인 것에 끌린다. 그것은 자신의 몸에 대한 걱정에 사로잡히는 건강염려증, 사물에 대한 무의식의 속박이라고 할 수 있는 강박증이나 공포증이 되어서 나타나는 경우도 있다.

'내향적 직관유형'인 사람도 다른 사람들이 이해하기 어려운 면이 있기 때문에 바깥 세계에 적응하기 어렵다. 자기 내면세계 안에서 가능성을 추구해서 심상의 세계를 헤매는 사람이 그것을 타인에게 전달하는 일에 어려움을 느끼는 것은 당연하다면 당연하다고 할 수 있다. 이 유형은 바깥 세계의 일에는 지나치게 무관심하기 때문에 모두가 최근에 일어난 사건에 대해 이야기하고 있을 때 전혀 몰랐다는 듯이 "그런 일도 있었구나……." 하고 중얼거리기도 한다. 그들은 이해하기 어렵고 비생산적이기 때문에 타인 밑에서 지시를 받으며 일하는 경우가 많다. 겉으로 보기에는 세상일에 무관심하고 자신이 없으며, 이해할 수 없는 특이함만 눈에 띄기 때문에 주위 사람들에게 과소평가되는 경우가 많다. 하지만 이런 유형의 사람이 자신이 얻은 것을 밖으로 표현할 수단을 발견하면(사고나 감정을 보조적으로 사용하는 경우가 많다) 독창적인 예술가, 사상가, 종교가 등으로 눈부신 성공을 거둘 수 있다. 혹은 그 직관이 너무 날카로우면 동시대 사람들에게 인정받지 못하고 다음 세대 사람들에게 박수받을 운명을 짊어지게 된다. 그는 미래의 가능성을 보고 움직이기 때문이다. 이 정도로 극단적이지는 않다고 하더라도, 이 유형의 사람은 자기 내부에 있는 일종의 독창성 때문에 고민하게 된다. 이런 독창성은 일상생활에서는 오히려 불편하게 만들기 때문에 자기 본래의 경향을 무시하기 위해 무리하게 기계적이고 실제적인 일을 하려는 내적 마찰로 인해 신경증에 걸리고 마는 사람도 있다.

　이상 네 가지 심리기능과 여덟 가지 기본 유형에 대해서 설명했는데, 실제로는 이 정도로 순수한 유형은 없으며 여러 기능이 서로 얽혀 있다는 사실 또한 파악할 수 있었을 것이다. 다음으로는 이런 복잡함에 주목해보고자 한다.

# 4

## 의식과 무의식의 상호보완성

앞에서 내향적 태도와 외향적 태도, 주기능과 열등기능의 상호보완성에 관해 간단하게 언급했다. 이를 통해 융이 의식의 태도가 한쪽으로 치우칠 때 그것을 보완하려는 움직임이 무의식 안에 존재한다는 사실을 일찍부터 인정하고 중요시했음을 알 수 있다. 이 부분을 조금 더 자세히 살펴보자.

한 예로 '외향적 직관유형'을 생각해보자. 이 사람이 직관을 통해서 얻은 것을 적절하게 적용하려면 반드시 사고나 감정기능에 의한 판단의 도움이 필요하다. 여기서 만약 사고가 2차 기능이라고 한다면 감정은 3차기능으로 상당히 미분화되었을 테고, 감각은 열등기능으로 가장 미분화된 기능이 된다. 〈그림2〉를 보면 이 관계를 분명히 알 수 있는데, 순수한 직관형인 경우 '직관-감각' 축의 기울기가 적어서 사고

와 감정의 미분화 정도도 어
느 정도 비슷하다. 그림에 나
오는 성향의 사람은 사고적
직관유형이라고 부를 수 있
다. 또한 사고형 인간은 단순
히 생각하는 것뿐 아니라 그
소재를 제공하는 도구로 직관
이나 감각을 2차 기능으로 사
용한다. 만약 2차 기능의 도움
이 없으면 그들의 말은 근거
없는 말이 되거나 진부하고

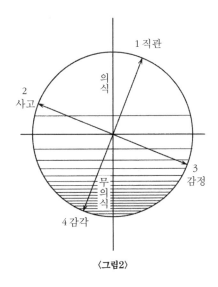

〈그림2〉

따분한 논리의 유희에 지나지 않게 된다. 어떤 사람은 자신의 주기능
에 의지하면서 보조기능의 도움을 통해 발전하고, 열등기능도 서서히
발전시켜간다. 이와 같은 과정을 융은 '개성화 과정individuation process'
이라고 부르고, 인격이 발전하는 자연스러운 순서라고 인정하면서 심
리치료를 할 때도 인격 발전의 지표로 사용했다. 각 기능들의 관계는
꿈 분석에서도 특징적으로 나타나는 경우가 많다. 구체적인 예는 제
5장에서 소개할 텐데, 여기서는 우선 사고형 인간의 특징을 보여주는
사례를 한 명(25세 남자) 살펴보겠다.


　　나는 어느 날 꿈속에서 카드놀이를 하고 있었다. 내 양 옆에는 형과 남
　　동생이 앉아 있었고, 맞은편에는 처음 보는 여성이 앉아 있었다. 나는 처
　　음 보는 여성과 한편이 되어 카드놀이를 하게 되었는데, 내가 가진 카드

에는 하트가 없었다.

카드놀이나 마작 등 네 명이 하는 놀이는 이와 같은 의미로 꿈에 자주 등장한다. 이 꿈의 자세한 연상은 생략하겠지만, 이 남성과의 연상 과정을 통해 형과 남동생은 직관과 감각 요소를 가리킨다는 사실이 밝혀졌으며, '하트'에서는 '정열, 애정'이 연상된다는 점이 드러났다. 이 꿈은 너무나도 명료해서 해설할 필요조차 없을 정도인데 자신이 앞으로 상대하지 않으면 안 되는 것, 즉 감정기능에 대해 스스로 잘 알지 못한다는 점(모르는 사람), 그 기능의 발전을 위해서 여성이라는 문제를 해결하지 않으면 안 된다는 점 등을 말해준다. 게다가 손에 쥔 카드에 '하트'가 한 장도 없다는 점은 정말로 이 사고형 인간의 현재 상황을 여실히 드러내고 있다고 보아야 한다. 열등기능은 때로는 낯선 사람이나 **물리치기 어려운 괴물** 모습을 하고 꿈속에 나타나기도 한다. 현실 속에서는 일단 한 가지 재주를 갈고닦아야 살아남을 수 있기 때문에 주기능부터 일면적으로 개발되고, 열등기능을 억압할 수 없게 되었을 때 신경증이 나타나서 심리치료사를 방문하는 사람이 많다. 그리고 이와는 반대로 주위의 기대에 부응하기 위해서 자신이 가진 주기능의 발전을 지나치게 억압함으로써 고민에 빠지는 사람도 있다. 예를 들어 일반적으로 '여자다움'의 기본처럼 요구되는 외향적 감정기능을 무리하게 요구하는 사회 분위기 때문에 힘들어 하는 사고형 여성이 있다. 반대로 남녀평등권을 획득하고 싶은 마음이 강한 여성도 있다. 이런 사람은 사고기능과 남성을 동일시하고, 남성에게 뒤떨어지지 않는 삶을 살기 위해 사고기능을 발전시키고, 본래 가지고 있는 풍부한 감정기능을 무리하게 억제하면서 대학원까지 졸업하고는 그 후에 뒤늦게 자신의 성향에 대한 고민을 시작하기도 한다. 하지만 일반적으로 심리치료를 행하면 열등기능의 발전에 바로 손을 대는 등의 무모한 시도를 하기보다는 보조기능을 발전시키는 데에 유념하는 편이 적절한 경우가 많다. 처음부터 무조건 공식에 대입하려고 들면 위험하기 때문에 각 사례를 신중하게 생각해야만 한다. 또한 일반적으로 남성의 경우에는 주기능만으로 살아가려는 경향이 강해서 유형을 파악하기 쉽지만, 여성의 경우 주위에서 날카로움보다는 부드러움을 기대하기 때문에 하나의 기능이 두드러지게 발전되지 않는 경우가 많아서 유형을 파악하기 어렵다.

융은 자신과 유형이 다른 사람을 이해하는 일은 아주 어렵다고 강조한다. 우리는 자신과 반대 유형인 사람을 부당하게 낮게 평가하거나 오해하곤 한다. 외향형인 사람은 내향형인 사람을 까닭 없이 냉담한 겁쟁이로 보고, 반대로 내향형인 사람은 외향형인 사람을 경박하고 자신감이 지나치게 넘치는 사람이라 생각한다. 또한 음악을 들어도 주기능의 차이에 따라서 음의 구성에 주목하는 사람, 음악이 자아내는 느낌에 취하는 사람, 음악보다는 음音 자체를 사랑하는 사람, 음악의 이면에 있는 설명하기 어려운 어떤 것에 가슴 설레하는 사람도 있다. 그래서 음악을 좋아한다는 점에서 마음이 맞아야 할 사람끼리도 상대의 말에 어처구니없다며 반응하는 것이다. 예를 들어 사고형 남성은 감정형인 자신의 여자친구에게 "쇼팽을 좋아한다면서 마주르카와 왈츠도 구분 못한다는 것은 말도 안 된다."고 말하고, 여자친구는 "당신은 음악 그 자체보다 음악을 분류하고 해설하기를 더 좋아하는 것 같다."면서 반격한다. 또는 감각형 인간은 직관형 인간이 베토벤을 좋아한다면서 "어떻게 음질이 안 좋은 스피커로 음악을 들을 수 있느냐?"며 이상하게 생각하고 직관형인 사람은 "당신은 음악보다 스테레오 기능을 더 좋아하는 것이 아니냐?"고 반박한다.

하지만 융도 지적하듯 실제로는 자기와 반대 유형의 사람을 연인이나 친구로 선택하는 경향이 강하다. 간단하게 말하자면 자신과 같은 유형의 사람과는 서로 깊이 이해할 수 있고, 반대 유형의 사람에게는 저항하기 힘든 매력을 느껴서 함께하게 된다고 해도 좋을 것이다. 그리고 자신과 반대 유형인 사람에게 강한 매력을 느끼는 까닭은 앞에서도 언급한 자기 내부에서 일어나는 개성화 과정이 외부에서도 발생하기 때문이라고 생각할 수 있다. 이렇게 해서 두 사람이 맺어지는데, 상반되는 유형의 사람과 맺어지면 서로 이해하려고 노력하다가 몇 년이 지나서도 아직 서로를 너무나 몰랐다는 사실을 발견하고는 놀라기도 한다. 반대로 같은 유형의 사람은 이해를 바탕으로 맺어지지만, 시간이 조금 지나면 서로에게 매력을 느끼지 못해서 헤어지는 경우가 많다. 흔히 겪는 이러한 권태기는 부부가 함께 자신의 개성화를 향해 나아가려는 노력을 하지 않는 한 피할 수 없다. 생각해보면 자신에게 익숙한 장소(가정이나 친한 친구들 모임)는 열등기능의 발전을 위한 연습에 적합한 장소이다. 이럴 때 단순히 무의식적인 **반응**으로서 열등기능을 폭주시키는 데에 그치지 않고, 열등기능을 정면으로 받아들여서 그것에 따라 **살아갈** 각오를 한다면 비록 조금 더디더라도 발전의 길을 걸을 수 있을 것이다. 단순한 반응의 반복은 발전으로 이어지지 않는다.

융의 성격유형론은 먼저 의식의 태도에 주목하여 성격유형을 나눈

다음, 의식과 무의식의 보상작용이 존재한다는 사실을 지적한다. 그리고 이러한 과정 때문에 외적인 행동이 복잡하게 더해져서 성격유형을 판단하기 어렵다는 사실을 이야기했다. 결국 융이 강조하는 것은 인간 마음은 의식으로 드러난 부분뿐 아니라 전체성을 지향하는 작용을 한다는 사실이다. 융은 그것을 개성화 과정이라고 분명히 하면서 이를 심리치료 상황에 적용했다고 할 수 있다. 그리고 이 성격유형론을 통해 융이 나중에 자기 이론의 중심 개념으로 발전시켜간 '자기self' '마음의 전체성psychic totality'에 대한 생각을 발견할 수 있다.

융이 생각한 성격유형이 내향과 외향이라는 점에서는 외적인 행동 관찰로도 확인할 수 있는 부분이 많기 때문에 인정하지만, 심리기능에는 의문을 갖는 사람도 있을 것이다. 하지만 실제로 자신의 성격을 개선하고 발전해나갈 방향을 찾으려 하거나, 지금까지 이해할 수 없었던 사람을 더 이해하고 싶을 때, 또는 인간관계를 개선하려고 할 때 융의 성격유형론이 좋은 지표가 된다는 사실은 아무리 강조해도 부족하지 않다. 한마디로 말하자면 융의 성격유형론은 외부에서가 아니라 내부에서 본 성격론으로서 의의가 충분하다고 할 수 있다.

한편 동양에서 융의 생각을 그대로 적용할 수 있을지 없을지에 대해서는 약간의 의문이 남는다. 서양에서는 의식의 태도(자아)를 상당히 중시하지만 동양에서는 의식뿐 아니라 마음을 전체로서 파악하는 경향이 강해서 오히려 미분화된 전체성을 존중하는 경향이 강했다. 따라서 융이 말하는 하나의 심리기능의 발달이라는 것이 존재하기 어렵다는 의식이 있을 수 있다. 실제로 동양에서는 하나의 기능을 발전시키기보다는 설령 미분화된 것이라도 전체를 좋는 경향과 특기로 하는 것(주기능)을 발전시키는 즐거움보다는 못하는 점에 주목해서 '고행'하려는 생활태도 등과 결부되어 두드러진 유형을 찾아내기 어려운 것처럼 보이기도 한다. 필자가 귀국한 지 불과 2년밖에 되지 않았지만 지금까지의 경험에 따르면 융의 성격유형론은 (외국인처럼 확실히 드러나지는 않지만) 인간의 성향을 파악하는 데에 상당 부분 도움이 되고 있다. 앞으로 이 점에 주의하면서 심리치료 경험을 쌓은 후 확실한 결론을 내리려고 한다.

주 ─────────────────────────────────────────

1  Jung, C. G., *Psychological Types*, Routledge & Kegan Paul, 1921. 하야시 미치
   요시 역,《성격유형론》, 미스즈쇼보, 1987년. [정명진 역,《칼 융의 심리 유
   형》, 부글북스, 2014.]

2  Jung, C. G., *Memories, Dreams, Reflections*, Pantheon Books, 1961, p.207. 가
   와이 하야오 외 역,《융 자전 2》, 미스즈쇼보, 1973년, 11쪽. [조성기 역,《카를
   융 기억 꿈 사상》, 김영사, 2007.]

3  Munroe, R., *Schools of Psychoanalytic Thought*, The Dryden Press, 1958. p.567.

4  Munroe, R., *ibid.*, p.569. 또한 로르샤흐와 융의 '내향-외향'에 관한 생각
   을 비교해보려면 Bash, K., "Einstellungstypus und Erlebnistypus: C. G. Jung
   and Hermann Rorschach", *J. Proj. Tech.* 19, 1955, pp.236~242을 참조하기
   바란다.

5  아이젠크는 정신분석에 대해서 반대하며 통계적 분석 방법의 하나인 인자
   분석因子分析이 중요하다고 했는데, 내향과 외향이라는 인자의 중요성은 인정
   했다.

6  Jung, C. G., *Modern Man in Search of a Soul*, Harcourt, Brace and Company,
   1933, p.85.

7  이 점에 대해서 융은 *Psychological Types*, p.472에서 이야기하고 있는데, 이 부
   분은 주(1)의 책, 403쪽에 해당한다. 바이닝거는《성과 성격》의 저자로 유명
   한 오스트리아의 철학자이자 심리학자이다.

8  Jung, C. G., *Psychological Types*, p.427. 주(1)의 책, 366~367쪽.

9  Jung, C. G., *ibid.*, p.611. 주(1)의 책, 452쪽.

10 Fordham, F., *An Introduction to Jung's Psychology*, Pelican Books, 1959,
   p.39. 요시모토 기요히코 · 후쿠시 히사오 역,《융 심리학 입문》, 고쿠분샤,
   49~50쪽.

2장
___

콤플렉스

'콤플렉스complex'라는 용어를 현재 통용되는 의미로 처음 사용한 사람은 다름 아닌 융이었다. 그는 1906년에 발표한 단어연상검사에 대한 저서[1]에서 '감정에 의해 채색된 콤플렉스gefuühlsbetonter Komplex'라는 말을 사용했는데, 이것이 후에 '콤플렉스'라고 불리게 되었다. 융이 도입한 이 용어는 내향·외향이라는 단어와 함께 일반적으로 널리 사용되게 되었고, 비단 심리학을 전공한 사람뿐 아니라 누구나 알 정도로 유명해졌다. 일본에 이 단어가 처음 들어왔을 때는 '심적 복합체心的複合體' 등으로 번역되었지만, 현재는 콤플렉스라는 단어가 그대로 사용되는 경우가 훨씬 많다. 이처럼 콤플렉스는 내향·외향과 함께 널리 사용되고는 있지만, 이것의 본래 뜻을 깊이 아는 사람은 많지 않은 듯해 여기서 콤플렉스에 대한 융의 생각을 다시 소개하고자 한다. 콤플렉스 현상을 해명하는 일은 융에게는 상당히 중요한 작업이었는데, 그는 자신의 심리학을 '콤플렉스 심리학komplexen Psychologie'이라고 부르기도 했다.[2]

# 1

## 연상실험

단어연상검사를 심리학에 도입하려는 시도는 오래전부터 있어왔지만, 이것을 임상적으로 사용한 것은 융이 처음이었다. 그는 간단한 단어연상을 할 때 반응속도가 상당히 느린 경우가 있다는 사실을 깨달았다. 융은 그것이 지적인 문제라기보다는 감정적인 요인 때문에 발생한다고 생각하고, 이를 임상적으로 응용하기 위해 '단어연상검사' 방법을 확립했다. 그는 어떤 단어에 평범한 반응을 보이더라도 반응속도가 느릴 때는 감정적인 요인이 뒤에서 작용하고 있다고 주장했다. 그 사례로 '흰색'이라는 단어를 듣고 잠시 주저하고서 '검은색'이라고 대답한 환자를 언급했다.[3] 검사를 마치고 흰색을 떠올리면 연상되는 것을 더 묻자, 환자는 흰색이 죽은 사람의 얼굴을 덮는 천을 연상시킨다고 답했다. 그리고 최근에 이 환자와 아주 가까운 친척이 죽었

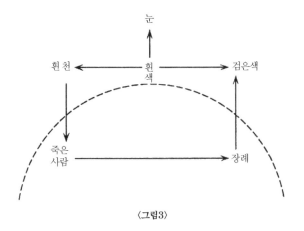

<그림3>

고, 이 사람에게는 검은색이 상실의 색으로서의 의미를 가진다는 사실을 알게 되었다. 즉 흰색이라고 말했을 때 연상되는 것으로 검은색이라고 답한 일은 아주 평범하게 보이지만, 그 반응속도가 느렸던 까닭은 환자의 감정이 그만큼 많이 움직인 것과 관계있다는 사실을 알 수 있었던 셈이다.

또 시간 지연 외에도 주목할만한 장애가 발생한다는 사실을 알게 된 융은 그것을 콤플렉스 지표로 다뤘는데, 이를 설명하기 전에 먼저 융이 사용한 자극어를 소개하겠다(〈표1〉). 이것을 사용하는 방법은 간단하다. "지금부터 몇 개의 단어를 순서대로 말하겠습니다. 이를 듣고 뭐든지 좋으니 떠오르는 단어 하나를 말해보세요."라고 한 다음 자극어를 불러주면서 스톱워치로 상대의 반응어와 반응시간을 기록하면 된다. 시간은 보통 4분의 1초 단위로 기록한다. 즉 1.5초면 6이라고 쓰는 것이다. 흥미가 있다면 다음 표에 나와 있는 자극어로 시험해보기 바란다(다른 사람에게 부탁해서 해보는 것이 이상적이지만, 혼자서 해도 그 느

| 1 | 머리 | 21 | 잉크 | 41 | 돈 | 61 | 집 | 81 | 예의 |
|---|---|---|---|---|---|---|---|---|---|
| 2 | 인연 | 22 | 분노 | 42 | 바보 같은 | 62 | 귀엽다 | 82 | 좁다 |
| 3 | 물 | 23 | 바늘 | 43 | 노트 | 63 | 유리 | 83 | 형제 |
| 4 | 노래하다 | 24 | 헤엄치다 | 44 | 경멸하다 | 64 | 다투다 | 84 | 무서워하다 |
| 5 | 죽음 | 25 | 여행 | 45 | 손가락 | 65 | 모피 | 85 | 학 |
| 6 | 길다 | 26 | 파랗다 | 46 | 고가의 | 66 | 크다 | 86 | 잘못 |
| 7 | 배[船] | 27 | 램프 | 47 | 섬 | 67 | 순무 | 87 | 걱정 |
| 8 | 지불하다 | 28 | 저지르다 | 48 | 떨어지다 | 68 | 칠하다 | 88 | 키스 |
| 9 | 창문 | 29 | 빵 | 49 | 책 | 69 | 부분 | 89 | 신부 |
| 10 | 친절한 | 30 | 부자 | 50 | 부정한 | 70 | 오래된 | 90 | 청결한 |
| 11 | 책상 | 31 | 나무 | 51 | 개구리 | 71 | 꽃 | 91 | 문 |
| 12 | 묻다 | 32 | 찌르다 | 52 | 헤어지다 | 72 | 치다 | 92 | 고르다 |
| 13 | 마을 | 33 | 동정 | 53 | 공복 | 73 | 상자 | 93 | 건초 |
| 14 | 차갑다 | 34 | 노랗다 | 54 | 하얗다 | 74 | 거친 | 94 | 기쁘다 |
| 15 | 줄기 | 35 | 산 | 55 | 아이 | 75 | 가족 | 95 | 비웃다 |
| 16 | 춤추다 | 36 | 죽다 | 56 | 주의하다 | 76 | 닭다 | 96 | 잠들다 |
| 17 | 바다 | 37 | 소금 | 57 | 연필 | 77 | 소 | 97 | 달 |
| 18 | 병 | 38 | 새롭다 | 58 | 슬프다 | 78 | 묘한 | 98 | 예쁜 |
| 19 | 자랑 | 39 | 버릇 | 59 | 살구 | 79 | 행운 | 99 | 여자 |
| 20 | (밥을) 짓다 | 40 | 기원하다 | 60 | 결혼하다 | 80 | 거짓말 | 100 | 모욕 |

일단 융이 사용한 단어들을 번역했는데, 명사를 형용사로 바꾸는 등 어쩔 수 없이 품사를 바꾼 단어도 있다. 또 문화적인 차이 때문에 우리나라에서 사용하기에 부적절한 단어도 있다. 예를 들어 93번의 건초 같은 것은 차라리 그냥 풀이라고 하는 편이 나을 것이다. 또한 85번은 실제로는 황새인데, 황새가 아기를 물어다준다는 이야기는 서양인이라면 누구나 알고 있어서 사용되었지만 우리에게 친숙한 학으로 바꿔보았다. 또한 영어로 된 표는 문화 차이를 고려해서 독일어 단어와 약간 달리해놓았다. 만약 우리나라에서도 본격적으로 사용하게 된다면 부적절한 단어는 바뀌야 할 것이다.

〈표1〉 융 언어연상실험에서 사용하는 자극어

낌을 어느 정도 알 수 있기 때문에 시험 삼아 해봐도 좋을 것이다).[4]

　이렇게 모든 연상이 끝난 다음 "한 번 더 반복할 테니 앞에서 답했던 단어를 다시 말해주세요."라고 말하고 재검사를 한다. 기억하고 있을 때는 '+', 잊어버렸을 때는 '-'로 기입하고 다른 단어를 말했을 때는 그것을 기록한다. 실제로 해보면 상당 부분 잊어버린다는 사실을 알 수 있다.

　이처럼 간단한 연상검사만 해봐도 여러 장애가 발생한다는 사실을 깨닫게 된다. 즉 (1)반응시간 지연, (2)반응어를 기억하지 못함, (3)자극어를 그대로 따라함, (4)자극어를 오해함, (5)재검사시에 잊어버림, (6)같은 반응어를 반복함, (7)눈에 띄게 이상한 반응을 보임, (8)관념 고착(예를 들어 자극어 '머리'에 대해서 '몸통'이라고 반응하고, 이어서 '인연'에 대해서 '꼬리'라고 반응하는 등 앞의 관념에 고착되는 것) 등이 있다. 다른 것도 있지만 이상이 융이 주로 지적한 사항이며 이것을 '콤플렉스 지표 complex indicator'라고 부른다. 융은 이처럼 간단한 연상 과정에서 많은 장애가 발생한다는 점에 주목해 연상검사를 통해서 무의식의 심적 과정을 연구했다. 그는 우리의 연상을 방해하는 것, 즉 의식의 제어가 미치지 못하는 심적 과정의 존재를 인정할 수밖에 없다고 생각했다. 앞서 든 예로는 흰색에서 연상되는 것으로 보통은 검은색이나 눈, 흰 천 등을 떠올리지만 이 사람의 경우 최근에 있었던 가까운 사람의 죽음이 마음속 깊은 곳에 강한 감정과 함께 존재했기 때문에 연상 과정이 '흰색→흰 천→죽은 사람의 얼굴→장례식→검은색'이라는 먼 길을 돌아오느라 현저하게 반응시간이 지연되었다. 이 경우에는 시간 지연으로 나타났지만 사람에 따라서는 연상이 정지해버려서 아무 말도 하지 못하거나 '…… →죽은 사람→죽음→삶'이라고 연상해서 '흰색'이라는 자극어에 '삶'이라는 기묘한 반응을 할지도 모른다. 또는 죽음에 관념이 고착되어서 다음 단어인 '아이'라는 자극어에 '죽는다'라고 반응한 다음 스스로 놀랄 수도 있다. 이처럼 장애는 다양한 모습으로 나타나는데, 그것들을 주의 깊게 조사하다 보면 장애를 일으키는 단어에 하나의 연결고리가 있다는 사실을 발견하게 되는 경우가 있다. 좀 전의 예를 다시 보자면 '헤어지다'에 대해서 반응이 늦어지고 '죽음'이라고 대답하거나 '슬프다'에 대해서 '이별'이라고 대답한 뒤에, 재검사를 할 때 자신이 했던 대답을 잊어버리고 '죽음'이라고 말하기도 한다. 이렇게 많은 심적 내용이 동일한 감정에 의해서 하나의 연결고리를 만들고, 이에 관계되는 외적인 자극이 주어지면 그 심적 내용 한 무리가 의식의 제어를 넘어서 활동하는 현상을 볼 수 있는데, 무의식 안에 존재하면서 어떤 감정에 의해서 연결된 심적 내용의 집합체를 융은 콤플렉스라고 이름 붙였다.

앞에서도 언급했지만 콤플렉스는 처음에 '감정에 의해 채색된 복합체feeling-toned complex'라고 불렸다. 콤플렉스는 각각 어떤 결속력을 가지고 존재하는데, 이에 대해서 우리의 의식도 나름의 결속력을 가지고 존재한다. 사람은 태어나서 성장함에 따라서 의식체계도 복잡해지지만 일관된 통합성을 가지고 있다는 사실은 매우 중요하다. 통합성을 가지기 때문에 우리는 하나의 인격으로 인정받을 수 있고, 각 개인에게서 서로 다른 개성을 느낄 수 있다. 융은 이 의식체계의 중심 기능이 자아ego라고 생각했다. 이 자아의 활동에 의해서 우리는 외부 세계를 인식하고 판단하며 어떤 일에 대처하는 방법을 찾아낸다. 그에 따라 우리는 그때그때 상황에 맞는 적절한 행동을 한다. 하지만 통합성을 가지는 자아의 활동을 어지럽히는 것이 있다. 바로 콤플렉스다. 앞의 예를 들자면, 자아의 활동에 따르면 '흰색→검은색'의 연상은 간단하지만 그 근저에 있는 콤플렉스가 활동해서 연상을 혼란에 빠뜨린다. 이러한 콤플렉스는 스스로 어느 정도의 자립성을 가지고 자아의 통제에 따르지 않기 때문에 일상생활에 여러 장애를 불러온다. 가장 중요한 때 사람 이름이 전혀 떠오르지 않거나, 결정적인 순간에 얼굴이 빨개지고 말을 더듬거나, '감사선물은 결단코 받을 생각이 없다'고 말해야 할 때 '감사선물은 결단코 **받을** 생각이다'라고 말해버리기도 한다. 프로이트는 저서 《일상생활의 정신 병리학》에서 어쩌다 한 실수나 사소한 말실수로 보이는 사례 중에서 실제로는 무의식 안에 있는 콤플렉스의 작용에 의한 것인 경우가 얼마나 많은지를 다양한 예를 들며 설명한다. 콤플렉스는 자아의 통제 밖에 있어서 그것 때문에 일어난 장애는 '전혀 생각지도 못한 것'이라고 느끼거나 '뭔가에 홀린 것 같다'고밖에는 생각할 수 없는 성질인 경우가 많다. 콤플렉스는 마치 옛날이야기에 나오는 소인小人들처럼 우리가 모르는 사이에 장난을 쳐서 큰 실수를 하게 만들고는 즐거워하는 듯하다. 아니면 옛날 사람들이 콤플렉스에 희생당했을 때 그 경험을 기록에 남기려고 '장난꾸러기 소인' 같은 심상을 만들어냈다고 생각하는 편이 더 타당할지도 모른다.

콤플렉스는 하나의 공통된 감정에 의해서 뭉쳐 있다고 말했는데, 그것은 중심이 될만한 핵核을 가지고 있다. 가장 전형적인 것이 심적 외상이다. 예를 들어 자신의 아버지에게 성적 학대를 당한 여성이 있다고 해보자. 이 여성은 이런 참기 힘든 경험을 무의식중에 억압하면서 살아갈 것이다. 실제로 이러한 경험을 항상 의식 속에 가지고 있는 것은 상당히 어려우므로 억압하는 것이 당연하다고 할 수 있다. 그 경험을 하면서 느낀 공포심, 혐오감 등도 함께 억압하고 있다가 나중에 이것과 비슷한 감정을 동반하는 경험을 하면 이것이 콤플렉스에 흡수당하게 된다. 선생님께 심한 꾸중을 들은 경험이나 갑자기 개에게 물릴 뻔한 일 등이 이 콤플렉스와 겹칠지도 모른다. 그리고 이 콤플렉스는 점점 더 강해져서 때로는 자아의 존재를 위협하게 된다. 이 사람은 의식적으로는 전혀 알 수 없지만 별다른 이유 없이 말을 무서워하는 공포증에 시달릴지도 모른다. 즉 말이라고 하는 외적 자극이 콤플렉스를 활동시켜서 이에 동반된 공포감이 이 사람을 덮치는 것이다. 콤플렉스 안에 비축된 감정이 강력할수록 흡입력도 커서 조금이라도 비슷한 면이 있는 것은 콤플렉스 안으로 끌어당겨서 스스로 거대해지는 경향이 있다. 융에 따르면 그 중핵을 담당하는 것은 두 종류로 나눌 수 있다.[5] 하나는 앞에서 말한 것처럼 자아가 받아들이지 않았기 때문에 억압당하고 있던 경험이며, 또 다른 하나는 개인의 무의식 안에 내재해 있어서 지금까지 한 번도 의식화된 적이 없는 내용이다. 융은 콤플렉스라고 해서 항상 억압된 심적 외상을 찾아다니지 않으며, 억압된 것이라고 해서 부정적으로만 생각해서는 안 된다고 주장했다.

이처럼 융이 연상검사를 통해서 콤플렉스의 존재를 생각하던 무렵에 프로이트도 꿈 분석이나 최면 등을 연구하면서 같은 고민을 하고 있었다. 그런데 무의식에 대한 융의 견해는 프로이트와 명확한 차이를 보였으며, 이 점이 두 사람의 결별 이유 중 하나가 되었다. 즉 프로이트는 무의식의 심적 내용이 억압당한 것과 성적 욕망과 깊이 관련되어 있다고 생각했던 데 반해, 융은 프로이트의 설을 인정하면서도 무의식의 내용에는 건설적이고 긍정적인 면도 존재한다는 사실을 강조하려고 했다. 그리고 억압된 경험으로서의 콤플렉스뿐 아니라 더 깊은 원형적인 것을 찾으려고 했다(원형에 관해서는 다음 장에서 설명하겠다). 융의 무의식에 대한 긍정적인 견해는 앞 장에서 설명한 의식과 무의식의 상호보완성에 대한 생각에서도 분명하게 나타났지만, 다음에 나올 장에서도 찾을 수 있다.

융이 사용한 언어연상검사는 현재 임상심리학이 사용하는 강력한 무기인 '투사법投影法'의 기초를 처음으로 다진 검사라고 말할 수 있다. 융은 그 후에 나중에 기술할 심상과 상징 연구에 전념하고 언어연상검사법은 그다지 발전시키지 않았다. 하지만 얼핏 보기에 간단해 보이는 언어연상검사법은 깊은 의의가 있으며 사용방법을 고려하면 아직도 새로운 것을 끌어낼 가능성이 있기 때문에 더욱 주목해도 된다고 생각한다. 이 방법을 여기서 간략하게 제시한 까닭도 그런 이유 때문이며, 각자 언어연상검사의 아이디어를 살릴 방법을 찾아보면 좋겠다.

# 2

## 콤플렉스의 현상

앞에서 말했듯, 콤플렉스는 통합성을 흐트러뜨리고 장애를 일으킨다. 그래서 그 구조와 현상을 특히 자아와 관련하여 잘 알아두어야 한다. 그런데 콤플렉스는 원래 자아가 쉽게 받아들이기 힘들 때가 많다. 자아에 의한 억압 기제가 작동하기 때문에 스스로 쉽게 콤플렉스의 존재를 눈치 채지 못하는 것은 어쩌면 당연하다고 할 수 있다. 이것은 비유하자면 나라와 나라 사이에 두터운 방벽을 쌓고 교역도 하지 않으며 자국 내에서만 평화를 유지하는 상태와도 같다. 그런데 국경에서는 때때로 작은 분쟁이 일어나거나 게릴라가 침입해서 민가를 파괴하여 가까이에 적국이 존재한다는 사실을 상기시킨다. 이것은 앞에서 예를 든 것처럼 정상적인 사람이라도 때로는 콤플렉스 때문에 말도 안 되는 실수를 하는 현상에 해당한다. 이는 대개 보통 사람의 상태이다. 하지만 만약 이 억압의 방벽이 지나치게 단단해서 옆에 적국이 있다는 사실조차 모르는 사이에 적국이 장기간에 걸쳐서 세력을 키워서 이쪽 힘을 능가할 정도가 되었다면 어떨까?

이런 상태로 비유되는 가장 극적인 경우가 '이중인격'이다. 지금까지의 인격과 전혀 다른 인격이 출현하기 때문에 이것은 그야말로 자아가 그 왕좌를 콤플렉스에게 빼앗겨버린 듯한 상태이다. 이중인격 문제에 관해서는 프랑스 학자 폴 자네Paul Janet가 상세하게 연구했는데, 융은 이를 높이 평가했다.[6] 그리고 이중인격 문제는 본질적으로 콤플렉스 문제와 같다고 말했는데, 다만 모든 콤플렉스가 자아와 교체될 수 있는지 없는지 여부는 단언할 수 없다고 말했다. 이중인격에 관해서는 다음 장에서 다룰 예정이라 여기에서는 자세히 설명하지 않겠지만, 이 현상의 존재로 우리는 콤플렉스가 자율성을 가지고 자아를 어떻게 위협하는지 알 수 있다.

이중인격의 경우는 콤플렉스의 힘이 아주 강해져서 자아와 주권을 교체하려는 현상인데, 이 정도로 특수한 경우는 드물다고 하더라도 콤플렉스에 대처하기 위해 자아는 여러 방법을 취한다. 이것을 '자아방어 기제defense mechanism'라고 부르는데, 여기서는 자세한 설명은 생략하고 요점만 짚고 넘어가겠다. 먼저 '동일시identification'를 생각할 수 있다. 이것은 어딘가에서 콤플렉스와 자아가 동일시되어 자아가 콤플렉스의 영향 하에 놓이게 되는 현상을 말한다. 하지만 같은 동일시라고 해도 부분적인 것부터 전체적인 것에 이르기까지 정도의 차이가 있는데, 그에 따라 의식 장애의 정도에도 차이가 있다는 사실을 알아두어야 한다. 예를 들어 보통사람이라도 많든 적든 콤플렉스와 자기를 동일시하는데, 그 흔한 예로 남성은 자신의 아버지, 여성은 자신의 어머니와 비슷한 생각이나 행동을 하는 경우가 많다는 사실을 들 수 있다. 우리는 유아기부터 동성의 부모를 때로는 매우 비판적이고 공격적으로 생각하기도 하지만 그것을 감히 표현하지는 못하는데, 그런 생각이 아버지상이나 어머니상을 중심으로 한 콤플렉스를 형성해 간다. 그리고 성인이 된 다음에 문득 자신이 그렇게 싫어하고 반발했던 부모의 사고방식이나 삶을 그대로 따라가고 있다는 사실을 깨닫고 놀라거나 쓴웃음 짓는 경우도 많다. 이런 경우는 물론 정상적인 범위에 속하지만, 예를 들어 한 사람의 남성이 어머니와 강하게 동일시하거나 여성이 아버지와 강하게 동일시하면 어떻게 될까? 극단적인 경우로는 동성애에 빠지는 일을 들 수 있다. 또는 동일시의 정도가 자아 전체를 잠식해서 '난 신이다'라든지 '언젠가 전 세계를 다스릴 것이다'라고 믿기 시작한다면 문제가 상당히 커진 상태라고 할 수 있다. 이런 예를 우리는 망상형 정신분열병자(통합실조증)에게서 발견할 수 있다.

여기서 중요한 점은 동일시 정도가 극단적으로 심해진 경우에는 자신의 아버지나 어머니의 개인적인 수준을 넘어서 신이나 제왕 등의 상이 대상이 되는 경우가 많다는 사실이다. 이는 콤플렉스가 단순히 개인의 경험 중 억압당했던 경험만 모인 것인 듯 보여도, 그 배후에 개인적인 체험을 넘어서는 보편적인 점이 존재한다는 사실을 고려해야 함을 보여준다. 이런 점에 착안해 융은 집단 무의식이나 원형의 사고방식 개념을 발전시키는데, 이는 다음 장에서 논하겠다. 융은 어떤 사람이 개인적으로 경험한 실제 어머니 또는 어머니상을 넘어서 이른바 '어머니 그 자체'라고 부를만한 보편적인 존재를 파악하려 했다. 융의 이런 생각은 개인의 유아기 때의 **체험**을 상당히 중요하게 생각하는 프로이트의 생각과는 달랐기 때문에 이 부분에서도 두 사람은 서로 멀어지게 된다.

부모와의 동일시를 이야기했는데, 실제로 인간은 자기 부모의 결점에서 자유로워지기 어려우며, 부모의 결점이 어느새 자신의 결점이 되는 경우가 많다. 설사 이를 깨닫더라도 반발하거나 벗어나려고 지나치게 발버둥 치다가 극단적으로 반대 방향으로 치닫게 될 위험성이 상당히 높다. '우리 부모님은 너무 엄격하다'고 비판하는 사람이 자신은 반대로 아이를 지나치게 방임하는 실수를 범하는 경우가 많은 것이다. 이것도 부모의 결점에서 자유로워졌다고 말하기는 어렵다. 이 경우 오히려 동일시 기제가 작동해서 이에 반발한 나머지 반동 형성 reaction formation을 했다고 말할 수 있다. 이처럼 상반되는 것이 강하게 존재하는 것도 콤플렉스의 특징이며, 깊이의 차이는 있다 해도 하나의 콤플렉스는 그것과 서로 대응하는 콤플렉스를 어딘가에 가지고 있을 때가 많다. 예를 들어 강한 열등감 콤플렉스를 가진 사람은 어딘가에 강한 우월감 콤플렉스를 가진 경우가 많다. 다만 이 둘 중 어느 하나가 자아 가까이에 존재하기 때문에 그것만 의식하는 경우가 많은 것뿐이다. 열등감 콤플렉스 때문에 항상 자신을 비하하거나 소극적인 사람도 사실은 그 뒤에 엄청난 우월감 콤플렉스를 감추고 있어서 양쪽의 큰 낙차 때문에 쓸데없이 열등감을 느끼고 있다고 보아야 한다. '나 따위는 존재할 이유가 없다'면서 자살을 기도한 사람과 이야기를 나누다 보면 자신이 적어도 사람들에게 도움이 되려면 한 명이라도 인구를 줄여서(즉 자살해서) 인구문제 해결에 몸 바쳐야 한다는 식의 앞뒤가 맞지 않는 이야기를 당당하게 하기도 한다. 이야기를 더 듣다 보면 '나처럼 고민하는 사람이 전 세계적으로 많을 텐데, 가능하다면 이렇게 고민하는 사람들을 구하는 일을 하고 싶다'고 말하는 경우가 많다. '죽는 것 외에는 존재가치가 없다'고 말할 정도의 열등감과 '고민하는 전 세계 사람들을 구하고 싶다'는 우월감이 공존한다는 사실에 놀랄지도 모르지만, 실은 이런 경우가 아주 많다. 물론 자살을 기도하는 사람이 모두 이처럼 단순하지는 않지만, 고등학생 정도의 젊은이가 자살미수에 그쳐서 상담을 하다 보면 이런 경우가 부지기수이다. 그리고 우리 같은 심리치료사는 전압이 높아진 전극과 같은 이 상반되는 콤플렉스 사이에 합선이 일어나거나 방전이 되지 않도록 양자를 적절하게 연결해야 한다.

다음으로 중요한 것으로 '투사projection 기제'를 들 수 있다. 이것은 자기 안에 있는 콤플렉스를 인지하기를 회피하고, 그것을 외부의 무언가에 투사해서 외적인 것으로 인지하려는 경향이다. 실제로 '인간은 모두 교활하다'고 주장하는 사람이 아주 교활하거나 '인간이라는 존재는 도대체 왜 이렇게 인정머리가 없는지 모르겠다'고 탄식하는 사람이 그다지 인정이 없는 경우가 대부분이다. 그리고 이런 경우 '인간은'이라거나 '인간이라는 존재는'이라는 일반론 속에 이런 말을 하고 있는 사람은 포함되지 않는 듯한 느낌이 든다는 사실도 흥미롭다. 자신을 빼놓고 인간은 모두 교활하다고 말하는 것 자체가 투사 기제가 움직이고 있음을 여실히 보여준다. 이 투사의 정도가 심해져서 모두 자기를 욕하고 있다고 생각하거나 혼자 있을 때도 욕이 들리기 시작하면(환청), 이것은 병적이라고 할 수 있다. 병적인 정도는 아니라 하더라도 평범한 사람들 또한 많든 적든 투사 기제를 사용하며 살고 있다. 즉 자신의 콤플렉스를 타인에게 투사함으로써 안전을 꾀하는 식이다. 하지만 보통사람이 투사할 경우, 투사의 대상이 되는 사람이 투사를 받을만한 이유를 가진 경우가 많다. 이 말은 투사를 당할만한 콤플렉스를 어느 정도 가졌다는 뜻이다. 그렇기 때문에 투사를 받는 사람이 그 콤플렉스를 역투사하는 일도 많아서 두 사람의 관계가 점점 더 나빠지는 경우도 있다. 이처럼 콤플렉스는 다른 사람의 콤플렉스를 자극하기 쉽기 때문에 콤플렉스가 많은 사람이 타인의 콤플렉스(자신의 것이 아니라)를 쉽게 눈치 채는 경향이 있다. 그리고 이런 사람이 자신은 '감수성이 풍부'하기 때문에 심리상담가가 되기에 적격이라고 확신하기도 한다. 앞에서 자살미수에 그친 사람이 '고민하는 전 세계 사람들을 구하고 싶다'고 말한 예를 들었는데, 이런 콤플렉스의 위협을 받은 사람들이 자기 내부를 향하기보다 다른 사람을 구하는 일을 생각하는 것도 일종의 투사 기제가 움직이고 있는 것이다.

이렇게 말했다고 해서 투사 기제가 항상 부정적인 면만을 가지고 있다고 주장하려는 것은 아니다. 오히려 이 투사로 자신의 콤플렉스를 인지하고, 그것과 대결하겠다는 생각에 다다를 수도 있기 때문이다. 예를 들어 자기 안의 권위에 대한 콤플렉스를 투사해서 윗사람이면 무조건 두려워하는 사람이 있다고 해보자. 그 사람이 어떤 윗사람을 무섭다고 생각해왔는데, 알고 보니 그 사람이 친절하고 상냥한 면을 가지고 있음을 경험하면 어떨까? 권위 콤플렉스에 힘들어하던 사람이 만약 현실을 인정하는 안목을 가졌다면, 윗사람을 새롭게 발견하고는 틀림없이 놀랄 것이다. 그리고 지금까지 무섭다고 생각했던 감정이 현실과 다르다는 사실, 즉 이것이 자신의 콤플렉스에 기인했다는 사실을 깨달을지도 모른다. 이것은 투사의 되돌림withdrawal of projection이라고 할 수 있다. 이렇게 우리는 자신의 콤플렉스를 인지하고 이 '투사-투사의 되돌림'을 경험하면 콤플렉스 안에 저장되어 있던 심적 에너지가 건설적인 방향을 향해가게 된다. 이처럼 콤플렉스의 내용을 자아 안에 통합해가는 과정은 항상 복잡한 경험을 동반한다. 따라서 단순히 콤플렉스를 지적으로 이해하고 그것에 적당한 이름을 붙인다고(즉 개념화한다고) 한들 아무 소용이 없다. 이것은 오히려 통합 과정을 저해할 뿐이다. 혹자는 개념화로 인해 일시적으로 콤플렉스의 활동을 막았다고 착각할지도 모른다. 하지만 융도 지적하듯 우리가 콤플렉스를 무시했다고 느낀다고 해도 콤플렉스가 우리를 무시해주지는 않는다는 사실을 알아야 한다.[7]

콤플렉스의 투사 문제로 시작해서 콤플렉스를 자아 내에 통합하는 과정까지 살펴봤는데, 콤플렉스를 해소하고 싶다면 그것과 대결하는 수밖에 없다. 심리치료로 고민을 해소하고 나면 자신의 오랜 고민이 눈 녹듯 사라지리라는 희망을 가진 사람도 많을 것이다. 하지만 심리치료법에 의해서 우선적으로 행해지는 것은 사실 고민과의 대결이며, 이는 고민을 더 깊어지게 할 수 있다. 이와 같은 과정이 실제로 어떻게 진행되는지는 다음 절에서 예를 들어 설명하겠다.

# 3

## 콤플렉스의 해소

콤플렉스는 수수방관만 해서는 해소되지 않는다. 앞에서 이야기했듯 콤플렉스와 대결해야만 비로소 해소 과정이 시작되는데, 놀이치료 사례를 통해 그 과정을 명확하게 살펴보겠다.

이 사례는 초등학교 3학년 남자아이가 불결공포(결벽증) 증상 때문에 어머니와 함께 상담실을 방문한 사례이다.[8] 이 아이는 화장실에 다녀온 다음에는 반드시 10분 동안 손을 닦고, 식사할 때도 항상 지나치게 깔끔을 떨어서 어머니를 힘들게 만들었다. 내가 치료를 맡은 후 주 1회 부모 카운슬링과 아이와의 놀이치료를 병행했다. 부모와 카운슬링을 하면서 분명해진 점은 할머니의 극단적인 과보호가 큰 문제라는 사실이었다. 이 아이는 어려서부터 지나친 보살핌을 받으며 자라왔다. 유치원에 들어갈 때까지 할머니가 밥을 떠먹여 주거나 신발을 신겨주었고, 동네 아이들과 하는 **위험한 놀이**는 당연히 금지당했다. 이렇게 자란 아이가 자아 발달 과정에서 자주적으로 행동하거나 조금이라도 공격적인 행동을 하는 것을 극단적으로 억압받아왔다는 사실은 쉽게 떠올릴 수 있다. 이 아이도 때로는 동네 친구들과 장난 치고 싶었을 테고, 음식을 손으로 집어먹고 싶을 때도 있었을 것이다. 하지만 이런 행동을 항상 금지당했기 때문에 아이의 자아 안에 들어가지 못하고 콤플렉스가 만들어졌음이 분명하다. 그리고 그 콤플렉스는 너무나 하고 싶었던 기분과 금지에 대한 반발의 감정을 동반하여 강한 감정으로 물들었을 것이다. 하지만 이 아이도 겉으로 보기에는 예의 바른 **착한 아이**로만 보였을 것이 틀림없다. 이런 착한 아이라는 자아 뒤에 강한 콤플렉스가 형성되었던 셈인데, 이 콤플렉스에 이름을 붙이자면 '공격성' 또는 '활동성' 콤플렉스라고 할 수 있다.

공격성과 활동성을 하나로 보는 것은 명확하지 않지만, 콤플렉스 현상은 상당히 복잡하므로 쉽게 이름을 붙일 수 없다. 만약 반발심이나 강한 감정이 안 좋게 나타나면 사람들은 이 아이가 공격적이라고 생각할 테고, 이 콤플렉스 안의 힘이 자아 안에 적당히 받아들여지면 활동적이라고 생각할 것이다. 이를 표현하기에는 'aggression'이라는 영어 단어가 가장 적합하다(이 단어는 공격성이라고 번역되기는 한다). 사람이 공격적인 것은 바람직한 일이 아니지만, 공격성을 과도하게 억압하면 활동성이 없는 나약한 인간이 되어버린다. 단지 이 경우 아이가 공격성을 **완전히** 억압하고 있다는 판단은 잘못된 생각이다. 이 아이는 지적으로는 상당히 뛰어나서 공부도 잘하고 활동성도 높았다(상담하러 왔을 때는 강박 증상 때문에 공부에도 지장이 생기고 있었지만 말이다).

그런데 밖에선 얌전했지만 집에서는 제멋대로 행동하고 있었다.

　이 예를 통해서도 알 수 있듯이 콤플렉스의 현상은 상당히 복잡하다. 따라서 공격성의 억압을 단순히 공식에 대입해서 이 아이가 전혀 활동성이 없다고 판단하면 수업시간에 활발하게 발표하는 모습을 보고 놀랄 것이다. 또 집에선 장난이 지나쳐서 힘들다는 부모의 말을 이해하기 힘들 수 있다. 이처럼 공격성은 광범위한 의미로 사용되므로 그중 어느 부분이 콤플렉스로 작용하는지를 생각해야 한다. 그리고 자아의 통제가 약해질 때(예를 들어 집에 있을 때)는 콤플렉스의 힘이 조금 강해져서 행동이 변한다는 사실도 알아두어야 한다. 이런 복잡한 현상을 모르고 공식에만 의지하면 갈피를 못 잡거나 타인의 콤플렉스에 이름만 갖다 붙일 뿐 어떤 건설적인 의미도 찾지 못하게 된다.

　이 사례에서 소개한 아이는 공격성을 억압하고 있었지만 머리가 좋아서 지금까지는 성적 좋고 얌전한 아이로 보이기에 성공해왔지만, 결국 콤플렉스의 힘이 강력해져서 걷잡을 수 없는 사태에 이르렀다. 자아는 용인하기 어려운 공격성의 현실에 강한 공포감을 느끼지만 그것을 내적인 것으로 인정하기를 철저하게 거부하고 외부에 투사해서 결벽증을 만들어냈다고 할 수 있다. 이상과 같은 것들이 아이의 증상을 만드는 데 일조했음을 알 수 있는데, 원인을 알았다고 해서 치료가 끝난 것은 아니다. 이처럼 치료사가 **파악한 것**을 환자에게 설명한다고 해서 자연스럽게 치료로 이어지지는 않는다. 물론 카운슬러와 어머니와의 대화로 아이의 증상을 만든 원인이 서서히 드러났다는 사실은 큰 의미가 있다. 대화하면서 어머니가 스스로 원인을 찾아가는 체험을 했기 때문이다. 이제 당사자인 아이는 콤플렉스를 머리로 깨닫는 것뿐 아니라 치료 과정을 통해 그것과 대결해야만 한다.

콤플렉스와의 대결이라고 해도 치료사에게 우선 중요한 점은 그 아이가 치료 상황에서 자유롭게 행동하도록 도와주는 것이다. 놀이치료법의 기본은 환자가 어떤 표현을 하더라도 치료사가 이를 받아들이는 포용적인 태도를 취하는 것이다. 이 중요성을 모르는 사람이 놀이치료법 현장을 본다면 아마도 보통 놀이와 구별이 가지 않는다고 생각할 것이다. 그런데 수용적인 태도로 대하면 아이는 처음에는 치료사와 그다지 말을 하지 않고 혼자서 지적인 놀이를 하다가 서서히 공격성을 발휘하게 된다. 이 아이는 세 번째 상담하러 왔을 때 나무 블록을 맹렬한 기세로 박아 넣는 작업에 몰두하면서 사물을 대상으로 공격성을 드러냈다. 그리고 다음 상담 때는 치료사에게 볼링 대결을 하자면서 거기에 열중했다. 그러다가 대결에 몰두해서는 칠판에 쓴 점수를 칠판지우개로 지우기가 답답했던지 손으로 지우고 그 손으로 땀을 닦는 바람에 얼굴까지 더러워졌다. 평소의 결벽증과 전혀 다른 행동을 보였는데, 이런 현상은 치료 장면에서 자주 볼 수 있다. 앞에서 콤플렉스는 상호보완적으로 존재하며 열등감과 우월감이 공존한다고 했는데, 이 아이는 가족의 금기를 깨고 더러운 짓이나 위험한 짓을 마음껏 하고 싶은 마음과 불결함을 극단적으로 두려워하는 마음이 공존하는데, 그것이 통합되지 않고 한쪽만 증상으로 나타났던 것이다. 그리고 이것을 허용하는 치료 상황이 되자 지금까지 억눌려왔던 행동이 나타났다고 할 수 있다. 이러한 예는 극단적으로 예의가 바르고 정중한 환자가 상담 약속을 **뜻밖에도** 잊어버려서 치료사를 기다리게 하는 경우 등에서도 찾아볼 수 있다. 아이의 공격적인 행동은 여섯 번째 상담 때 분명하게 드러났는데, 아이는 치료사와 피구를 하자고 제안했다. 아이는 치료사가 쩔쩔매면서 겨우 받을 정도로 공을 세게 던지고, 땀을 흘릴 만큼 열중하느라 더러움 따위는 신경 쓰지 않고 행동했다. 하지만 이러한 행동이 지금까지 억압되어 있던 것을 **발산하는 일**이라고만 생각하는 것은 옳지 않다. 억압된 감정을 단순히 발산하는 것만으로도 확실히 치료 효과가 있기는 하지만, 이 경우 이러한 표출이 '치료사'라고 하는 한 사람의 인간을 상대로 행해진다는 점, 치료사가 그 표출 의의가 무엇인지 알고 그것을 수용해준다는 점이 더 큰 의미를 지닌다. 치료사라는 존재를 통해 환자는 자신의 콤플렉스를 단순히 **발산하는** 것을 넘어, 그것을 **경험하고** 자아 안에 받아들일 수 있는 것이다. 여기서 환자가 공 던지기를 하고 싶어 했다는 사실은 상당히 상징적이다. 공격성을 상징하는 공을 문자 그대로 **받아낸** 치료사는 환자에게 정면으로 **다시 던진다.** 이러한 받아들임과 대결의 반복 안에서 환자는 지금까지 자아 안에서 배제하던 것을 서서히 받아들이고 자아의 재통합을 꾀하는 과정을 겪기 때문이다.

그런데 이 아이는 치료실에서는 진전을 보였지만, 집에서의 행동은 오히려 악화된 듯 보였다. 예를 들어 '화장실에 귀신이 있다'거나, 밥을 먹을 때 밥그릇에 이상한 것이 들어 있다면서 강한 공포감을 드러내 가족을 걱정시켰던 것이다. 하지만 이것은 지금까지의 고찰에 따르면 오히려 당연한 일이다. 억압되었던 공격성이 치료 상황에서 표출되면서 그것을 외부에 투사하거나 공포감을 강하게 의식하기 시작했다고 볼 수 있다. 즉 외적인 행동은 악화된 듯 보여도 그것은 오히려 치료가 진전되고 있음을 나타낸다. 치료 과정 중에 행동이 전보다 나

빠지는 현상은 종종 나타나며 치료사는 확신을 가지고 치료를 계속해서 잘 마무리하도록 이끌어가야 한다. 이 아이의 어머니도 잠시 불안해했지만 치료는 계속되었고, 아이의 공격성 표출은 점점 질적인 변화를 보이기 시작했다. 10회 차가 되었을 때는 공을 치료사를 향해 던지지 않고 벽에 던졌다가 받는 것을 연속해서 몇 번 할 수 있는지를 치료사와 경쟁하는 게임에 열중했다. 그리고 게임 중간에 갈증이 난다며 물을 마시면서 자발적으로 손과 얼굴을 닦고, 치료사가 내미는 손수건으로 물기를 닦았다. 가정에서의 청결에 대한 욕구가 콤플렉스에 뿌리박힌 억압적인 것이었다면, 여기서는 완전히 자발적으로 자아 안에서 통합된 행동으로서 손과 얼굴을 닦았다고 할 수 있다. 그리고 손수건이 없어서 치료사의 손수건을 빌리게 되었다는 사실도 흥미롭다. 즉 지금까지는 공격 대상 혹은 공격을 가해오는 상대로 보던 치료사와 친화적인 관계를 맺은 것이다. 그런데 이것이 너무나 급격한 변화였는지 다음 치료 때 아이는 조금 혼란스러운 모습을 보이기도 했다. 아이는 놀이치료실에 어머니와 함께 들어오겠다고 고집했는데, 치료사가 이를 들어주지 않고 들어와서 놀지 말지를 스스로 정하라고 하자 놀고 싶지 않다며 돌아갔다. 하지만 다음에 와서는 종이비행기를 접어서 멀리 날리는 경쟁을 하며 놀았다. 그리고 치료사에게 특이한 종이비행기를 접는 방법을 가르쳐주었다. 여기서는 공격성이 건설적인 게임을 통해서 표출되고, 동시에 치료사에게 친화적인 행동을 보였다. 그리고 마지막에는 의식적儀式的이라고 할 만큼 치료 초기에 하던 놀이부터 마지막에 한 놀이까지 모두 하면서 "전에 이런 놀이를 했었죠?"라고 말했다. 이는 성인에게 심리치료를 할 때 치료 후반부로

가면 그동안의 치료 과정을 돌아보고 자신의 변화 과정을 명확하게 하려고 말로 반복하는 것과 완전히 똑같은 행동이다. 이 아이는 약 반 년에 걸친 놀이치료 과정을 통해서 강박증상도 없어지고 친구들과도 잘 어울리게 되었다.

지금까지 콤플렉스 해소 과정을 소개하면서 놀이치료법 과정을 간 단하게 살펴보았다. 이 예를 통해서 한 아이가 치료 상황에서 자기 안 에 있는 공격성에 어느 정도 직면하고 이를 체험하면서 자아 안에서 통합해갔는지를 볼 수 있다. 혹자는 이 과정에서 단적으로 나타나는 모습이 성인의 콤플렉스 해소 과정에서도 완전히 똑같이 나타난다는 사실을 눈치 챘을지도 모르겠다. 하지만 놀이치료법의 흐름을 파악하 는 데 아직 익숙하지 않은 사람을 위해 이와 거의 유사한 어느 대학생 의 예를 하나 더 소개하려고 한다. 지금까지 공격적인 면을 억압하면 서 살아온 한 학생이 대학에 입학했다. 그런데 그의 억압되어온 공격 성이 대학 입학을 기점으로 서서히 싹트기 시작했다. 그는 대학 생활 에 익숙해지기까지 다른 사람들과 그다지 교류하지 않고 자기 나름대 로 행동했다(놀이치료법을 시작하고 지적인 놀이를 하는 단계). 그런데 대 학 생활에 익숙해지면서 그의 공격성은 어느 동급생 한 사람에게 투 사되어 그 '공격적인 동급생'과 싸움을 시작했다. 공부든 운동이든 경 쟁이 점점 격해졌고 두 사람의 공격은 상호적이 되었다. 서로 지지 않 기 위해 계속 노력했고, 그들은 공격을 반복해서 주고받았다(공 던지기 단계). 때로는 이렇게 얄미운 녀석이 있을 수 있나 하고 화를 내다가도 마음속으로 자신의 잠재적인 활동성을 늘려가면서 그 동기를 '꽤 괜 찮은 녀석이네.' 하고 생각하기 시작했다.

제2장 콤플렉스

그리고 두 사람의 공격성이 정점에 달했을 때, 이 학생은 상대가 의외로 친절하고 괜찮은 사람이라는 사실을 깨닫고 놀랐다. 지금까지 적으로 생각하던 사람이 실은 같은 편이라는 사실을 깨닫게 된 사건을 겪었기 때문이다. 여기서 그는 다소 혼란을 맛보면서도 지금까지 상대방만 공격적이라고 생각했었는데 사실은 자신이 그랬다는 사실, 그리고 적당하게 공격적인 것은 결코 나쁘지 않다는 사실을 발견했다. 투사의 되돌림이 행해진 것이다(치료사의 손수건으로 손을 닦고 그 후에 혼란을 겪는 단계). 그 후에 그는 지금까지 적대시하던 그 동급생과 좋은 친구가 되었다. 그들은 서로 경쟁하면서도 우정을 느끼는 좋은 라이벌이 된 것이다. 이처럼 우정이 확립되었음을 알았을 때 그는 "너를 처음 봤을 때는 뭐 이렇게 공격적인 녀석이 다 있나 했어." 하고 말하며 함께 웃었다(놀이치료가 마무리 될 때의 의식적인 행위). 이리하여 이 학생은 내적으로는 자신의 공격성 콤플렉스 해소와 그 자아로의 통합을 경험하고, 외적으로는 좋은 친구를 얻었다. 여기서 간단하게 설명한 사건이 실제로 일어나기 위해서는 실로 많은 고통과 노력이 수반됨은 물론이고, 더 복잡한 과정을 거쳐야 할 수도 있다. 이 과정의 골자를 통해서 놀이치료법 과정과 같은 부분이 있다는 사실을 알았을 것이다. 이런 과정을 모르는 사람이 보면 단순히 아이와 놀고 있는 것으로밖에 보이지 않는 놀이치료법에 우리가 지대한 흥미를 느끼는 이유는 이 때문이다. 놀이 과정에서 인격 변화 과정이 직접적이고 생생하게 표현되며 그것이 치료사의 가슴을 울린다.

이 예를 통해서 콤플렉스를 해소하려면 우리가 얼마나 **실제적인 노력**을 해야만 하는지를 깨달았을 것이다. 콤플렉스와의 대결이라고 하면 내향적인 일본인들은 흔히 '자신의 내부를 바라보면서' 고행을 하지 않으면 안 된다고 생각해서 자신의 결점을 돌아보거나 반성하고, '고독을 추구하며' 여행을 떠나는 경우가 지나치게 많다. 하지만 혼자서 고독한 수행을 하는 것보다 지금 소개한 것처럼 싫어하는 동료와 경쟁하거나 라이벌 사이에서 싹트는 우정에 놀라는 등의 경험을 하며 콤플렉스를 해소하는 경우가 훨씬 더 많다. 전자와 같은 방법을 사용하면 콤플렉스**에 대한** 생각이 많아질 뿐이다. 후자의 방법처럼 콤플렉**스를 살아보면서** 그것을 통합해가는 노력과는 다르다. 물론 전자의 방법도 중요할 때가 있는데, 생각하기를 멈추고 무의식중에 콤플렉스를 살고 있는 사람(스스로 행동적인 인간이라고 부른다)에게도 문제가 생기기 마련이다. 하지만 이런 경우보다는 콤플렉스를 자기 마음 내부의 문제라고 생각해서 외적인 것의 중요성을 잊고, 외적으로 어떻게 사느냐가 내적인 발전과 얼마나 연관되어 있는지를 잊어버리는 경우가 더 많기 때문에 그 사실을 강조하기 위해서 이런 말을 했다. 여기서 내적인 것과 외적인 것의 호응성을 지적했는데, 이것도 상당히 중요하다. 어떤 개인이 대결해야 할 콤플렉스가 있으면 꼭 그 대결을 유발하는 외적 사건이 일어난다. 융은 이와 같은 내적인 현상과 외적인 현상이 마치 한 세트처럼 나타난다는 사실에 주목한다. 실제로 인간은 누구나 무수히 많은 콤플렉스를 가지고 있는데, 그중 어느 하나의 콤플렉스를 대상으로 대결해야만 하는 시기가 있는 듯하다. 앞의 예를 들자면 한 아이가 공격성을 억압하면서 일단은 별 문제없이 살아왔지만, 초등학교 3학년 때 결벽증 증상이 나타나 그것과 대결하게 되었다. 대학생 사례에서는 대학 입학이 하나의 기점이 되었다.

이렇게 생각하면 강박신경증이라는 증상이 발생하기 시작하거나 한 대학생이 자신의 동급생에게 강한 적의를 느끼는 것은 외적 행동으로서는 바람직하지 않지만, 내적으로 본다면 콤플렉스 해소 과정의 출발점이라고 할 수 있다. 그리고 콤플렉스 자체는 항상 부정되어야 할 대상이 아니며 노력을 통해 자아 안에 통합되면 건설적인 의미를 가진다. 콤플렉스는 **그 자아에게는** 부정해야 할 대상으로 보이고 파괴적인 공격성이라고 받아들여지기 쉽지만, 그것이 자아 안에 통합되면 오히려 바람직한 **활동성**으로 나타나는 경우도 많다. 이처럼 융은 콤플렉스의 부정적인 면뿐 아니라 그 안에 숨은 긍정적인 면을 찾고, 외적으로는 병적인 증상으로 보이는 것이 사실은 건설적인 자아의 재통합 노력이 겉으로 드러난 현상이라고 이해했다. 우리는 자신이 가진 무수히 많은 콤플렉스의 수를 세거나 결점이 많은 자신을 불필요하게 반성하기보다는 그때그때 나타나는momentarily constellated 콤플렉스 현상을 피하지 않고 인정하면서 처음에는 부정적으로 보았던 것 안에서 빛을 발견하고 콤플렉스를 해결하기 위한 실제적인 노력을 해야 한다.

지금까지 콤플렉스 해소를 위해서는 콤플렉스와 대결할 필요가 있다고 이야기했는데, 결국 콤플렉스를 피하는 것은 그다지 건설적이 아니라는 사실이 분명해진다. 그리고 콤플렉스란 자아가 충분히 경험하기를 부정했던 감정에 의해서 채색되고 강화된다는 점을 생각하면, 이른바 '열등감을 갖지 않게 하기 위해서' 행하는 교육적 배려는 오히려 열등감 콤플렉스를 강화하는 역할을 하는 경우가 많다는 사실을 알아두어야 한다. 선생님이 보고도 못 본 척 하거나 마음에도 없는 칭찬을 하여 그것을 학생이 눈치 채지 못한다고 하더라도 콤플렉스는 이를 놓치지 않기 때문이다. 열등감 콤플렉스의 해소가 열등함에 대한 인식으로부터 시작되는 경우가 많다는 사실은 인간에게는 진정으로 괴로운 일이다. 그렇다고 해서 교육자들에게 학생의 열등성을 지적하라고 장려할 생각은 눈곱만큼도 없다. 콤플렉스에 손을 대는 일은 누구에게나 괴로운데, 콤플렉스와의 대결이라는 힘든 작업을 함께 할 결의도 하지 않고 단순히 콤플렉스의 아픔에 손을 대는 것은 친절을 가장해서 남의 집 마루 밑에 있는 불발탄을 터트리려는 것이나 마찬가지다. '열등감을 가지지 않게 하는 것'을 신조 삼아 콤플렉스와의 대결을 회피하는 교사가 무른 교사라면, '결점을 지적하는 것은 교육자의 사명'이라고 믿고 콤플렉스의 아픔을 건드리고 즐거워하는 교사는 모진 교사이다. 이런 교사들은 양쪽 모두 자신의 커다란 콤플렉스는 전혀 의식하지 못하고 있을 가능성이 크다. 이는 교육자 입장에서 기술한 것인데, 콤플렉스에 손을 대는 일이 정말로 쉽지 않다는 사실은 지금까지 기술한 것만 봐도 분명하므로 일반적으로는 타인의 콤플렉스를 가능한 한 건드리지 않도록 노력하는 것이 '사회인의 예의'로 여겨지는 것도 무리는 아니다.

지금까지 융의 이름을 널리 알린 콤플렉스에 대해 몇 가지 예를 들어 설명했는데, 이를 통해 무의식 안에 존재하는 콤플렉스가 우리의 의식적인 행동과 얼마나 큰 연관성을 가지고 있으며 얼마나 중요한지 알았을 것이다. 융은 콤플렉스 연구에 깊이를 더해 무의식 안 깊숙한 곳으로 다가가는데, 그에 대해서는 다음 장에서 논하겠다.

## 주

1 Jung, C. G., *Diagnostische Assoziationsstudien*, Barth, Bd. I, 1906; Bd. II, 1910. 이것은 후에 영어로 번역되어 출판되었다. *Studies in Word Association*, New York, Dodd, Mead and Co., 1918. 가오 히로유키 역, 《진단학적 연상 연구》(융 컬렉션7), 다진분쇼인, 1993.

2 현재는 '분리심리학analytische Psychologie, analytical psychology'으로 통일되었는데, 독일어권에서는 현재도 '콤플렉스 심리학'이라고 부르는 사람이 있다.

3 Jung, C. G., *The Psychology of Dementia Praecox*, C. W. 3, p.46. 야스다 이치로 역, 〈정신분열증의 심리〉, 《분열병의 심리》, 세이도샤, 1979년, 118쪽.

4 테스트를 마스터하고자 하는 경우, 자신이 먼저 테스트를 받아보는 것이 중요하다. 그리고 혼자서 하기보다는 다른 사람이 해주는 것이 더 좋다. 단어연상검사는 단순해 보이지만 막상 해보면 상당히 흥미로운 발견을 할 수 있으므로 가능한 한 누군가에게 부탁해서 직접 해보도록 하자.

5 Jung, C. G., *On Psychic Energy*, C. W. 8, p.11.

6 융은 자네를 높이 평가했으며, 그에게 영향을 받았다는 사실을 인정한다.

7 Jung, C. G., *A Review of the Complex Theory*, C. W. 8, p.103. 하야시 미치요시 역, 〈콤플렉스 총론〉, 《연상실험》, 미스즈쇼보, 1993년, 235쪽.

8 이 사례에서 부모 카운슬링은 덴리대학 조교수인 다카하시 시로가 담당했으며 놀이치료는 필자가 담당했다. 이 사례에서 로르샤흐법을 어떻게 이용했는지는 이미 발표되어 있으니 흥미가 있다면 참고하길 바란다. 가와이 하야오, 다카하시 시로, 〈놀이치료 전후에 실행한 로르샤흐법에 단어연상검사를 병행한 예〉, 《로르샤흐 연구V》, 1962, 168~179쪽.

3장

개인 무의식과 집단 무의식

앞 장에서는 무의식 내에 존재하는 콤플렉스의 중요성을 다뤘는데, 융은 무의식 연구를 하면서 콤플렉스의 배후에 더 깊은 층이 존재한다고 생각했다. 그리고 이런 생각 끝에 이 장에서 설명할 '집단 무의식collective unconscious'과 '원형archetype'에 관한 생각에 이르게 되었다. 이처럼 무의식의 층을 나누는 것은 융 심리학의 특징이며, 그가 세운 집단 무의식 개념은 많은 예술가, 종교가, 역사학자에게 환영받았지만[1] 다른 한편으로는 많은 오해를 불러일으키기도 했다. 뒤에서 설명하겠지만 실제로 융 자신도 초기에는 '원형'과 '원형적인 심상'을 동의어처럼 사용하는 등 이론적인 혼란이 있었기 때문에 헷갈리게 만든 부분도 있었지만, 이론이 상당히 정리된 지금도 이 부분을 설명하기 어렵다는 사실을 통감한다. 융의 개념을 이해하기가 어렵기는 하지만 가능한 한 구체적으로 알기 쉽게 설명해보겠다.

# 1

# 집단 무의식

융은 무의식의 층을 '개인 무의식personal unconscious'과 '집단 무의식 collective unconscious'으로 구별해서 생각했다. 이것에 관해서 개념적으로 규정하기보다는 실제 사례를 들어서 설명하는 편이 알기 쉬우므로 필자에게 상담하러 왔던 한 사람의 사례를 들어보겠다.

중학교 2학년 남자아이가 학교공포증 때문에 약 2개월 동안 학교에 결석했는데 부모조차 그 이유를 몰라서 아이 손을 억지로 잡아끌고 내담했다. 세 번째 상담 시간에 아이는 다음과 같은 꿈을 꾸었다고 말했다.

**꿈** ─────

사람 키를 훌쩍 뛰어넘는 클로버가 무성하게 돋아난 곳을 걷고 있었다.

그런데 아주 거대한 살의 소용돌이가 나타나 마치 거기로 빨려 들어갈 것 같아서 두려워하다가 눈을 떴다.

이 꿈에 대해서 소년은 거의 아무것도 짐작 가지 않는다고 말했다. 꿈 분석을 할 때 꿈을 꾼 당사자에게 꿈 내용에 관한 연상을 듣는 일은 빼놓을 수 없을 만큼 중요하다. 하지만 정작 당사자인 아이는 아무것도 떠올리지 못했다. '살의 소용돌이'라는 뜻밖의 꿈과 그것이 주는 두려운 느낌에 본인도 당황할 뿐이었다. 이 꿈은 의식에서 아주 먼 깊은 층에서 떠올랐다고 볼 수 있다. 이 꿈에 관해 한 가지 추측할 수 있는 사실은 겉으로 드러난 학교공포증이라는 증상이다. 즉 아이는 무언가에 빨려 들어갈 것 같은 느낌 때문에 집 밖으로 나가지 못한다고 볼 수 있다.

이 소년은 아무것도 떠올리지 못했지만 이 꿈의 중심을 이루는 무서운 소용돌이는 우리에게 많은 것을 떠올리게 한다. 이 경우 소용돌이는 단순한 소용돌이라기보다는 무엇이든지 빨아들이는 심연으로서의 의미가 큰데, 이 심연은 많은 나라의 신화에서 중요한 역할을 담당한다. 심연은 어머니의 자궁을 상징하며[2] 모든 것을 낳는 풍요로운 땅이나 모든 것을 삼켜버리는 죽음의 나라로 들어가는 입구처럼 전 인류에게 공통된 이미지로 나타난다. 원시시대 사람들에게 땅에서 식물이 자라고 시들어서 흙으로 돌아가고(그들은 그렇게 생각했을 것이다) 다시 새로운 식물, 즉 생명이 탄생하는 일은 분명 놀랍고도 불가사의했을 것이다. 특히 그들의 생명이 곡물로 유지되었다면 '흙의 불가사의'는 그들의 마음을 울렸을 것이다. 그래서 '만들어내는 존재'로서의 어머니, 흙, 무언가를 품은 **깊이** 등은 하나로 여겨지며, 대지의 어머니 이미지를 세계 곳곳에서 찾아볼 수 있다.

곡물의 생성과 어머니의 의미를 전하는 전형적인 이야기로는 그리스 신화 중 '페르세포네와 그녀의 어머니 데메테르 이야기'를 꼽을 수 있다. 그리고 생명을 낳는 존재인 대지의 여신이 죽음의 신으로서의 특징도 함께 지닌다는 점도 많은 신화에서 공통적으로 찾아볼 수 있다. 흙에서 생겨난 식물이 다시 흙으로 돌아가듯 모든 것을 탄생시키는 심연 또한 모든 것을 집어삼키는 것으로서의 의미를 함께 지닌다. 그렇기 때문에 완전히 모순된 것처럼 보이는 '삶과 죽음'의 의미를 대지의 여신이 모두 가진 예를 찾아볼 수 있다. 예를 들어 일본 신화에서 일본 영토를 이루는 여러 신을 낳은 어머니인 '이자나미노 미코토伊邪那美命'가 후에 저승으로 내려가 죽음을 관장하는 신이 된 이야기처럼 말이다.

이처럼 깊은 의미를 가지고 있는 어머니에 대한 이미지는 전 인류에게서 공통적으로 찾을 수 있는데, 개인적으로 가지고 있는 어머니상과 구별해서 융은 이를 '태모太母, great mother'라고 불렀다. 대지의 어머니 태모가 삶의 신이면서 동시에 죽음의 신이라는 이중성은 소용돌이로 상징되는 경우가 있다. 소용돌이는 태모의 유방을 상징하는 것으로도 사용되는데, 태곳적부터 있었던 태모상像으로 나타나는 경우가 많다(〈그림4〉에 있는 소용돌이무늬가 새겨진 태모신 조각상을 참조하기를 바란다).[3]

잠시 소용돌이에 대해서 고찰해보았는데 다시 소년의 예로 돌아가 보자. 이 소년은 태모의 상징으로서의 소용돌이 안으로 빨려 들어

〈그림4〉 신석기 시대의 태모신太母神 조각상
(트라키아Thrakia 출토)

가 빠져나올 수 없게 된 것이 아닐까? 소년이 학교에 빠지고 열중하던 일이 석기시대의 항아리를 보는 일과 그 모조품을 스스로 만들어 구워내는 일이었다는 사실은 시사하는 바가 아주 크다. 항아리는 산출 또는 모든 것을 집어삼키는 것으로서 가장 보편적인 태모신의 상징이기 때문이다. 실제로 고대에는 항아리 그 자체나 눈과 코를 새겨 넣은 항아리가 신으로 인정받아서 신앙의 대상이 되었던 경우가 많다(〈그림5〉 참조). 또한 이 소년은 자신의 꿈에 대해서 처음에는 아무것도 연상하지 못했지만, 다음 상담 때는 삶의 소용돌이가 얼마나 두려운지 이야기하더니 갑자기 "나는 집에서 응석받이 취급을 당하는 게 싫다."는 말을 하였고, 여기서 치료와 관련된 이야기로 발전했다는 사실을 생각하면 소용돌이가 소년에게 어떤 의미였는지 알 수 있다. 상담을 받은 지 얼마 지나지 않아 소년은 자신의 아버지가 정신병을 앓고 있는데, 이 사실을 친구들에게 들킬까봐 학교에 가지 않는다고 털어놓았다. 그렇다면 아버지가 정신병을 앓고 있다는 사실이 소년이 학교에 가지 않게 된 **진짜** 원인일까? 아버지가 정신병을 앓고 있다는 사실은 괴로운 일임에 분명하다. 하지만 그 이유 때문에 학교에 가지 않는 것은 조금 과잉 반응 같다. 이런 경우 융

제3장 개인 무의식과 집단 무의식

은 "그것을 불러일으킨 원인과 어울리지 않는 모든 심적 반응은, 겉으로 보이는 것 외의 어떤 원형에 의해서 결정된 것이 아닌지를 탐구해야 한다."[4]고 말했다. 즉 이 소년의 경우 아버지의 병이라는 원인과 동시에 그 배후에 있는 원형적인 것(다음 절 참조)을 문제 삼아야 한다는 말이다. 실제로 이 사례의 경우 약한 아버지상의

〈그림5〉 항아리(기원전 8세기~4세기, 프로이센 출토)

배후에 소용돌이치고 있는 살덩어리, 즉 뭐든지 집어삼키는 힘을 가진 원형적인 태모상의 존재가 큰 조건이 되고 있다는 사실을 알게 되었다. 소년이 이런 이야기를 한 뒤 아버지 문제가 해결되지 않은 채 등교를 시작했다는 사실도 아버지 일이 오히려 파생적인 요소에 지나지 않았음을 보여준다(아버지 문제도 소년이 등교하기 시작한 다음 어떻게 조치할지 어머니가 고민하게 되었다[5]).

소년의 꿈에 나타난 내용은 그의 개인적 경험이라기보다는 신화적인 모티브와 강한 연관성을 가지고 전 인류에게 보편적으로 존재하는 층에 속한 것으로 보인다. 이런 점에서 융은 인간의 마음을 '의식'과 '무의식' 층으로 나눌 뿐 아니라 후자를 또다시 '개인 무의식'과 '집단 무의식'으로 나눠서 생각했다. 이 세 가지 층을 융의 말에 따라 서술하자면 다음과 같다.[6]

(1) 의식

(2) 개인 무의식

이것은 첫째로 의식 내용의 강도가 약해지는 바람에 잊었거나 의식
이 그것을 회피한(억압한) 내용, 둘째로 의식에 도달할 정도의 강도를
가지지 못하지만 어떤 방법으로 마음속에 남겨진 감각적인 흔적의 내
용이다.

(3) 집단 무의식

이것은 표상 가능한 인류의 유산으로서 개인적인 것이 아니다. 또
한 인류뿐만 아니라 동물에게까지도 보편적인 것으로, 인간 마음을
이루는 진정한 기초라고 할 수 있다.

융은 인간 무의식의 깊숙한 곳에 인류에게 보편적인 층이 있다고
생각했는데, 이 생각도 융이 프로이트와 결별하게 된 원인 중 하나가
되었다. 이 집단 무의식의 내용은 앞의 예를 통해서도 살펴보았듯 신
화적인 모티브나 형상으로 이루어져 있고, 그 내용은 신화나 옛날이
야기, 꿈, 정신병자의 망상, 미개인의 심성 등에 공통적으로 나타난다.
이와 같은 예로 융은 한 사람의 정신분열증 환자의 망상과 고대 태양
신 미트라를 섬기는 사람들이 만든 기도서에 나오는 내용이 일치한다
는 사실을 들었다.[7]

이를 간단하게 설명해보겠다. 융은 병원에서 어떤 정신분열증 환자
가 눈을 가늘게 뜨고 창 밖에 있는 태양을 바라보면서 머리를 좌우로
흔들고 있는 것을 보았다. 환자는 융에게 눈을 가늘게 뜨고 태양을 바
라보면 태양의 페니스가 보이고, 머리를 흔들어 움직이면 태양의 페
니스도 움직이는데 그것이 바람의 원인이라고 말했다. 그런데 융이

어느 날 그리스어로 적힌 미
트라 기도서를 읽다가, 그 안
에 태양에서 고마운 긴 원통
형 관이 내려온다는 내용과
그것이 서쪽으로 기울면 동풍
이 불고, 동쪽으로 기울면 서
풍이 분다는 내용 등을 발견
했다. 앞서 예로 든 환자는 그
리스어를 모르며 이 책이 출

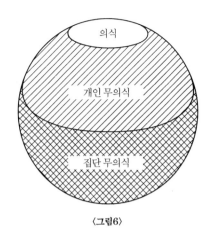

〈그림6〉

판된 것도 환자가 망상을 이야기한 뒤의 일이기 때문에 이러한 내용
을 환자가 어딘가에서 읽었으리라고는 생각할 수 없다. 이처럼 환자
의 망상과 신화의 내용 일치는 단순한 우연이라며 무시할 수 있을지
모르지만, 항상 그랬듯이 융은 이 기이한 현상을 우연이라고 생각하
지 않고 진지하게 붙잡고 연구대상으로 삼았다. 그리고 그 후에도 곳
곳에서 서술하는 것처럼 이러한 현상이 단순한 우연이 아니며 심리치
료법이라는 분야에서 사람들을 관찰하면서 이런 내용을 의외로 종종
발견하게 되었다.

　이러한 연구를 통해서 융은 집단 무의식을 생각해냈다. 앞서 설명
한 콤플렉스가 개인 무의식 안에 존재하는 것이라면, 집단 무의식의
내용으로서는 다음에 설명할 원형에 대한 개념을 도입했다.[8]

# 2

# 원형

앞에서 든 예는 한 중학생의 학교공포증이라는 증상과 오래된 항아리에 대한 애착, 소용돌이 이미지와 일련의 신화의 주제가 되는 태모太母의 상징이 동시에 발생했음을 보여주었다. 이처럼 융은 인간의 집단 무의식 내용에 대한 표현에서 기본적이고 공통된 틀을 이끌어낼 수 있다고 생각했으며, 그것을 '원형'이라고 불렀다. 그가 이 단어를 처음으로 사용한 때는 1919년이었는데,[9] 그 전까지는 야코프 부루크하르트Jacob Burckhardt의 용어를 사용해서 '원시심상primordial image, urtümliches Bild'이라고 불렀다. 하지만 후에는 이 두 가지를 구별해서 사용했다. 즉 원형은 가설적인 개념이고 마음속 깊이 감춰져 있는 기본적 요소이며, 원시심상은 그 의식에 대한 효과, 즉 의식 안에 떠오른 심상을 가리키는 개념으로 사용했다. '원형 그 자체'는 결코 의식화되

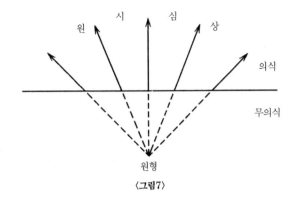

〈그림7〉

는 일이 없고 불가시의 접점과 같기 때문에 그 표상으로서의 '원시심상'(또는 원형적 심상이라고 부름)과는 구별해서 생각해야 한다.

　이상의 내용을 약간의 비유를 통해서 살펴보자. 원시인들이 숲을 개척해서 살 곳을 만들고 있다고 가정해보자. 그들은 본인들이 개척한 장소에 대해서는 잘 알고 있지만, 그 주위를 둘러싸고 있는 숲 안은 아직 상당히 두려워하고 있다. 그러던 어느 날 그들 중 한 사람이 누군가 혹은 무언가에 의해 살해당했다. 그들은 그것을 어떻게 설명할까? 아마도 숲속의 어떤 알 수 없는 X 때문이라고 생각할 것이다. 그들이 이를 신이라고 부를지 악마라고 부를지는 모르겠지만 언젠가 사건을 면밀히 관찰하다 보면 살인이 일어날 때마다 반드시 그 주위에 같은 발자국이 남아 있다는 사실을 발견하게 될 것이다. 그리고 또 어떤 장소에는 발자국이 없지만 죽은 모든 사람의 등에 큰 발톱자국이 있다는 사실을 깨달을 것이다. 이렇게 되면 그들은 일단 숲속의 X라고 생각하던 것에 명칭을 부여해서 갑이라고 하거나 을이라고 하는 등 어떻게든 구별하려 할 것이다. 이 예에서 개척지는 의식을, 숲은 무의식을 나타낸다고 생각해보자(실제로 꿈에서 이렇게 나타나는 일이 자주 있다). 그리고 살인 사건이 일어날 때마다 보이는 발자국은 의식에 나타난 원시심상이라고 생각할 수 있다. 이 경우 그들은 한 번도 그 괴물을 본 적이 없다. 하지만 항상 발생하는 공통의 틀에서 괴물 X의 존재를 가정하는 일은 합당하다고 할 수 있다. 그리고 그 틀의 분류나 괴물 Y나 Z를 찾아내서 그 수법을 연구하는 일은 그 괴물에 대한 방어책으로 이어진다. 즉 괴물 **그 자체**의 존재는 알지 못하지만, 그 **현상**을 분류하는 일을 통해서 더 효과적으로 피해를 막는 수단을 발견할 수 있다. 이는 우리가 의식화될 일 없는 접점으로서의 원형에 가설적인 개념을 도입하는 것이 어떤 의미를 지니는지 보여준다. 즉 이러한 기본적인 틀을 생각하는 이유는 의식 현상(이 경우 원시심상)을 파악하고, 우리의 의식체계가 무의식에서 발생하는 원시적인 힘의 원천이 원하는 대로 되어버릴 수도 있는 위험성을 피하기 위함이다. 단 이 경우, 괴물 X라고 생각하던 존재가 사실은 숲을 개척할 때 숲속 깊숙이 도망쳤던 곰이었다는 사실이 판명된다면, 이것은 의식에서 억압당한 개인 무의식 내용이 다시 출현해서 의식에 장애를 불러일으키고 있다는 사실이 확실히 의식화됨으로써 문제가 해결되는 현상이라고 할 수 있다.

이상의 예에서 우리는 신화의 성립, 또는 신화의 의미를 생각해볼 수 있다. 여기서 예로 맹수가 입히는 피해를 들었는데, 실제로 원시인들에게는 모든 자연현상이 놀라움과 의문의 대상이었음이 분명하다. 밤과 낮의 교차, 그 사이에 일어나는 태양과 달의 움직임, 그리고 폭풍우와 홍수 등이 항상 그들의 마음에 어떤 작용을 불러일으켰을 것이다. 그것이 그들의 마음속에 어떤 반응을 불러일으켰는지는 직접적으로 알 수 없지만 그들이 남긴 신화를 통해서 어느 정도 추측해볼 수는 있다. 그리고 원시인들이 신화에서 그들 나름대로 자연현상을 유추하고 있다는 사실이 너무나도 명료하게 드러났기에(예를 들어 태양신 신화 등) 결국 신화는 원시인이 자연현상을 설명하기 위해 생각해냈다고 말하는 학자도 있었다. 사실 처음에는 종교적 의미가 강했던 신화라고 하는 모태에서 자연과학이 발전했지만, 그렇다고 해서 신화를 원시인의 설명 욕구에 바탕을 둔 낮은 차원의 물리학 이론처럼 보는 것은 너무나도 일방적인 태도이다. 신화를 물리적 설명으로만 보지 말고, 자연현상 및 그것으로 발생하는 마음의 움직임, 즉 놀라움이나 슬픔 또는 기쁨 등을 자신의 마음속에 정초하고 안정을 찾기 위한 시도로 보는 관점도 중요하지 않을까? 이 점에서 신화학자 카로이 케레니 Károly Kerényi가 했던 "진정한 신화는 단순히 사물을 **설명하는** 것이 아니라 사물의 **기초를** 확고히 하기 위해 있다."[10]는 말은 상당히 시사하는 바가 크다. 이 부분을 더 자세히 설명하겠다.

먼저 고대인이 자연현상을 기술할 때 어째서 자연현상 그대로가 아니라 공상적인 이야기를 넣는지 논해보고자 한다. 단순한 물리학이나 천문학으로 기록한다면 동쪽에서 떠오르는 태양은 어디까지나 태양 그대로의 모습으로 기술해야 할 텐데, 왜 황금 사륜마차를 타고 다니는 신으로 묘사하지 않으면 안 되었을까? 융은 고대인들이 겉으로 나타난 현상뿐 아니라 그것이 그들의 마음속에 일으킨 움직임도 기술하려 했기 때문이라고 추측했다. 그는 외부에서 일어난 사태와 내부에서 생겨나는 마음의 움직임은 분리될 수 없다고 생각했고, 그 주객 분리 이전의 것을 생생하게 기술하려는 시도로 신화를 이해하려고 했다. 융은 그 실례로 자신이 동아프리카 에르곤 산에 사는 원주민들과 함께 머물렀던 때의 경험을 들었다.[11] 주민들이 해가 떠오를 때 태양을 숭배한다는 사실을 알게 된 융은 "태양은 당신들의 신입니까?"라고 물었다. 주민들은 무슨 바보 같은 소리를 하느냐는 듯한 표정으로 이를 부정했다. 그래서 융은 하늘 높이 떠 있는 태양을 손가락으로 가리키며 "태양이 여기에 있을 때는 신이 아니라고 하는데, 동쪽에 있을 때는 신이라고 말하지 않았느냐?"며 더 추궁하자 모두 말문이 막혀서 대답을 하지 못했다. 이윽고 추장이 "저 위에 있는 태양이 신이 아니라는 당신의 말은 사실이다. 하지만 태양이 떠오를 때 그것은 신이다."라고 설명했다. 즉 그들에게는 아침이 되어서 태양이 떠오르는 현상과 그것을 보고 그들 마음속에 일어나는 감동을 떼어놓고 생각할 수 없으며 그들에게는 이 감동과 떠오르는 태양이 구별되는 일 없이 신으로서 **체험**된다. 실제로 이런 체험을 파악하는 일은 합리적인 사고에 익숙한 사람에게는 상당히 곤란하다. 그런데 '태양은 신인가, 그렇지 않은가?' 이 중 어느 하나여야만 한다거나 태양을 숭배한다면 태양은 **항상** 신이 아니면 안 된다고 확실히 갈라서 생각하는 태도를 취할 때 이러한 원형적 체험을 파악할 수 없다. 이것은 우리의 합리적 지성을 기준으로 한 절대적인 구별이 사라지고 주체와 객체와의 불가사의한 일체화가 발생하는데, 융은 이를 뤼시앵 레비브륄Lucien Lévy-Bruhl의 말을 빌려 '신비적 관여participation mystique'라고 불렀다.

이상과 같이 생각하면 신화의 바탕에는 그것에 대응할만한 외적인 사건이 존재하는 것도 사실이지만 그것만이 신화를 결정하는 것은 아니며 그와 동시에 그것을 동반한 내적 체험이 중요하다는 사실을 알 수 있다. 외적인 현상에 대해 '왜?'라고 묻고 그것을 합리적인 지식체계로 조직해나감과 동시에 그 근저에서 마음 내부에 흐르는 체험을 기초로 확고하게 하고 안정화해가는 노력을 함으로써 신화가 만들어지는 것이다. 앞에서 언급한 신화학자 케레니는 이를 '왜'의 배경에 있는 '어디에서whence? woher?'라는 질문에 답하는 일이라고 말한다.[12] 실제로 폭풍우라는 현상을 고기압과 저기압, 공기의 이동 등으로 설명하는 것보다 오퇑의 군대가 집과 나무 따위를 모두 쓰러뜨리며 돌진하듯 행진하는 것이라고 이야기하는 편이 우리 마음에 훨씬 더 **직접적으로** 와닿는다. 노랫소리로 선원들을 유혹해서 심연으로 꾀어 들이는 로렐라이의 미녀 이야기는 우리에게 로렐라이의 불가사의한 아름다움과 그 속에 감춰진 저항하기 힘든 위험을 생생하게 느끼게 한다. 그렇기 때문에 이런 이야기는 우리의 지적인 판단에 따르면 무의미함이 분명함에도 아직도 생명을 유지하고 있는 것이다. 그리고 이처럼 무시무시한 폭풍우 신의 모습을 한 남성상, 아름다움과 공포를 함께 지닌 불가사의한 여성상은 전 세계의 신화와 옛날이야기 곳곳에서 발견할 수 있다. 이처럼 전 인류에게 보편적으로 나타난다고 할만한 모티브를 융은 '원형'이라고 불렀다. 즉 우리 인간의 지적인 수준이 아니라 더 깊은 수준에 원초적인 심성과 통하는 표상 가능성이 존재하며 그것을 어느 정도 유형적으로 파악할 수 있다고 생각한 것이다. 또는 유형적으로 파악하는 편이 편리하다고 생각했을 수도 있다.

　이상과 같이 신화와 관련지어서 융의 원형에 대한 생각을 기술했는데, 조금 더 설명을 덧붙여보겠다. 융의 원형에 대한 생각이 자주 오해받는 부분은 고대에 획득한 이미지가 유전된다고 생각하는 것이다. 물론 인간이 태어난 후에 획득한 것이 쉽게 유전된다고는 생각하기 어렵고, 융 또한 그렇게는 생각하지 않았다. 원형이란 오히려 인간이 선천적으로 가지고 있던 '행동 양식pattern of behavior'이라고 말해야 한다. 만약 이것이 예로부터 전해져 내려오는 유산이라고 본다면, 그것은 유전된 이념이나 심상이 아니라 그러한 표상 **가능성**이라고 할 수 있다. 즉 떠오르는 태양을 봤을 때 그것을 있는 그대로의 태양으로 보기보다는 '신'으로 파악하려는 경향이 인간 마음 내부에 존재한다고 생각하고 이러한 파악 가능성으로서 원형을 생각하는 것이다. 하지만 원형 그 자체는 어디까지나 우리 의식으로는 파악할 수 없으며 결국에는 그 의식에 미치는 효과에 의해 인식되는 것에 지나지 않는다. 그리고 그 효과야말로 앞에서 신화를 예로 들어 설명한 것 같은 원시심상인 것이다. 실제로 원형은 그 모습을 은유metaphor에 의해서만 우리에게 보여준다고 해도 과언이 아니다. 그리고 이와 같은 은유를 파악하지 못하는 사람에게 원형은 합리적인 이해를 넘어선 깊은 수수께끼로밖에는 느껴지지 않을 것이다.

그리고 원형적인 것을 파악하기 어렵게 하는 다른 이유로 주체성의 관여를 들 수 있다. 앞에서 에르곤 주민의 예를 들었을 때 주관과 객관이 분리되기 이전의 체험으로 떠오르는 태양이 파악된다고 이야기했다. 이처럼 원형적인 심상을 파악할 때 우리의 주체성의 관여와 주체와 객체를 통한 하나의 틀인 인식이 없으면 불가능하다.

이와 같은 이유에서 원형에 대한 추상적인 논의를 거듭하는 것은 무의미하며 그 실례를 바탕으로 이야기를 진행하는 편이 훨씬 더 의미 있을 것이다. 따라서 이제부터는 구체적인 예를 통해서 이해를 돕

고자 한다. 융이 원형으로 들었던 것 중 특히 중요한 것은 '페르소나persona, 그림자shadow, 아니마anima, 아니무스animus, 자기self, 태모great mother, 지혜로운 노인wise old man'이라고 이름 붙인 것들이다. 그중 태모에 대해서는 이미 조금 언급했다. 그 외의 것은 다른 절에서 다루기로 하고, 다음 절에서는 원형 중에서 가장 이해하기 쉬운 '그림자'에 대해서 다루어보겠다.

# 3

## 그림자

많은 원형 중에서 그 사람의 개인적인 심적 내용과 관련이 깊기 때문에 이해하기 쉬운 개념이 '그림자'이다. 그림자는 간단히 말해서 그 개인이 의식하지 못하기 때문에 받아들이기 힘든 심적 내용이며, 그것은 문자 그대로 그 사람의 어두운 그림자를 이루고 있는 부분이다. 우리 의식에는 일종의 가치체계가 있으며 그 체계와 양립할 수 없는 것은 무의식 아래에 억압하려는 경향이 있다. 예를 들어 어려서부터 얌전하게 자라서 공격적인 행동은 일체 하지 않아왔던 사람 입장에서 보면 조금이라도 공격적인 행동은 그 의식체계를 위협하는 **나쁜 것**으로서 거부된다. 이때 이 사람의 그림자는 상당히 공격적인 성질을 가진다. 일반적으로 사람들은 살아가면서 타인에게 상처를 주거나 극단적으로 사람을 속이거나 많은 사람 앞에서 천박한 말을 하지는 않는

　　　　　　　　　제3장 개인 무의식과 집단 무의식

데, 이처럼 일반적으로 사회에서 악이라고 불리는 것은 그림자가 큰 부분이다. 이러한 부분은 만인에게 비교적 공통적이지만, 사람에 따라서 가치체계나 삶의 방식이 다르듯 그림자도 상당히 개인적인 색채가 짙다. 하지만 그림자가 있기 때문에 우리 인간에게 **살아 있는** 인간으로서의 맛이 생기며, 융도 "살아 있는 어떤 형태가 하나의 상으로 보이려면 깊은 그림자를 필요로 한다. 그림자가 없으면 그것은 단순한 환영에 지나지 않는다."고 말했다.[13] 그림자가 없는 사람은 아무리 빛나 보여도 우리는 그에게는 인간미가 없다면서 나무란다. 샤미소Adelbert von Chamisso의 유명한 '그림자 없는 사나이' 이야기에는 그림자를 잃어버린 남자의 비애가 잘 묘사되어 있다. 이 훌륭한 이야기의 마지막에는 인간으로서 살아가기 위해서는 첫 번째로 그림자를, 그다음으로 돈을 소중히 해야 한다는 사실을 알았으면 하는 바람에서 이 이야기를 들려주었다는 작가의 말이 있다. 이를 보고 필자는 어느 정신분열증 환자의 꿈이 떠올랐다. 이 사람은 꿈속에서 자신의 그림자가 창밖을 걸어 다니는 것을 보았다고 한다. 그림자가 자기의 제어를 벗어나 혼자서 걷기 시작했다는 것은 위험하기 그지없는 징조이다.

　분석을 받기 시작하면 사람들은 대부분 그림자 문제에 직면하게 된다. 자신과는 다른 이른바 자신의 검은 분신은 꿈속에서 동성의 인간으로 나타나는 경우가 많다. 여기서 어느 30세 남자의 꿈을 예로 들어보겠다. 이 사람은 상당히 마음이 약했기 때문에 적면공포증*에 시달

---

* 적면공포증赤面恐怖症: 대인공포증의 하나로, 사람들 앞에 나서면 긴장 때문에 얼굴이 붉어지는 증상이다. ─옮긴이

리다가 치료를 받으러 왔다.

## 꿈 ————

내가 교실에서 공부를 하고 있다. 수학시간이었는데, 선생님이 나에게 질문을 해서 대답을 해야 했지만 전혀 모르는 문제였다. 선생님은 굉장히 심술궂은 얼굴로 이런 것도 모르냐면서 마지막에는 "너는 항상 이런 식으로 얼굴만 빨개지고 아무 말도 못하냐?"며 핀잔까지 주었다. 다른 학생들까지 그 말에 호응하며 "빨개졌다!" "아무것도 못하네!" 하고 소리쳤고, 나는 식은땀을 흘리며 눈을 떴다.

이 꿈을 꾼 사람은 어려서부터 수줍게 행동했고, 다른 사람에게 짓궂게 굴거나 권위적인 태도를 취하기를 아주 싫어했으며, 스스로 그런 일을 하는 것은 꿈도 못 꿨던 사람이다. 이 꿈에서는 자신의 의식체계에서 완전히 배제해온 것이 총출동해서 이 사람을 위협했다. 연상을 통해서 꿈속에 등장한 선생님상은 아버지상과도 관련이 깊다는 사실을 알았는데, 분석 초기에는 이러한 그림자상이 부모님의 부정적인 면과 겹쳐서 나오는 경우가 많다(분석을 진행할수록 이것들은 분화되어 명확해진다). 이 꿈을 통해서 이 사람은 자신이 지금까지 싫어해온 심술궂음이나 공격성 등이 사실은 자신의 무의식 세계에 강력하게 자리잡고 있다는 사실을 알게 되고 그것에 직면해가리라 예상해볼 수 있다. 이 꿈의 경우에는 억압되었던 그림자가 확실히 일반적으로도 승인하기 어려운 측면이 있었지만, 그렇다고 해서 그림자가 항상 일면적으로 악이라고 단정할 수는 없다. 다음으로 다른 사람(25세 남성)의 꿈을 살펴볼 예정인데, 이것은 앞의 예보다 분석이 조금 더 진행된 상태에서 꾼 꿈이다.

**꿈** ———————

남동생이 뭔가 반사회적인 행동을 해서 체포당하게 되었다. 시대배경은 무사시대처럼 보였는데, 동생은 구금될 바에는 차라리 할복하겠다고 말했다. 나도 그것을 당연하게 생각하고 있었다. 그런데 동생이 할복하려는 순간에 나는 '죽음'의 의미를 확실히 깨닫고 필사적으로 동생을 말렸다. 나는 "무슨 일이 있더라도 살아만 있으면 만나서 대화를 할 수 있어. 하지만 죽으면 모든 게 끝이야. 제발 죽지 마!" 하고 소리 질렀다.

이 꿈을 꾼 남성은 무슨 일이든 자기 생각대로 딱 잘라서 결론 내리고, 무리한 일은 안 하는 것을 신조로 삼아온 사람이다. 현실에서는 사회적 규칙을 지키고 합리적으로 사는 반면, 꿈에 나온 동생은 어떻게든 현실을 타파하고 법을 어겨서라도 상황을 개선하기 위해서 한 행동이 형의 현실과는 대조적이다. 그리고 이 남성은 동생에게 쓸데없는 짓을 했다고 비난하며 동생의 할복에 찬성한다. 이 꿈에서 자신과 대조적인 동생의 상이 그림자라는 사실은 말할 필요도 없다. 체포를 당할만한 어떤 반사회적인 일을 했다는 점에서도 확실히 그러하다. 하지만 재밌는 점은 그 뒤의 이야기에서 이 사람과 그림자 사이에 미묘한 역할 변화가 생긴다는 점이다. 동생은 구금될 바에야 할복하는 편이 낫다며 죽으려 하고, 처음에는 자신도 그것이 당연하다고 생각한다. 이 부분에서는 사회적인 규범을 따르는 것이 당연하다고 생각하는 그의 태도가 잘 나타나는데, 반사회적인 그림자인 동생까지 그 규범을 따른다는 점이 상당히 흥미롭다. 그런데 마지막 순간에 이 사람의 태도가 돌변한다. 할복해 마땅하다는 사회적 통념에 반대하면서 동생에게 살아남을 것을 권하고, 죽지 말라고 소리친 것이다. 정 때문에 쓸데없는 짓을 했다며 동생을 비웃던 그가 여기서는 자신의 마음속에 흐르는 감정을 따라서 사회적 통념을 깨고 행동한다. 이렇게 해서 그는 자기 그림자를 죽음에서 구하려 한 것이다. 그리고 "살아만 있으면 만나서 대화를 할 수 있어." 하고 외치는 부분도 의미 있다. 앞으로 이 죽음을 면한 그림자와 대화를 계속함으로써 자신의 삶의 방식을 바꿔가야 한다는 것을 암시하기 때문이다.

이 예에서 볼 수 있듯이 그림자가 항상 악惡이라고만은 할 수 없다. 이 사람 입장에서는 활동적으로 사는 것이나 감정이 가는 대로 사는 것이 어리석게 보이거나 싫었을 테지만, 그것은 앞으로 자신 안에 받아들이고 살아가야만 하는 생의 일부분이라고 할 수 있다. 즉 지금까지 부정적으로 보아왔던 삶의 방식이나 사고방식 안에 긍정적인 면이 있다는 사실을 인정하고, 그것을 의식 안에 동화시켜나가는 노력을 해야만 하는 것이다. 융은 분석을 통해서 거치게 되는 이러한 과정을 자아 안에 그림자를 통합해가는 과정으로 여기고 중요시했다. 분석이라고 하면 자신의 심리 상태를 분석받고, 분석가에게 '당신은 이런 유형'이라거나 '이런 면이 있지만 이런 면은 없다'는 등의 이야기를 듣고 끝나는 일이라고 생각하는 사람도 있겠지만, 사실은 그렇게 간단하지 않다. 스스로 지금까지 눈치 채지 못했던 결점이나 부정적인 면을 알고, 그것에 직면해서 그 안에서 긍정적인 점을 이끌어내면서 살고자 노력하는 과정은 상상 이상의 고통을 동반한다. 그림자를 자아로 통합한다는 말은 쉽게 들릴지 몰라도, 막상 하려고 하면 생각처럼 되지 않는다.

여기서 꿈이라는 예를 먼저 들었기 때문에 쉽게 와닿지 않았을지도 모르지만, 자기 그림자의 이미지를 실제로 존재하는 사람에게서 찾는 일은 그다지 어렵지 않다. 자기 주변 사람 중에서 왠지 모르게 싫은 사람이나 평소에는 아무렇지 않은데 어떤 모습만 보면 부아가 치밀 때 그것들이 혹시 자신이 무의식 안에 있는 결점과 관련 있는 것은 아닌지 생각해보면 틀림없이 짐작 가는 부분이 있을 것이다. 우리는 자신의 의식체계를 가지고 있는데 그것을 쉽게 고치기 어렵기 때문에 자신의 의식체계를 위협하는 것은 악이라며 거부한다. 자신이 모르는 일, 할 수 없는 일, 싫어하는 일, 손해 보는 일은 걸핏하면 악이라고 간단한 등식으로 엮는다. 앞에서 이야기한 적면공포증에 시달리는 사람의 예를 다시 들자면(이 사람은 일본인이 아니다), 그는 군인을 무척이나 싫어했다. 따라서 이 사람은 '군인 중에는 훌륭한 사람도 있다'는 사실을 인정하지 못했다. 기준이 되는 것이 모든 군인이 아니기 때문에 개중에 몇몇 훌륭한 사람도 있음은 당연한 사실이다. 그리고 그와 같이 머리가 좋은 사람이 이런 자명한 사실을 받아들이지 못한다는 점은 대부분의 사람에게 이상하게 느껴질 것이다. 하지만 문제는 결코 지능이 아니다. 이것은 지적 판단의 문제가 아니라 그가 오랫동안 가지고 살아온 '군인＝공격성＝싫다＝악'이라는 인생관을 깨부수는 엄청난 문제이다. 의식 안의 등식과는 달리 무의식 내의 등식은 불합리하고 강력한 감정으로 무장한 완강함을 특색으로 한다. 때로는 예외를 허락하지 않는 편협함까지 보인다. 이 등식에 예외를 인정하는 일은 인생관의 변혁을 뜻한다. 이것을 달리 말하자면 그림자의 통합이라 할 수 있다.

실제로 똑똑한 사람이 질릴 정도로 편협한 생각을 가지고서 자신의 생각을 좀처럼 바꾸지 않는 예를 쉽게 찾을 수 있다. 그것은 이미 아는 명제를 인정하는 것, 예를 들어 '여성 가운데도 머리가 좋은 사람이 있다'거나 '공산주의자 중에서도 이해력이 좋은 사람이 있다'는 사실을 인정하는 일이 그 사람에게 자신의 그림자에 직면하기를 요청하는 일인 경우도 있기 때문이다. 어쨌든 실제로 자신의 그림자에 직면하는 일은 두렵기 때문에 누구나 어떤 방법으로든 자신의 그림자를 억압하거나 인정하기를 피하려고 애쓴다. 단지 억압이 지나치게 강해서 그림자와 자아 사이에 교류가 극히 적을 때 그림자는 더 어둡고 더 강력해져서 자아에 반격을 시도하게 된다. 이것은 이웃 나라가 두려운 나머지 국경을 닫고 교역을 하지 않는 사이에 이웃 나라가 세력을 강력히 키워서 공격해오는 상황이라고도 할 수 있다. 그림자의 자율성이 높아져서 자아의 제어를 넘어 돌발적인 행동을 통해 밖으로 나타나는 것이다. 이런 현상이 가장 극적인 형태로 나타나는 사례가 '이중인격'이다. 지나치게 강하게 억압되어서 자아와의 교류가 끊긴 그림자는 점점 강력해져서 스스로 하나의 인격이 되어서 자아에게 반격을 가한다. 그 예로 시그펀과 클렉클리가 보고한 유명한 다중인격 사례[14]를 들어보겠다.

이것은 미국에 사는 25세 가정주부의 이야기이다. 그녀는 스스로 전혀

제3장 개인 무의식과 집단 무의식

의식하지 못하는 사이에 평소에는 절대로 입지 않는 화려한 옷을 사들였다고 한다. 나중에 옷가게에서 요금청구서를 받고 놀라는 일이 자주 있었다. 그녀는 전혀 기억이 없었지만 도망칠 방법이 없었다. 결국 치료를 받기 위해 심리치료사를 찾았는데, 이 이상한 현상의 비밀은 풀리지 않았다. 나중에는 치료 중에 그녀에게 최면을 걸어 이야기하게 했는데 갑자기 그녀와는 **전혀 다른** 인격이 나타나서 치료사를 놀라게 했다. 이 두 명의 여성(그렇다고는 해도 육체적으로는 동일 인물이지만)을 구별하기 위해서 심리치료사는 '이브 화이트'와 '이브 블랙'이라는 이름을 붙였다. 갑자기 나타난 이브 블랙은 이브 화이트가 무의식 상태일 때 옷 가게에 가서 **그녀**에게 어울릴만한 옷을 사온 인물이었다. 이브 블랙은 그 외에도 이브 화이트가 모르는 사이에 온갖 장난을 쳤는데, 이런 장난 때문에 이브 화이트가 항상 대신 혼쭐이 나고 있다며 유쾌한 듯이 이야기했다. 이브 블랙은 그야말로 평범하고 침울하게 느껴질 정도로 얌전한 가정주부의 그림자였다. 실제로 이 두 여성의 성격은 전혀 달라서 흑과 백으로 분명하게 구별되었다. 이브 화이트는 수수하고 조심성이 많은 마치 성녀 같은 사람이었다. 하지만 이브 블랙은 화려한 것을 좋아하는 쾌활한 악녀 같았고 목소리와 말투도 거칠었다. 이브 블랙은 이브 화이트의 존재를 잘 알고 있었고, 때로 이브 화이트를 대신해서 화려한 옷을 몸에 걸치고 나이트클럽에 가서 자신의 매력을 발산하며 남성들과 어울리다가 아무 일도 없었다는 듯이 집으로 돌아왔다. 다음 날 아침이 되면 이브 블랙은 사라지고 이브 화이트가 되었기 때문에 이브 화이트는 이유를 알 수 없는 두통과 피로감을 느끼면서 눈을 뜨게 되는 것이다.

심리치료사는 이브 화이트에게 최면을 걸어서 이브 블랙을 불러낸 다음 두 사람과 *끈기 있게* 이야기를 계속 이어나가면서 두 인격을 하나의 통합된 인격으로 만들기 위해 노력했다. 이 과정에 대한 설명은 생략하기로 하자. 여기서 주목해야 할 점은 치료사가 적절하게 이름을 붙인 것처럼 인생의 밝은 부분만을 살아온 이브 화이트의 무의식 안에 있던 검은 부분이 인격화된 이브 블랙으로 존재하며, 이브 블랙이 이브 화이트의 제어를 넘어서 활동함으로써 이브 화이트를 곤경에 빠뜨렸다는 사실이다. 이것은 그림자 현상과 그 무서움을 생생하게 보여주는 좋은 사례이다.

흑과 백이라는 두 명의 이브의 예는 너무나 극적으로 보이기도 하는데, 로버트 루이스 스티븐슨의 《지킬 박사와 하이드》나 오스카 와일드의 《도리안 그레이의 초상》 등의 문학작품에서도 이와 비슷한 이야기를 찾아볼 수 있다. 스티븐슨이 지킬 박사와 하이드 이야기의 골자를 꿈속에서 보았다는 사실[15]이 상당히 흥미롭게 느껴진다. 이처럼 언뜻 보기에 비현실적으로 보이는 이야기가 많은 사람의 마음을 울리는 까닭도 결국은 이것들이 우리 인간 마음의 **내적현실**을 멋지게 확대하고, 명확하게 파악했기 때문이다. 우리 일상에서는 지킬 박사와 하이드처럼 두드러지게 흑과 백이 마음속에서 교대하는 일은 적다고 하더라도, 술에 취했을 때나 일을 마치고 집에 돌아갔을 때, 즉 우리 자아의 제어력이 약해질 때 평소 성격과 반대되는 성격이 나타나는 예를 쉽게 경험할 수 있다. 실제로 우리의 그림자는 친한 사람 앞일수록 잘 나타나는 경향이 있어서 아무리 위대한 사람이라고 해도 자신의 아내나 가정부에게는 존경받지 못하는 부분이 있거나 심한 경우 경멸당하기도 하는 것이다.

어떤 사람이 자신의 그림자를 지나치게 억압하다가 결국 그림자에게 희생당하는 예가 많다고 앞에서도 이야기했는데, 이 희생의 범위가 다른 사람에게까지 미치는 경우도 있다. 부모의 그림자를 아이가 대신 살아가고 있는 경우처럼 말이다. 아버지는 도덕적이고 누가 보더라도 나무랄 데가 없는 교육자인데 자식은 정반대로 감당할 수 없을 정도로 방탕한 경우가 있다. '자식은 부모를 닮는다'라고 단순하게 믿는 사람은 이렇게 닮지 않은 부모자식을 보고 놀라겠지만, 이 경우도 아이는 부모를 닮은 것이 맞다. 단지 그것이 부모가 살지 않는 반대 측면, 즉 부모의 그림자를 닮은 것일 뿐이다. 그리고 이른바 성인聖人의 그림자를 그 부인이 짊어지고 살고 있는 예도 있다. 이처럼 한 가족이 하나의 인격 구조를 가진 듯한 느낌이 들게 하는 사례는 무수히 많다. 이 경우 겉으로는 덕망 높은 교육자가 방탕한 아들 때문에 명예가 훼손되거나 마음이 깨끗한 성인이 악처가 저지르는 일들 때문에 고생하는 듯 보여도 사실은 방탕한 아들이나 악처는 그 **덕이 많은** 사람이 가진 그림자의 희생양이라고 볼 수도 있다. 이렇게 말했다고 해서 모든 종교가와 교육자가 가족을 힘들게 하고 있다고 주장하려는 것은 아니다. 자신의 그림자에 직면해서 고투하는 진정한 종교가와 교육자도 셀 수 없이 많기 때문이다. 그림자 문제는 살아갈 때 성가시기 때문에 이것을 타인에게 짊어지게 하지 않고 스스로 책임지며 사는 것이 진정한 삶의 방식이라고 생각한다.

그림자를 인지해서 동화하는 일은 매우 어렵기 때문에 우리는 투사 기제를 사용하게 된다. 자기 안에 있는 인정하기 싫은 그림자를 타인에게 투사하고, 무조건 나쁜 것은 타인이며 자신은 좋은 사람이라고 생각하는 것이다. 이런 경향이 일반화되어서 하나의 민족이나 한 나라의 국민이 전체로서의 그림자를 무언가에 투사하는 현상도 종종 나타난다. 예를 들어 어떤 나라에서는 특정 국가 국민들을 완전히 바보 취급한다거나 나쁜 사람들이라고 일방적으로 단정지어 생각하는 경우도 생각보다 많다. 일본인만 해도 전쟁 중에는 귀축영미*라고 배우며 미국인은 모두 마귀처럼 무섭다고 믿었고, 반대로 미국인은 모든 일본인이 잔인하다고 믿었다. 실제로 한 나라의 국민이 모두 마귀라는 단순한 현상이 일어날 리가 없지만, 이런 단순한 생각을 한 나라에 사는 대부분의 사람이 믿는 현상이 종종 일어난다는 사실은 시사하는 바가 크다. 악을 마치 별도로 존재하는 듯 믿는 일은 얼마나 편리한가? 이러한 사실을 아는 교활한 정치가는 적당히 그림자를 투사하는 방법을 찾아냄으로써 전체의 단결력을 높인다. 그 극단적인 사례로 히틀러의 유대인 학살을 생각해볼 수 있다. 그는 자신의 강력한 전체주의 체제 때문에 발생한 문제를 모두 유대인에게 돌림으로써 스스로 그 책임에서 벗어나려고 했다고도 볼 수 있다. 히틀러는 '결국 나쁜 건 유대인이다'라는 표어에 따라 개개인은 책임 회피의 단결을 굳힐 수 있었다. 인간은 무리를 이루기 때문에 이러한 현상은 하나의 마을에서, 학급에서, 가정에서, 또는 친구들 사이에서 항상 일어난다. 하지만 외부에 악인을 만듦으로써 이루어낸 단결은 겉보기에는 강력하게 보일지 몰라도 극히 무르다는 측면을 가지고 있다. 진정한 단결은 구성원 개개인

---

* 귀축영미鬼畜英美: 마귀와 짐승 같은 영국과 미국.—옮긴이

제3장 개인 무의식과 집단 무의식

이 그 그림자를 인식하고, 책임감을 가지고 동화하려고 노력함으로써 유지된다.

그림자 중 개인적 색채가 강한 부분은 그 사람에게는 부정적으로 느껴지지만, 결국은 그 부정적인 부분에 직면해서 동화해가려고 노력할 때 긍정적인 의미를 지니게 될 때가 많다. 그 예로 앞에서 남동생의 할복을 말린 꿈을 꾼 사람 이야기를 들었다. 실제로 그림자 안에서 빛을 찾아낸다고 할 수 있을 정도의 미묘한 뉘앙스를 아는 일은 그림자를 이해할 때 진정으로 중요하다. 하지만 그림자 중에서도 보편성이 강한 부분으로 '집단적 그림자collective shadow'라고 불리는 그림자는 많은 사람에게 악으로 여겨져왔기 때문에 그것을 내적으로 인지하기는 상당히 어렵다. 이러한 집단적인 그림자 이미지는 예로부터 악마나 도깨비, 괴물 등으로 각국의 민화와 전설에서 나타난다. 그리고 이러한 이야기를 염두에 두고 읽다 보면 우리 인간이 자신의 그림자 현상을 어떻게 생각하고 어떻게 느껴왔는지, 또 그림자 문제에 어떻게 대처해왔는지를 알 수 있다. 상세한 분석은 다음 기회로 미루기로 하고, 여기에서는 그 중요성을 지적하는 정도로 끝내도록 하겠다. 그런데 이런 옛날이야기나 악마 등을 이야기하면 인공위성이 떠다니는 시대에 무슨 시대착오적인 이야기냐고 생각하는 사람도 있을 테지만, 필자가 문제 삼는 것은 악마의 존재 여부가 아니라 그런 심상을 만들어낸 마음의 현상이라는 사실을 알아주었으면 한다. 예를 들어 현재는 비과학적인 악마나 괴물을 두려워하는 사람이 거의 사라졌지만(전혀 없다고는 말할 수 없을 듯하다), 이것이 결코 우리 마음속에 있는 비합리적인 그림자의 소멸을 의미하는 것은 아니다. 그렇기 때문에 요즘 사람들은 암 공포증에 걸린다. 항상 합리적으로 사는 사람이 약간의 복통을 느끼고는 스스로 위암이라고 진단을 내리고서 병원에 가기를 두려워하거나, 의사의 과학적인 진단을 의심하면서 혼자서 끙끙 앓는 예도 흔히 볼 수 있다. 암 그 자체는 실재한다는 사실이 과학적으로 증명되었지만, 여기서 중요한 것은 그 공포는 극히 비과학적인 경우가 많다는 사실이다. 하지만 비합리적인 두려움이 과학적인 대상을 향한 것뿐인데 자신의 공포심을 근대적이라고 생각해서는 안 된다. 이것은 악마가 두려워서 기도했던 옛날 사람들의 마음과 별반 다르지 않기 때문이다. 우리는 옛날이야기의 주인공들을 마냥 비웃을 수만은 없다. 물론 암 그 자체는 실재하고 무서우므로 우리는 대책 세우기에 힘써야 한다. 하지만 암 그 자체와 비합리적인 암 공포증은 전혀 별개라는 사실을 알아야만 한다.

일본과 서양을 비교해서 생각하면 일본인은 서양인보다는 그림자의 매력을 훨씬 더 잘 알고 있었던 듯하다. 실제로 필자의 짧은 경험에 비추어보았을 때 그림자 안에 빛이 있다는 사실을 이야기하거나 악에 동화하는 노력을 통해서 선이 발생한다는 등의 이야기를 했을 때 서양인들은 곤혹스러워하거나 강하게 반대 의견을 낸다. 혹은 이러한 사실을 알았을 때 엄청난 발견을 한 듯 기뻐하는 경우도 있다. 그런데 일본인에게 같은 말을 하면 당연하게 받아들이는 경우가 많다. 서양이 기독교의 영향으로 강한 선악의 판단이나 합리주의에 따른 명확한 사고를 통해 그림자 부분을 의식에서 배제하려고 노력하면서 그림자의 동화라는 문제에서는 제자리걸음을 하고 있을 때, 동양인은 양陽이 넘치는 곳은 음陰이 되고, 음이 넘치는 곳은 양이 되는 복잡한 마음의

현상에 대한 지식을 풍부하게 가지고, 그림자가 많은 생활을 즐겨왔
다고도 볼 수 있다.

# 주

1  예를 들어 미술학자 하버트 리드, 신학자 폴 틸리히, 역사가 아놀드 토인비, 그리고 신화학자 카로이 케레니 등 일본에서도 잘 알려진 이 사람들이 융의 생각을 받아들여서 자신의 전문 분야에 적용하고 있는 사람들이다. 또한 융의 생각을 간단히 소개한 뒤에 그것과 다른 분야와의 관련성, 사회적 의미에 관해 기술한 다음과 같은 책이 있다. Progoff, I., *Jung's Psychology and its Social Meaning*, Grove Press, 1953.

2  Neumann, E., *The Great Mother*, Routledge & Kegan Paul, p.170. 후쿠시마 아키라 역,《그레이트 마더: 무의식적인 여성상의 현상학》, 나츠메사, 1982, 187~188쪽. [박선화 역,《위대한 어머니 여신》, 살림, 2009.]

3  Neumann, E., Neumann, E., *ibid.*, p.124; p.106. 주(2)의 책, 142쪽, 123쪽. 사진도 참고. 일본의 대지의 여신상이라고 불리는 흙으로 만든 상에 소용돌이 모양이 새겨진 것도 많다.

4  Jung, C. G., *Mind and Earth*, C. W. 10, p.32. 다카하시 요시타카 · 에노센 지로 역, 〈마음과 대지〉,《현대인의 영혼》(융 저작집 2), 니혼쿄분샤, 1970년, 131쪽.

5  이 사례는 제3회 일본 정신병리 · 정신치료법 학회의 심포지엄인 '정신치료의 기법과 이론'에서 융 학파의 특징을 이야기하면서 융의 사고방식을 보여주는 예로 들었던 것이다. 이는 잡지《정신의학》9권 7호(1967년)에 게재되었으므로 이 사례에 흥미가 있는 사람은 참고하기 바란다.
   이 소년은 여섯 차례에 걸친 상담 후에 무사히 등교했고 그 후에도 계속 학교에 다녔다. 이 사례에서는 아버지가 정신병을 앓고 있었는데, 학교공포증을 앓고 있는 아동이 있는 가정에서는 아버지가 약한 존재인 경우가 많다. 이것은 가정 내의 강한 원형적인 어머니상과 대응한다.

6  Jung, C. G., *The Structure of the Psyche*, C. W. 8, pp.151~152. 다카하시 요시타카 · 에노센 지로 역, 주(4)의 책, 〈마음의 구조〉, 112쪽.

7   Jung, C. G., pp.150~151. 주(6)의 책, 〈마음의 구조〉, 109~111쪽.

8   Jung, C. G., *Archetypes of the Collective Unconscious*, C. W. 9, I, p.4. 하야시
    미치요시 역, 〈집합적 무의식의 여러 원형에 대하여〉, 《원형론》, 기노쿠니야
    쇼텐, 1999, 19쪽.

9   Jung, C. G., *Instinct and the Unconscious*, C. W. 8, 1919, p.133. 히라노 도모
    오 역, 〈본능과 무의식〉, 《에피스테메》5 77, 아사히출판사, 1977, 26쪽.

10  신화에 관한 이 생각을 자세히 알고 싶다면 Jung, C. G.&Kerényi, C., *Essays
    on a Science of Mythology*, Harper&Row, 1949. 스기우라 다다오 역, 《신화학
    입문》, 쇼분샤, 1975, 15~41쪽에 실린 케레니의 서론을 참고하기 바란다.

11  Jung, C. G., *The Structure of the Psyche*, C. W. 8, p.154. 주(6)의 책, 〈마음의
    구조〉, 115~116쪽.

12  Jung&Kereenyi, *op cit.*, p.7. 주(10)의 책, 23쪽.

13  Jung, C. G., *Two Essays on Analytical Psychology*, C. W. 7, pp.236~237. 마츠
    시로 요이치 · 와타나베 마나부 역, 《자아와 무의식》, 다이산분메이샤(레굴루
    스 문고), 1995, 202~203쪽.

14  Thigpen, C. & Cleckley, H., *The Three Faces of Eve*, McGraw-Hill, 1957. 가
    와구치 쇼키치 역, 《이브의 세 가지 얼굴》, 하쿠요샤.

15  스티븐슨 · 이와타 료키치 역, 《지킬 박사와 하이드》, 이와나미분코, 1957, 역
    자의 머리말 참조.

4장
———
심상과 상징[1]

앞 장에서 우리는 원형 그 자체는 알 수 없지만, 표상으로서의 원시심상은 파악할 수 있다고 이야기했다. 이러한 관점에서 융은 인간의 마음속에 존재하는 심상心像 image, Bild의 의미와 그것을 받아들이는 이상적인 자세 등을 연구하기를 상당히 중요하게 생각했다. 심상은 정확히 의식과 무의식의 상호관계 사이에서 성립하는데, 이는 그때그때의 무의식적이고 의식적인 마음 상태의 집약적인 표현이라고도 볼 수 있으므로 심상의 의미를 파악하는 일은 매우 중요하다. 융은 의식과 무의식의 상호보완성에 주목해서 외부세계와 내면세계의 미묘한 대응성을 중요시했기 때문에, 그가 심상 연구에 몰입한 것 또한 어쩌면 당연하다. 심상 연구는 필연적으로 그를 상징symbol 연구로 이끌었다. 융은 상징이 지닌 창조성의 의미를 강조하고 그것을 단순한 기호sign와 구별해서 생각했는데, 이런 점이 융 심리학의 특징이다. 융은 심상과 상징이라는 영역을 중요시했다. 이 장에서는 심상과 상징에 관해 설명할 텐데, 이것을 통해서 융 심리학의 특징을 분명히 하고, 지금까지 이런 생각을 전혀 하지 않았던 사람들이 이 영역을 생각해보게 하는 가교 역할을 하고자 한다.

# 1

## 심상

융이 말하는 '심상'은 일반적으로 사용하는 외적 객체의 모상이라는 의미가 상당히 약하다. 그에게 심상은 마음의 내적인 활동에 기반을 둔 것으로, 외적 현실과는 간접적인 관계밖에 없는 무의식의 소산이라고 할 수 있다. 그리고 그것은 어디까지나 **내적인** 상으로서, 외적인 사실과 구별해서 받아들일 수 있기 때문에 환영이나 환각과는 다르다. 환각은 내적인 상이 외적 현실로 받아들여져서 혼란을 야기하는 병적 사태인데, 심상은 그러한 혼란이나 병적인 성격을 동반하지 않는다. 심상은 보통 외적이고 현실적인 가치를 지니지 못하는 듯 보이지만, 사실은 커다란 내적 가치를 가지는 경우도 있으며 외적인 것과도 미묘한 연관성이 있다. 심상의 특징인 '구체성' '집약성' '직접성'을 바탕으로 심상이 가지는 의의를 고찰해보겠다.

내적인 심상은 이념이 되기 이전 단계의 상태 또는 이념이 태어나는 모태라고 할 수 있다. 우리가 의식적으로 사고할 때는 여러 가지 개념을 사고의 요소로 조합해가는데, 개념 자체는 어떤 심상을 그 모체로 가지고 있으며 그것으로 무의식 층과 이어져 있다. 그런데 개념 수준에 있는 규칙과 심상의 질서는 동일하지 않고 교차되어 있어서 다양한 문제가 발생한다. 〈그림8〉에서 볼 수 있듯 개념적으로는 전혀 다르게 분류되는 것이 심상의 세계에서는 '아버지상' '어머니상'으로 묶여 있는 경우도 있다. 의식 세계에서는 명확하게 구별되고 정리되어 있던 것이 심상의 세계에서는 사고의 대상으로서의 개념이 감정이나 감각기능의 대상으로서의 속성과 섞여서 의식 세계에서의 시간과 공간의 질서를 파괴하고, 어떤 심상으로 구체화되어서 어긋나게 합쳐진다. 이 세계에서는 수학적인 규칙까지도 무시될 때가 있다. 부분이 동일하면 전체도 동일하다는 비합리적인 규칙이 통용되는 세계이기 때문에 서로 다른 것이 때때로 서로 같은 것으로 취급되는데, 예를 들어 '어머니' '소용돌이' '항아리' 등이 동일한 것으로 존재하기도 한다. 그리고 이러한 비합리적인 심상이 구체적인 이미지를 가지고 더 높은

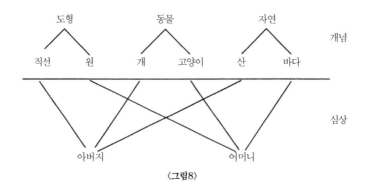

〈그림8〉

단계의 개념이라고 할 수 있는 모태로서 존재하며, 하나의 생각이 이렇게 구상화된 모습으로 생생하게 표현되는 것도 있다. 예를 들어 제1장 제4절에서 들었던 카드게임을 하는 꿈에서는 '가지고 있는 카드 중에서 하트가 한 장도 없다'는 극히 구체적인 이미지가 이 꿈을 꾼 사람에게 삶의 방식에 관해 여러 생각을 하게 하는 소재가 되고, 자신의 현재 상황을 생생하게 전달했다. 심상의 세계는 너무나 구체적이어서 일반인이 이해하기 어렵다. 구체적인 것에 사로잡혀서 그 진정한 의미를 찾지 못하게 만드는 셈이다. 이것은 수학의 세계가 너무나 추상적인 나머지 그 배후에 있는 구체적인 것과의 관련성을 찾기 어려워서 일반인이 수학을 난해하게 느끼는 것과는 상당히 대조적이다.

혹자는 심상의 세계가 구체적이기 때문에 어렵다고 생각하기보다는 그저 바보 같다고 느낄지도 모른다. 하지만 언뜻 보기에 바보 같아 보이는 심상이 강한 심적 에너지를 가지고 형성되었을 때, 그것이 의식 세계의 개념 조직을 완전히 깰 정도로 강력한 힘을 가지는 경우도 있다. 예를 들어 강하고 권위적인 아버지상에 사로잡힌 채 아버지를 두려워하는 사람은 자신보다 윗사람을 대할 때마다 아버지상이 겹쳐서 좋은 관계를 만들 수 없게 된다. 신경증에 시달리는 사람을 대할 때 합리적인 설명이 얼마나 무의미한지를 항상 느끼듯 말이다. 대인공포증에 사로잡힌 사람에게 인간이 무섭지 않다고 말로 설명해봤자 아무것도 바뀌지 않는다. 이런 것들은 결국 그 사람의 합리적인 판단이나 개념의 통합성 문제라기보다는 그 배후에 있는 심상의 세계에 초점을 맞추지 않으면 안 된다는 사실을 깨닫게 한다. 심리치료사의 일은 개념의 세계보다 비합리성으로 가득 찬 심상의 세계를 다룬다는 점이 특징이다. 그렇기 때문에 심리치료사란 주체성에 관여하여 환자의 심상의 세계를 함께 체험해서 파악하고 심상의 세계 내부의 분화와 통합을 지향해가는 사람이라고 할 수 있다.

심상을 파악하기 어려운 이유는 그 집약성 때문이기도 하다. 내적인 상은 구체적이지만 단순하지는 않다. 그것은 여러 가지 소재의 복합체로 독립적인 의의를 가지며, 융의 말에 따르면 "마음의 전체적인 상황을 집약적으로 표현한 것"²이라고 할 수 있다. 심상이 표현하는 것은 무의식 안의 내용 전부가 아니라 마침 그때 드러난momentarily constellated 내용이다. 이러한 내용은 한편으로는 무의식의 소산이면서 동시에 다른 한편으로는 그 순간의 의식 상태에 의존하고 있다.

제3장 제3절 앞부분에서 들었던 적면공포증에 시달리는 사람의 꿈을 다시 예로 들어보겠다. 그는 꿈에 나타난 심술궂은 교사가 군인인 자신의 큰아버지와 닮았다고 말했다. 자신의 아버지는 군인 스타일이었지만 어머니는 음악과 문학을 사랑하는 사람이었고, 자신은 어머니를 닮아서 아버지에게 엄격한 꾸짖음을 받았기에 어려서부터 아버지를 무서워했다고 한다. 군대에 갔을 때도 성적이 나빴고, 지독한 꼴을 많이 당했다고 했다. 또 어머니 쪽 친척들은 예술가가 많은데 어째서 아버지의 친척(큰아버지)은 군인이 되었을까 하는 생각을 했다는 등의 이야기도 들려주었다. 꿈속 수업이 수학시간이었다는 점에 관해서는 학창시절 대부분 과목의 성적이 좋았는데 수학을 유독 못하는 바람에 문제를 풀지 못하고 창피를 당한 적이 있다고 말했다. 또한 반 친구들이 자신을 놀리는 대목에 관해서는 자기 이름이 특이해서 친구들에게 자주 놀림을 받았는데, 생각해보면 그 무렵부터 얼굴이 빨개지는 일

이 많아졌던 듯하다고 했다. 그래서 그는 본인의 이름을 싫어했는데 아버지는 오히려 그것을 자랑스럽게 생각해서 화가 치밀었다고 한다. 그리고 이런 이야기를 하다가 결국 자신의 출생의 비밀까지 털어놓으며 상담 내용은 더 깊은 문제로 발전하게 되었다.

그 이야기는 생략하겠지만 이 예만 보더라도 심상이라는 것이 얼마나 많은 일을 집약해서 표현해 보여주고 있는지를 알 수 있다. 꿈속에 나온 '수학교사의 심술궂음, 수학을 못하는 것에 대한 열등감, 친구들의 놀림'은 모두 이 사람의 과거와 밀접하게 이어져 있으며, 현재 그의 마음 상태를 생생하게 전한다. 〈그림9〉에서 볼 수 있듯이 꿈속에 등장하는 수학교사의 상은 단순히 한 사람의 수학교사를 나타내는 것이 아니라 그것을 둘러싼 공포, 혐오심, 열등감 등을 동반하면서 자기 마음 속의 아버지, 큰아버지, 군인, 친구들, 수학 등과 밀접하게 연결되어 있다. 그리고 이 꿈에서 연상되는 내용을 간단하게 이야기했는데, 이것을 통해서 하나의 꿈에서 중요한 것을 얼마나 많이 이끌어낼 수 있는지를

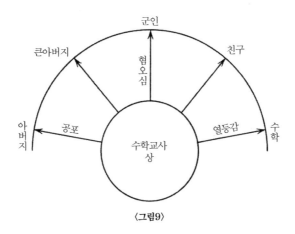

〈그림9〉

알 수 있다. 끌어냈다기보다는 오히려 연상 과정을 통해서 이야기한 모든 것이 이 사람의 마음속에 배치되어 있었고, 그것을 생생하게 이 꿈이 보여주었다고 하는 편이 더 적절할지도 모른다.

　심상의 표현이 구체적이고 집약적이라고 말했는데, 다음으로 직접성이라는 요소에 관해 이야기해보겠다. 앞에서 카드게임을 하는 꿈에 대해서 이야기했는데, 그때 필자는 이 꿈이 이 사람의 열등기능으로서의 감정기능 문제를 나타낸다고 말했다. 여기서 만약 필자가 꿈 분석에 의지하지 않고 '당신은 사고기능은 뛰어나지만, 감정 측면을 소홀히 하고 있기 때문에 그 부분을 발전시켜야 한다'고 충고하거나 지적했다면 어땠을까? 반복해서 말하지만 심리치료사는 환자의 결점을 지적하거나 충고하는 사람이 아니다. 실제로 타인의 결점을 지적하기는 쉽다. 하지만 심리치료사가 지향하는 바는 결점을 머리로 이해하게 하는 것이 아니라 마음에 와닿는 방식으로 체험하고 파악하도록 해주는 것이다. 실제로 이 사람에게는 감정이나 사고 등의 단어를 쓸 때보다도 꿈속에서 '가지고 있는 카드 중에 하트가 한 장도 없었다'는 사실, 그 심상에서 직접 얻을 수 있는 점이 훨씬 더 풍부하며 마음에 와닿았다. 이처럼 직접적인 의미를 가진다는 점이 심상의 큰 강점이다. 논리에 맞는 주장이 사람을 움직이는 일은 드물지만, 직접 체험하면 사람을 움직이는 토대가 된다.

　이처럼 심상은 강력하기는 하지만 때로는 엄청나게 난해하거나 명확하지 않거나 지나치게 다의적으로 느껴지는 것이 사실이다. 그렇기 때문에 우리는 심상에서 직접 얻은 것에서 그 구체성을 떨쳐버리고 명확하게 만들어서 세련된 이념으로 만들고자 노력한다. 하지만 우리가 명확한 개념만을 다루고 그 배경에 있는 심상과의 관련성을 잊고 **개념**만의 세계에 살기 시작하면, 그 개념은 수분 공급이 끊긴 식물처럼 바싹 말라버린다. 반대로 심상이 가지는 강력한 직접성에 빠져서 그것을 개념으로 세련되게 만드는 노력을 하지 않고, 심상의 포로가 되어서 행동하면 물기를 머금은 나무로 집을 지은 듯 심상이 점점 뒤틀리는 일을 피할 수 없다. 이 두 가지의 관계에 대해서 융이 "이념의 특징이 그 명확함clarity에 있다고 한다면, 원시심상의 특징은 그 생명력vitality에 있다."[3]고 한 말은 탁월한 명언이다. 여기서 융은 원시심상에 관해서 주로 이야기하는데, 원시심상의 경우는 지금까지 말해온 심상의 특징이 특히 강하다고 할 수 있다.

그 힘이 강력하고 보편적인 의미가 짙은 원시심상 외에 개인적인 심상도 존재하는데, 그것은 개인적인 무의식 내용과 관련이 깊다. 그런데 이러한 개인성이 심상을 이해하기 어렵게 만들기도 한다. 왜냐하면 그 심상을 겪은 당사자에게는 그 의미가 직접적이고 강력하게 느껴진다고 해도 그것을 타인에게 전달하기란 무척 곤란한 경우가 많기 때문이다. 꿈 분석을 하다 보면 꿈속에 등장한 상이 너무나도 적절하다는 사실에 감탄할 때가 있다. 촌철살인같이 마음에 직접 와닿는 표현에 치료사도 환자도 함께 감동하거나 때로는 웃음을 터뜨리는 경우도 있는데, 그것을 다른 사람에게 전달하려고 하면 어디서부터 어떻게 시작해야 할지 말문이 막혀서 당혹스러울 때가 많다. 본인은 감격해서 이야기를 하지만 듣는 사람은 무슨 얼토당토않은 말을 하고 있느냐고 반응하기도 한다. 예를 들어 앞에서 들었던 카드게임을 하는 꿈이나 수학교사 꿈도 상당히 개인성이 강하기 때문에 혹여 독자들이 무슨 말도 안 되는 소리냐고 생각하지는 않았을지 걱정이 앞선다. 반대로 심상의 직접성과 그 강력함을 체험한 사람들은 그것을 이러쿵저러쿵 '해석'하는 일이 그 생명력을 빼앗는 약아빠진 시도라고 느낄 수도 있다. 예를 들어 이런 사람들에게는 필자가 앞에서 말한 꿈에 대해서 감정기능을 이야기하거나 아버지상에 대해서 이야기하는 것은 안 하느니만 못하다고 느낄 수도 있다. 실제로 이 꿈이 전하려는 것은 이런 것들을 포함하는 그 이상의 것이 있어서 그 꿈을 꾼 개인에게 집약적이면서 강렬하게 전달된다. 이런 사실을 알면서도 필자는 그 안에서 우리가 **개념**으로서 획득한 것을 비록 불완전한 형태라고 할지라도 서사화하는 데에 의의가 있다고 생각하기 때문에 보충설명을 해보았다. 어쨌든 심상이 가지는 개인적인 성격이 그것을 이해하기 어렵게 만든다는 점을 알아주기 바란다.

이상으로 심상의 의미를 파악하기가 어렵다는 사실을 분명히 하고, 그럼에도 심상이 우리에게 주는 의의가 중요하다는 사실을 밝혔다. 마지막으로 이러한 생명력을 가지는 심상은 새로운 것을 낳는 창조성으로 이어진다는 사실을 이야기해야 하는데, 이 점에 대해서는 다음에 나오는 상징 문제와 관련지어 고찰하는 편이 적절할 듯하다.

# 2

## 상징, 그 창조성

앞에서 심상이 가지는 생명력에 대해서 이야기하면서 심상은 새로운 것을 낳는 모태라고 말했는데, 그 창조적인 면이 가장 두드러지게 나타나는 것이 '상징'이다. 융은 상징을 기호 또는 표식과 엄격하게 구별해서 생각했다. 그에 따르면 하나의 표현이 우리가 이미 알고 있는 어떤 것을 대용하거나 약칭하는 경우, 그것은 상징이 아니라 기호이다. 이에 비해서 상징은 단순히 이미 알고 있는 어떤 것의 대용 따위가 아니라 비교적 미지의 것을 표현하기 위해서 발생한 최선의 것, 그것 말고는 더는 적절한 표현법을 생각할 수 없는 표현을 뜻한다. 융이 들었던 예에 따르면,[4] 십자가를 하나님 사랑의 상징이라고 말하는 것은 **기호적인 설명**이다. 십자가를 하나님의 사랑이라는 말로 설명해버리면, 다른 의미를 가지는 것으로 표현할 필요도 없기 때문에 이 경우 십자가는 하나의 기호가 된다. 하지만 십자가를 지금까지는 알려지지 않았던 초월적인 어떤 것, 이것 외에는 표현할 수 없는 것으로 본다면 이 경우 십자가는 상징이 된다. 이렇게 보면 프로이트가 말한 꿈속의 성적 상징을 단순하게 해석해서 긴 것으로 남성 성기를 표현하고 있다고 볼 경우 이것은 상징이라기보다는 기호라고 말해야 한다.

　상징과 기호의 차이를 여실히 보여주는 것으로 팬터마임과 제스처를 생각해볼 수 있다. 팬터마임의 명인인 마르셀 마르소Marcel Marceau가 인간의 일생을 연기한 적이 있다. 그는 불과 2, 3분 사이에 인간이 태어나서 자라고 죽는 과정을 연기해서 관객의 가슴에 강한 감동을 불러일으켰다. 하지만 이것을 제스처로 보여준다면 우리도 쉽게 할 수 있다. 네 발로 기고, 걷고, 지팡이를 짚고, 쓰려져서 죽은 듯 움직이지 않으면 누구나 그것이 인간의 일생이라는 사실을 알 수 있다. 하지만 이것은 명확히 말하자면 인간 일생의 **기호적**인 표현이지 상징적인 표현이 아니다. 마르소의 연기는 인간이 인생을 살면서 겪게 되는 애환과 다양한 마음의 움직임을 불과 2, 3분이라는 시간에 집약해서 우리의 가슴에 직접적으로 호소했으며 그것은 마르소만이 표현할 수 있다고 느끼게 한다. 그의 연기는 인간의 일생을 기호로 바꿔놓은 것이 아니라 자신의 인격을 통해서 드러낸 상징적 표현이라고 말할 수 있다.

　여기서 십자가와 마르셀 마르소의 연기는 어떤 사람에게는 상징으로 받아들여지지만, 어떤 사람에게는 어떤 상징적인 의미도 가지지 못한다는 점 또한 중요한 사실이다. 즉 어떤 것이 상징인지 아닌지는 그것을 받아들이는 사람의 태도에 달려 있다는 말이다. 예를 들어 십자가는 초기 기독교 시대에는 살아 있는 상징으로서 표현하기 어려운 신비로운 것을 내재하고 있었던 듯하다. 그것이 후세에 와서는 기독교도라는 사실을 보여주는 하나의 기호로서 받아들여지기도 하고, 종교에 무관심한 사람에게는 그저 두 개의 선을 합친 것에 지나지 않기도 한다. 이것은 특정 예술 작품이 어떤 이에게는 큰 의미를 가지지만, 다른 이에게는 아무런 의미도 없는 것과 같은 경우다. 이처럼 상징이 받아들이는 쪽의 태도와 관계가 있다는 사실은 매우 중요하며, 상징의 의미를 추측하려는 사람은 어떤 것의 배후에 이미 내재하는 미지의 가능성을 향해 열린 태도를 취할 필요가 있다.

여기서 심상과 상징을 표현한 훌륭한 예인 유치원생의 그림을 들어서 설명을 계속해보도록 하겠다. 컬러로 인쇄된 그림(〈그림I~V〉, 책 앞부분)은 여섯 살 여자아이가 유치원에서 그린 그림으로,[5] 심리치료와는 관계가 없다. 이 그림은 어떤 강제성도 없이 그리고 싶을 때 자유롭게 그린 것이다. 필자는 유치원을 방문해서 우연히 〈그림II〉를 보았다. 이 그림이 아주 강렬하게 필자의 가슴을 울린 이유는 왼쪽에 있는 집과 오른쪽에 있는 달팽이 무리를 확실히 분리하는 산이 있었기 때문이다. 유아의 발달단계에서 제1반항기를 지나 부모로부터 적어도 신체적인 자립성을 획득한 유아가 여섯 살 전후에 한 번 더 고차원적인 단계의 자립성을 지향하는 경향이 있음은 잘 알려진 사실이다. 지금까지 자신이 안주할 장소를 가정 내에서 찾던 아이가 특정 연령이 되면 사회로 진출한다. 이 시기에는 남자아이든 여자아이든 아버지를 하나의 규범으로 삼아서 자립성을 확립해간다. 이 그림을 보면 앞에서도 말했듯이 달팽이가 집에서 떨어져 있는데 산이 마치 이것들을 분리하기 위해서 솟아난 것처럼 중앙에 서 있다. 그리고 거기에 나무 두 그루가 있다는 사실도 흥미롭다. 이 나무는 자라고 뻗어나가는 힘을 나타내고 있음이 분명하다.[6] 여기서 아마도 이 그림 이전에 가정 안에서 안주하는 듯한 느낌을 표현한 그림이 있으리라는 예상을 할 수 있다. 선생님께 요청하여 찾아보니 이 그림을 그리기 조금 전에 그린 〈그림I〉이 있었다. 이 그림은 〈그림II〉에 비해 따뜻한 느낌을 준다. 무엇보다 인상적인 점은 거의 중앙에 집이 있고, 빨간 달팽이가 집 안에 있다는 점이다. 왼쪽 끝에 다수의 달팽이가 차가운 색으로 그려져 있는데, 이것은 그 뒤에 일어날 달팽이와 집의 분리를 예견하는 것인지도 모른다. 거의 비슷한 시기에 그린 그림에는 복숭아색의 큰 달팽이를 중앙에 그리고, 그 옆에 조금 작은 달팽이를 크림색으로 그렸는데 이것 역시 따뜻한 느낌이다. 하지만 이 그림 또한 초록색 틀로 둘러싸고 아무것도 그리지 않은 부분이 존재하는데, 이것도 앞으로의 분리를 암시하지 않나 싶다.

아무튼 〈그림I〉의 안정된 상태를 깨고 〈그림II〉에서 강력한 힘이 출현했다는 사실은 경탄할만하다. 물론 이러한 강렬한 분리 뒤에 재통합하려는 노력이 이루어진다. 그 과정이 〈그림III〉, 〈그림IV〉, 〈그림V〉에 반영되어 있다. 이 세 장의 그림에서 공통적으로 찾아볼 수 있는 점은 그림을 좌우로 분리한다는 공통된 주제이다. 이것은 〈그림II〉에서 나타난 강한 분할력은 그대로 이어가고 그것을 인정하면서도 재통합의 노력을 계속하고 있음을 보여준다. 만약 세로로 분할하면서도 하나의 통합된 그림을 그리려면 〈그림IV〉에서 볼 수 있듯 조감도 같은 그림을 그리는 편이 가장 용이할 듯하다. 〈그림III〉은 조감도처럼 중앙에 길이 있고 거기에 가로수가 있으며 오른쪽에 집, 왼쪽에 사람을 그렸는데 중앙에 큰 나무 한 그루가 있는 듯 보여서 조감도가 아닌 보통의 그림처럼 보인다. 그림을 그리던 중에 혼란스러워져서 오른쪽을 지우려고 했던 것 같기도 하다. 여기에는 재통합을 위한 노력을 하면서도 좀처럼 성숙되지 못한 느낌이 잘 반영되어 있다. 그것이 〈그림IV〉에서는 꽃밭 조감도로 훌륭하게 표현되었다. 물론 여기서 훌륭하다는 것은 심리적인 관점에서 하는 말이지 미술적인 관점에서 하는 말은 아니다. 나는 그림에는 문외한이기 때문에 그림으로서 훌륭한지 아닌지는 평가할 수 없지만, 아이의 그림은 처음 달팽이 그림보다 훨씬 더 기하학적이고, **그림으로서는** 재미가 없어진 듯하다. 하지만 이것은 오히려 당연한 일이다. 세로 분할을 허용하면서도 하나의 정돈된 표현을 하는 것은 어린아이에게는 상당히 어려운 일이므로 그림으로서의 표현을 어느 정도 희생하고 형식적인 것을 택했다고 볼 수 있다.

이처럼 도면이 네 개로 분할되어 있지만 통합도가 높은 전체성을 보여줄 때 4라는 테마가 나타나는 경우는 상당히 많다.[7] 융의 저서에 실린 어느 환자의 그림을 〈그림10〉에 실었는데,[8] 여기에도 확실히 4라는 테마가 표현되어 있다. 물론 이것은 성인의 그림이므로 아이의 그림보다 상당히 정밀한데, 아이의 그림 또한 재통합을 위한 노력이 상당 부분 열매를 맺었음을 보여준다. 〈그림IV〉는 기하학적이고 감정의 움직임이 결여되었다는 아쉬움이 있지만 〈그림V〉는 발전 과정을 가장 생생하게 보여준다. 이 그림에는 왼쪽에는 여자아이, 오른쪽에는 집, 중앙을 분할하는 큰 나무가 있다. 집 쪽은 붉은색으로 둘러싸여 있고, 반대로 여자아이는 초록색으로 둘러싸여 있다. 이것은 지금까지처럼 확실한 분할 테마를 표현했는데, 필자를 상당히 기쁘게 했던 점

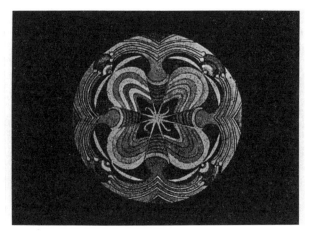
〈그림10〉

은 큰 나무 안에 있는 한 명의 아이였다. 나무가 성장을 나타내는 것으로 자주 사용된다는 사실은 이미 언급했는데, 새로운 탄생을 가장 단적으로 보여주는 예로 나무에서 태어난 아이나 나무에 버려진 아이가 나오는 이야기는 전 세계 곳곳에서 찾아볼 수 있다. 이처럼 무언가 새로운 것 또는 가치가 높은 불가사의한 일을 불러오는 아이가 나무 위에 등장했다.

　이는 융의 표현에 따르면 그야말로 '영웅의 탄생', '아이 원형child archetype의 출현'이다. 이 원형적인 아이는 분리되어 있던 집과 사람(앞의 표현으로는 집과 달팽이)을 재통합하기 위해 나타난 영웅이다. 또는 〈그림IV〉처럼 통합성을 기반으로 기하학적으로 표현한 것에 더 강력한 생명력을 불어넣었다고 할 수 있다. 이처럼 새로운 것이 나타날 때 그것이 원형적인 아이의 상으로 표현되었다는 사실이 중요한데, 융은 이 점을 케레니와의 공저[9]에서 분명히 밝혔다. 케레니는 신화에

　　　　　　　　　　　　　　　제4장　심상과 상징

나오는 아이 신의 중요성을 역설하며 아이 신은 결코 어른 신에 비해 계급이 낮다거나 의의가 적다는 뜻이 아니라 '새로운 가능성의 출현'이라는 의미가 강조된 것이라고 설명했다. 융은 이러한 원형적인 아이가 가지는 심리학적 의미를 분명히 했는데, 마음속에 생겨나는 '미지의 새로운 가능성'이 내적으로 우리의 일반적인 이해를 넘어서 신비롭게 체험될 때, 아이의 탄생에 얽힌 특별한 이야기로 표현된다고 했다. 복숭아에서 태어난 영웅이나 대나무 속에서 태어난 절세미녀 이야기 등 일본인이라면 누구나 알만한 이야기처럼 말이다. 새가 나무 위에 버리고 간 아이나 나무 안에서 태어난 아이 또한 이런 의미가 있다.

이런 이유에서 새로운 통합을 향해가는 가능성이 그림으로 표현되었다고 생각한 필자는 나무 위에 출현한 아이를 보고 굉장히 기뻤는데, 유치원 선생님은 이것이 '잭과 콩나무' 이야기를 듣고 그린 그림이라고 설명했다. 즉 이 그림은 유치원에서 선생님이 들려준 '잭과 콩나무' 이야기를 듣고 그렸고, 필자가 여자아이라고 생각한 왼쪽에 있는 사람은 잭의 엄마이며, 나무 위의 아이는 잭이라는 것이다. 여기서 혹자는 '뭐야?' 하면서 《쓰레즈레구사》*에 나오는 이야기처럼 아이의 장난이라는 사실도 모르고 반대 방향으로 놓인 사자 조각상을 보고 유서 깊은 것임이 틀림없다며 감격의 눈물을 흘린 승려와 원형적인 아이의 탄생을 구구절절 이야기한 필자가 똑같다고 생각할지도 모른다. 하지만 나는 여기서 오히려 '잭과 콩나무'라는 옛날이야기가 지금까

---

* 《쓰레즈레구사徒然草》: 가마쿠라 시대 말기의 수필. —옮긴이

지 설명할 수 없었던 이 아이의 내적인 마음 상태를 생생하게 표현할 이미지를 때마침 제공하지 않았나 싶다.

사실 옛날이야기는 복숭아에서 태어난 영웅 모모타로 이야기에서도 조금 언급했지만, 마음의 내적 표현으로 적절한 이미지가 풍부하게 담겨 있다. 그렇기에 아이들에게 옛날이야기를 들려주는 일이 의미가 있다. 그리고 '잭과 콩나무' 이야기를 들은 다음 아주 자유롭게 이런 그림을 그렸다는 사실이 이 이야기 안에 담긴 이미지가 아이의 내적인 무언가를 붙들었다는 추측을 뒷받침한다고 할 수 있다. 그리고 흥미롭게도 이때 아이들이 그린 '잭과 콩나무' 그림에는 중앙에 높게 자란 콩나무와 나무를 타고 올라가는 잭이 주로 나오지, 거인과 싸우는 장면을 그린 아이는 거의 없었다(싸움 장면을 그린 경우에도 거인과의 싸움은 작게 그렸기 때문에 큰 콩나무와 대조적이었다). 여기서 이 연령의 아이들에게는 앞에서 설명한 의미를 가지며 하늘까지 솟아오른 콩나무와 그것을 타고 올라가는 잭의 이미지가 받아들여지고 마음을 울린다는 사실을 알 수 있다. 이 그림 다음으로 그린 그림에는 중앙에 우뚝 솟은 한 그루의 큰 나무와 네 마리 동물 등이 있으며 중앙에 있는 큰 나무라는 테마는 그 후에도 계속된다. 하지만 더는 그림을 분할하지 않았기 때문에 대칭적이고 딱딱한 느낌은 사라졌다. 4라는 숫자는 계속되고 있지만 동물이 획일적으로 배치되지 않았고 전체적으로 정돈된 느낌도 있다. 이 그림들은 수록하지 않았지만 이상의 설명만으로도 다섯 장의 그림에 나타난 마음의 발전 과정을 파악할 수 있을 것이다.

또한 〈그림II〉에서 나타나는 강렬한 자립성이 확립되면서 발생하는 일종의 분리불안(달팽이가 집 밖으로 나와 있다)을 느꼈을 때, 아이의 행동에 어떤 변화가 생겼는지 유치원 선생님에게 물었다. 그러자 이 여자아이는 상당히 얌전하고 착했는데, 이 그림을 그렸을 즈음에 같은 반 개구쟁이 남자아이들에게 자주 괴롭힘을 당해서 선생님이 아이들을 야단치자 아이들이 "쟤가 요즘 건방져서 혼내주는 거예요." 하고 말했던 것을 떠올렸다. 어른이 봤을 때는 이렇다 할 변화 없이 얌전하고 착한 모습 그대로였는데 또래 남자아이들이 '건방지다'고 느꼈다는 사실이 상당히 흥미롭다. 이 여자아이 내부에서 생겨난 자립에 대한 강한 지향성을 동갑내기 아이들은 어떤 부분에선가 느끼고 반응했다는 사실을 알 수 있다.

이처럼 한 유치원 아동의 그림을 예로 들어 상징에 관해 설명해보았다. 이러한 그림이 아이 마음의 발전 과정을 반영하는 심상의 표현으로서뿐만 아니라 어떤 미지의 가능성을 포함하는 것으로서 우리 마음에 작용하고 있다는 사실과 아이에게 이 이상의 표현은 생각할 수 없는 상징적인 의의를 갖는 창조적인 표현이라는 사실을 알 수 있었다. 이 그림의 경우 집과 아이를 하나의 대립물로서 제시하고 그 재통합을 지향했는데, 모든 상징은 이처럼 대립하는 것의 통합을 지향한다는 특징이 있다. 그리고 대립하는 것의 숫자가 늘고 그것들의 관계가 미묘해져 통합이 어려워질수록 상징의 구조가 복잡해지고 창조성도 높아진다. 상징은 구체적이기 때문에 우리의 가장 원시적인 인식층을 모태로 하는 동시에 흔히 있는 것이나 전통적인 것에 만족하지 않는 고도의 분화된 정신기능도 필요로 한다. 이러한 상징을 통해서 우리 마음 안에 있는 합리와 비합리, 내향적인 것과 외향적인 것, 사고기능과 감정기능 등이 더 높은 차원으로 통합된다. 그리고 이것들의 상징적인 표현을 우리는 창조적인 일에서 발견할 수 있다. 예를 들어 대상물에 대한 직관적인 파악과 그것을 외적으로(사실적이라고 할 수 있을 정도로) 표현해가는 감각기능과의 통합성을 우리는 '우키요에'*에서 느낄 수 있다. 또한 카라얀의 지휘를 보며 내면을 향해서 열려 있다고 말하고 싶어지는 꼭 감은 눈에서 깊은 내적인 지향성과 반대로 마치 청중에게 **보여주는** 것을 의도한 움직임인가 싶을 정도로 화려한 움직임을 동시에 보며, 내향성과 외향성이라는 상반된 성질이 카라얀이라는 한 인격 안에 훌륭하게 통합되어 상징적으로 표현되고 있다고 생각하는 사람도 있을 것이다. 실제로 사고에만 의존해서 감정을 무시하는 철학자나 감각은 발달했는데 직관을 살리지 않은 음악가가 있다면, **옳다는** 것을 누구나 인정한다고 하더라도 그들이 창조적이라고 생각하는 사람은 적을 것이다.

　이제 상징을 형성하는 과정에 대한 융의 생각을 설명해보려고 한다. 이미 설명했듯이 상징은 대상물을 포함하는 특징이 있다. 그렇기 때문에 상징이 생기기 전에 상반된 두 가지 경향이 의식되고, 그 대립이 너무나 분명해서 반대쪽 요소가 전혀 포함되지 않는다는 느낌을 받는다. 이 경우 어느 한쪽을 완전히 억압하는 것은 간단하지만 자아 문제는 그렇게 쉽게 해결되지 않고, 정립하는 것과 반정립하는 것 두 가지가 관여하게 된다. 이 경우 두 가지의 대립으로 자아는 일방적으로 행동할 수 없게 되어서 일종의 정지 상태를 맛보게 된다. 여기서 지금까지 자아기능을 움직이는 데에 도움이 되었던 심적 에너지는 퇴행

---

* 우키요에浮世絵: 에도 시대의 풍속화.─옮긴이

을 일으켜서 자아에서 무의식 안으로 들어간다. 즉 심적 에너지는 그 원천으로 돌아가고 무의식이 활동을 시작하는 것이다.

이번에는 추상적인 말로 설명했던 내용을 구체적으로 간단하게 설명해보겠다. 예를 들어 사고기능을 주기능으로 하는 사상가가 자신의 사고력에 의존해 사상을 정리해서 표현한다고 해보자. 그는 어느 순간 자신의 생각이 굉장히 하찮다는 사실을 깨닫고 뭔가 중요한 것이 결여되어 있다고 느끼게 되었다. 즉 지금까지 무시해왔던 감정기능이 움직이기 시작해서 그 정돈된 사고의 형태 안에 감정의 불꽃을 지피지 않으면 안 되는 순간이 온 것이다. 이때 이 사람이 자신 안의 무의식적인 감정의 움직임을 억압하고 사고기능을 계속해서 사용하면 별다른 문제는 일어나지 않겠지만, 그것은 그다지 창조적이라 할 수 없다. 이때 만약 그가 자기 마음속에서 움직이는 것에도 충실하게 대응하면서 지금까지 획득해온 사고기능 또한 버리지 않는다면, 사고와 감정의 강한 대립으로 그는 결국 생각하지 못하게 될 것이다. 이때 심적 에너지는 퇴행해서 무의식으로 흘러 들어가기 때문에 **밖으로** 드러나는 그의 행동은 사색을 그만두고 시시한 공상에 빠진 듯 보이거나 유아적인 행동이나 충동적인 행동을 하는 것처럼 보일지도 모른다. 또는 그 사람 본인 역시 좀처럼 일이 손에 잡히지 않거나 무엇을 해야 좋을지 모르는 상태가 되어서 초조함을 느끼며 안절부절못하게 될지도 모른다. 이때 퇴행현상이 지나치게 강해서 자아가 그것을 견디지 못할 때는 주목할만한 '상호반전enantiodromia'이 일어나서 그 사람의 태도가 역전될 뿐이지 전혀 창조적이라고 할 수 없다. 사고형 인간이 갑자기 감정적이 되거나 내향적인 사람이 갑자기 외향적으로 행동할 경우, 그것은 급격한 변화이기는 해도 창조적이라고 말하기는 어렵다.

반면에 강한 퇴행행동이 일어나서 자아의 기능이 약해지면서도 퇴행행동을 견뎌내며 기능할 때, 무의식 안의 경향과 자아의 활동이 정립과 반정립을 넘어서 통합된 심상이 나타나는 경우가 있다. 이처럼 통합성이 높고 지금까지의 자신의 생각을 넘어서 창조적인 내용을 지니는 것이 상징이며, 이러한 상징을 통해서 무의식으로 퇴행해 있던 심적 에너지가 활동progression을 시작하고, 자아는 새로운 에너지를 얻어서 다시 한 번 활동한다. 융은 이처럼 상징을 형성하는 능력이 인간에게 있다는 사실을 중요하게 여겼고, 이것을 '초월적 기능transcendent function'이라고 불렀다.[10] 이 기능은 사고나 직관 중 어느 쪽이 아니라 많은 기능이 합성된 복잡한 것으로, 하나의 기능을 초월해서 그 대립하는 기능까지도 포함할 수 있다. 여기서 기술한 상징 형성 과정은 창조 과정과 같은데, 융이 무의식 안에 긍정적이고 창조적인 원천이 있다는 사실을 인정했다는 점, 따라서 퇴행이 가지는 긍정적인 면을 중요하게 여겼다는 사실은 충분히 주목할만하다. 이것은 프로이트가 무의식의 내용을 자아에 의해서 억압되고 배척된 것들의 모임처럼 생각해서 퇴행을 **항상** 병적인 현상으로 생각했던 것과 다르다. 융은 퇴행현상을 병적인 것과 정상적인 것으로 나눠서 생각했고, 창조적으로 살기 위해서는 오히려 정상적인 범위에서의 퇴행이 필요하다고 생각했다. 무의식에 파괴적인 면이나 추악한 면이 존재한다는 사실을 인정하면서도 그 안에서 건설적인 원천이 되는 것을 찾아가려 한 것이다. 이러한 융의 관점은 프로이트와 결별하는 큰 원인이 되었다.[11]

상징이 형성되면서 지금까지 퇴행해 있었던 심적 에너지가 건설적인 방향으로 흐른다고 이야기했는데, 융은 이러한 심적 에너지의 변용이 상징이나 종교 의식으로 발생한다는 사실을 지적하고, 종교에서 높은 차원의 심리치료적 의의를 이끌어냈다. 우리의 의식은 명확한 개념으로 조직된 하나의 체계를 가지고 있는데, 그것이 항상 넘치는 생명력을 가지고 발전해가기 위해서는 마음속 깊은 곳과 이어져서 **기초가 확실히 다져져야** 한다. 이렇게 심상은 자아에게 마음속 깊은 곳에서 말을 걸어오며, 심상을 통해 자아가 마음속 깊은 곳과 유대를 유지할 수 있다. 그리고 그 내용이 높은 통합성과 창조성을 지니고, 다른 것으로는 대용하기 어려운 유일한 표현으로 나타날 때 그것을 상징이라고 부를 수 있다. 신경증에 걸리는 사람 중에는 자아와 무의식의 창조적 상호관계가 끊어졌거나 지금 이야기한 것처럼 심상의 의미를 모르기 때문에 개념의 세계까지 혼란스러워져서 자아의 통합성이 흐트러진 사람이 많다. 따라서 그들을 치료하는 사람은 심상과 상징을 연구해야만 한다. 상징을 단순히 어떤 것의 대용품으로 보지 않고 미지의 가능성을 포함한다고 보는 관점은 계속해서 환자의 발전 가능성에 주목하는 태도와도 일맥상통하며, 치료에서 중요한 요소이다. 실제로 하나의 상징이 과거에 대한 통찰과 미래에 대한 지향성을 함께 표현하고 있는 경우도 상당히 많다.

융은 심리치료를 할 때 심상과 상징의 중요성을 깨닫고, 과거에 발견되었지만 죽은 채로 있었던 종교적 의식과 상징의 의의를 연구해서 이것들에 새로운 숨결을 불어넣는 동시에 개인의 마음속에서 생겨나는 상징의 의미를 연구하는 데에도 전념했다.

# 3

## 심리치료법에서 심상이 가지는 의의

앞에서 심리치료 과정에서 심상과 상징이 얼마나 중요한지 설명했는데, 여기서는 실제 사례를 들어서 구체적으로 이야기해보려고 한다. 제3장에서 소개한 학교공포증에 걸린 아이의 사례에서는 꿈에 나타난 '살의 소용돌이' 심상을 중심으로 항아리, 약한 아버지와 그것을 대신하는 어머니 등 강한 태모great mother 원형을 찾을 수 있었다. 따라서 그것을 깊이 이해한 치료사가 소년과 함께 이야기를 나누고 그것에 직면해갔기 때문에 문제 해결로 이어질 수 있었다. 하지만 심상의 경우 항상 꿈으로만 나타나지는 않기 때문에 일반적인 심리치료를 할 때도 이것을 염두에 두어야 한다는 사실을 강조하기 위해 여기에서는 최근에 다른 치료사에게 들었던 예를 가지고 설명하고자 한다.

먼저 지적장애 아동의 놀이치료 사례를 소개하겠다.[12] 이 남자아이는 만 7세 11개월이었는데, 발달 연령은 21개월로 상당히 낮았다. 다른 아이들과 어울려 놀지 못했기 때문에 집 밖으로 나가지 않고 집에서만 생활하고 있었다. 이 아이와 일곱 번째 만났을 때 치료사의 마음을 울리는 사건이 일어났다. 아이가 놀이치료를 할 때 곰 인형의 목을 그물로 옭아매서 끌고 다닌 뒤에 자랑스럽다는 듯이 풀어주는 놀이를 반복한 것이다. 치료사는 그때 그 의미를 명확히 알지 못했지만, 그 행위에 왠지 모르게 마음이 동요되어 인상에 남았다고 한다. 그래서 치료 후에 이 일에 관해 아이의 어머니와 이야기를 나누었다. 어머니에게 놀이치료실에서 있었던 일을 전하자 카운슬러는 다음과 같은 이야기를 들었다고 했다. 최근에 그 집에 난데없이 개가 들어왔는데, 아이가 기뻐하며 돌봐주었다고 한다. 그런데 어느 날 어머니가 외출했다가 돌아와 보니 개가 보이지 않았다. 그 개가 없다며 찾아야 된다고 말하자 집을 보고 있던 아이는 찾지 않아도 된다고 말했다고 한다. 이상하게 생각했지만 그냥 넘어갔는데, 나중에 근처에 살던 개가 집을 잘못 찾아왔었고 주인이 개를 찾으러 왔던 사실을 알게 되었다. 그때 혼자 집을 보던 소년은 개 주인의 이야기를 이해하고 그렇게도 예뻐하던 개를 주인에게 데리고 가서 울면서 목줄을 풀어서 돌려주고 왔다고 했다. 이것은 아이 어머니에게 엄청나게 놀랍고 기쁜 일이었다. 지금까지 말도 제대로 하지 못한다고 생각했던 아이가 이웃의 말을 이해하고, 그렇게 예뻐했던 개를 스스로 돌려주었으니 말이다. 어머니는 물론이고 치료사들도 함께 기쁨을 나눴다.

큰일을 해낸 아이는 상담치료 때도 그것을 재현해서 치료사에게도 이 사실을 전하려고 한 듯하다. 그런데 과연 그 놀이에 그런 의미 밖에 없었을까? 나는 아이가 그 이야기를 치료사에게 전하려 한 것뿐 아니라 아주 중요한 주제인 '속박을 푼다'는 뜻이 생생하게 드러났다고 생각한다. 그래서 혹시 그 무렵에 아이의 '속박이 풀린 듯한' 사건이 일어나지 않았는지를 치료사에게 물었다. 지능이 떨어지는 아이이기 때문에 어머니가 웬만해서는 밖으로 나가지 않도록 집에 가둬놓듯 양육했는데 상담치료를 받으러 데리고 다니다 보니 생각이 바뀌었다고 했다. 아이도 커서 이전보다 밖으로 나가는 일을 제한하지 않았는데, 아이가 즐거워하면서 외부 사람들과 접촉하기 시작한 것이 때마침 이무렵이었다고 했다. 이에 따라 아이가 한 (거의 의식에 가깝다고 할만한) '곰 인형을 풀어주는 놀이'의 의미가 명확해졌다. 이 놀이를 아이의 마음 내부에 발생한 심상의 표현으로 본다면, 무엇보다도 집에서 벗어나 속박이 풀린 자유로움이 상당히 강하게 표현되고 있는 듯하다. 그리고 심상의 다의성이라는 점에서 보아도 이것뿐만 아니라 귀여워하던 개를 돌려준 슬픔이나 이웃을 대등하게 응대하고 슬픈 기분을 누르며 개를 돌려줬다는 만족감 등이 모두 이 놀이에 집약적으로 표현되어 있다고 보아야 할 것이다. 그렇기 때문에 치료사 또한 다른 놀이와는 달리 무언가 가슴을 울림을 느끼고 강한 인상을 받았을 것이다. 이처럼 진지하게 일대일 치료를 할 때 깊은 감정의 흐름이 두 사람 사이를 묶어주는 경우가 있는데 이것은 정말로 불가사의하면서 감동적인 체험이다. 그렇기 때문에 마음의 흐름의 중개자로서 심상에 의해 나타나는 표현이 큰 의미를 가진다. 이러한 표현을 한 아이의 발달 연령이 겨우 21개월이라는 사실은 또 하나의 놀라움으로 다가오는데, 실제로 심상에 의한 표현의 깊이는 지능이나 연령과는 거의 관계가 없다는 생각까지 들게 한다.

　이렇게 놀이치료를 할 때는 놀이를 통해 아이의 내적 세계에 대한 생생한 표현을 이끌어낼 수 있다. 그리고 아이의 행동을 단순한 놀이로 보지 않고 그것을 심상의 표현으로 봄으로써 치료사는 그 배후에 있는 가능성까지 살펴보고 끌어낼 수 있다. 이러한 관점에서 심상의 세계에 열린 태도로 아이를 대할 때, 아이의 놀이는 점점 의미 있어지고 그 과정 안에서 일관된 테마를 찾을 수 있다. 그 테마는 물론 아이가 겪는 문제에 따라서 달라지는데, 그중에서도 집에서 떠나는 것이나 가정 안에서 자신의 안정된 위치를 확립하는 것, 또는 지금까지 억압되었던 공격성의 통합(제2장의 결벽증 아동의 사례 참고) 등 다양한 테마를 확실하게 읽어낼 수 있는 경우가 많다. 이러한 점을 치료사가 이해하면 치료할 때 방향을 잡을 수 있고 안정감을 줄 수 있다.[13]

　물론 놀이치료에서만 심상의 의의를 찾을 수 있는 것은 아니다. 일반적인 카운슬링도 큰 의의가 있는데, 그 일례로 어떤 젊은 여성의 카운슬링 사례를 들어보겠다.[14] 이 여성은 카운슬링을 할 때 사촌 여동생이 출산을 해서 도와주러 갔던 경험에 관해서 이야기했다. 자신의 고민은 말하지 않는 대신, 사촌 여동생이 아이가 생기지 않아서 거의 포기하고 있었는데 아기가 생겨서 매우 기뻐하고 있다는 이야기와 자신도 도와주러 가서 아기를 돌봐주었는데 아기가 귀여웠다는 등의 이야기를 했다. 그리고 그 사촌 여동생의 성격에 관한 여러 이야기를 하면서 자신은 지금까지 절약하는 것이 미덕이라고 생각해왔는데, 사촌 여동생은 아무렇지 않게 돈을 쓴다는 말도 했다. 그러면서 원하는 것을 과감하게 사고 기뻐하는 모습을 보면 때로는 낭비하는 것도 괜찮은 듯하다는 생각을 했다는 등의 이야기를 열심히 했다. 이를 단순히 표면적으로만 듣자면 이 사람은 사촌 여동생 이야기만 하고 자기 문제는 아무 언급도 하지 않는 듯 보일지도 모른다. 자신의 고민에 관해서는 직접 이야기하기를 피하고, 다른 이야기만 하는 것처럼 보이기 때문이다. 하지만 여기서 이 이야기를 심상의 표현 관점에서 생각해보면, 그 사촌 여동생이 이 여성의 그림자(앞 장의 그림자 설명 참조)라는 사실을 알 수 있다(물론 여기서 이처럼 간략하게 설명했기 때문에 알기 어려울지도 모르지만, 이 여성의 이야기를 자세히 들으면 이 점이 더 명확해진다). 그녀가 사촌 여동생의 성격을 상당히 자세하게, 열의를 가지고 이야기하는 느낌에서도 사촌 여동생의 상이 이 여성의 마음속에서 얼마나 중요한 위치를 차지하는지가 느껴진다. 그리고 사촌 여동생이 사는 방식을 잘 관찰하다가 자신이 지금까지 악이라고 생각했던 '낭비'에도 좋은 면이 있다는 사실을 발견했다고 할 수 있다. 즉 자신의 그림자에서 긍정적인 면을 발견한 셈이다. 심상의 구체성에 관해 앞에서 이야기했는데, 이처럼 사촌 여동생이라는 구체적인 이미지를 통해서 그림자에 대한 통찰을 이야기할 때 단순히 '절약만 하는 것은 그다지 좋지 않습니다'라고 이야기하는 것보다 훨씬 더 깊은 이해를 불러일으킨다. 실제로 머리로 이해하는 일은 쉽지만, 그것은 대부분 행동의 변화를 촉구하지는 못한다. 신경증 환자에게 아무리 철저히 가르치고 설득해도 그다지 효과가 없다는 사실은 누구나 알고 있다. 하지만 이처럼 살아 있는 이미지를 통해서 구체적으로 파악하게 된 사실은 마음속 깊이 받아들이게 된다.

여기서 그녀의 이야기를 **심상의 표현**으로서 받아들이면 재미있는 사실을 한 가지 더 발견할 수 있다. 그것은 그녀 자신도 감격해서 이야기했는데, 이제 아이를 낳을 수 없다고 생각했던 사촌 여동생이 아기를 낳았다는 사실이다. 여기서 간단히 이야기한 '원형으로서의 아이의 출현'을 떠올려 보기를 바란다. 앞에서 아이의 탄생은 새로운 가능성의 출현을 뜻한다고 언급했는데, 이것을 바탕으로 이야기를 들어보자. '낭비벽에 의해서 나타난 자신의 그림자, 거기에서 새로운 것이 태어날 가능성 따위는 거의 생각할 수 없었지만(사촌 여동생에게서 아이가 태어나리라고 생각하지 못했지만). 이 그림자 안에서 새로운 가능성이 생겨났다(아이가 태어났다, 사촌 여동생의 성격에서 좋은 면을 찾았다)'는 사실을 환자가 말하고 있음을 알 수 있다. 심리치료사들은 때때로 외적으로 일어난 일과 내적인 심상의 세계와의 불가사의한 호응을 경험한다. 치료사가 이러한 태도로 환자의 이야기를 들으면 이 환자는 자신의 고민과는 전혀 관계가 없는 이야기를 하는 듯 보여도, 사실은 자신의 깊은 내적 문제에 관해 이야기했음을 알 수 있다.

환자가 하는 말을 심상의 표현으로 들어도 좋고 외적 사실과 내적 세계의 호응성으로 들어도 좋지만, 이것은 어디까지나 그러한 관점으로 보는 것에 의미가 있음을 이야기한 것이지 그것이 절대적으로 필요하다거나 절대적인 사실이라고 말하려는 의도에서 하는 말은 아니다. 앞의 예에서는 사촌 여동생이 아이를 낳았다는 **사실에 의해서** 이 사람의 그림자에 새로운 가능성이 생겨났음을 알 수 있다. 사실 사촌 여동생에게 아기가 생겼기 **때문에** 이 사람에게 새로운 가능성이 생겨났다는 이야기는 완전히 터무니없다. 무조건 이런 추론을 할 수 있는 것이 아니라 이 사람이 외적 사실을 이야기하는 와중에 내적인 세계와도 호응해서 이야기하고 있다는 **견해도 성립한다**는 뜻이다. 이렇게 생각하면 치료사는 아주 신중하게 말을 골라서 해야만 한다는 사실을 알 수 있다. '새로운 것, 아기가 태어날 수 없다고 생각했는데 새로운 것이 태어났다'고 이야기해야 할지도 모르고 '낭비벽이 있는 사람이라도 새로운 것을 낳을 가능성이 있다는 사실을 알았다'고 말해야 할지도 모른다. 아무튼 중요한 점은 외적 사실을 듣고 치료사의 마음에 떠오른 것을 날것 그대로의 형태로 표현하지 않고, 내적 세계의 표현으로도 외적 사실의 묘사로도 받아들일 수 있을만한 객관적인 표현을 찾는 일이다. 그리고 환자가 그것에 대해서 응답하는 한도 내에서 치료사도 그 표현에 깊이를 더해가는 것이 중요하다.

애초에 치료사로서는 사촌 여동생에게 아기가 태어난 이야기를 이러한 심상 세계의 표현으로 듣더라도, 환자가 그것을 전혀 느끼지 못하는 경우도 있다. 그 점을 고려하지 않고 치료사가 혼자서 기뻐하며 이야기하는 일은 쉽게 말하자면 해석을 강요하는 일일 뿐이며 치료적인 의미가 없다. 하지만 실제라면 치료사가 환자를 잘 알고 있는 것이나(이 경우라면 사촌 여동생이 그림자의 상이라는 사실을 알고 있는 것) 환자가 이 사실을 이야기할 때 드러내는 감정의 고양을 감지함으로써 치료사의 견해도 점점 정확성을 더해갈 수 있다. 앞에서 이야기한 놀이치료법의 예라면 아이가 곰 인형을 묶었던 그물을 푸는 동작을 보고 치료사나 왠지 모르게 감동을 느낀 사례도 놓칠 수 없는 사실이다. 심리치료사는 항상 환자와 자신의 마음의 움직임을 민감하게 감지해야 한다. 이러한 태도로 치료사가 환자를 대하고, 환자의 이야기에서 내적 세계의 표현으로 느껴지는 점이 있을 때는 그것을 내적으로도 외적으로도 통하는 표현으로 이야기해보는 것이다. 이때 환자가 별다른 반응이 없다면 그대로 두고, 만약 환자가 조금이라도 반응하면 그것에 따라서 이쪽 표현도 깊이를 더함으로써 치료 과정에 깊이를 더해갈 수 있다.

환자들이 실제로 있었던 일을 역할극으로 재현하거나 이야기하는 일은 심상의 세계를 표현한다는 의미가 있다. 치료사와의 마음의 교류를 통해서 자신의 체험을 마음 깊숙이 **확고히 다지는** 활동을 한다고 볼 수 있기 때문이다. 여기에 신화는 단순한 **설명**이 아니라 사물의 **기초를 확고히 하기** 위해서 존재한다고 한 케레니의 생각을 그대로 적용할 수 있다(제3장 제2절 참조). 실제로 어떤 개인의 체험을 통해서 마음 깊숙한 곳까지 들어가 기초를 확고히 하는 일은 심리치료에서 상당히 중요하며, 심리치료사는 그러한 활동을 하는 심상이나 상징에 큰 의미가 있음을 느낀다. 여기서는 놀이치료법과 카운슬링의 경우를 예로 들어 설명했는데, 꿈의 세계야말로 의식과 무의식이 교차하는 곳으로서 심상이나 상징의 보고라고 말해야 하며 이런 이유에서 융은 꿈 연구에 힘을 쏟았다고 할 수 있다. 꿈 분석에 관해서는 다음 장에서 자세히 살펴보겠다.

주 ─────────────────────────────

1   이 장에서(그리고 뒤에서도) 서술한 심상과 상징은 융의 견해를 바탕으로 했으
    므로 일반적인 생각과는 다를 수 있다. 일반적으로 '심상image'이라고 할 경
    우 외적 사물에 대한 감각이 외적 자극 없이 재생된 경우를 말하며, 이것은
    2차적 감각이라고도 불린다. '상징'에 관한 생각은 학자에 따라서도 다 다른
    데 일반적으로는 어떤 고차원적인 생각이나 사건이 다른 형상이나 사물 등
    에 의해서 표현되거나 대리되는 경우를 가리키며, 융이 말하는 기호도 이에
    포함되는 경우가 있다. 심상과 상징에 대한 융의 견해는 이 장에서 소개했다.

2   Jung, C. G., *Psychological Types*, Routledge&Kegan Paul, 1921, p.555. 하야시
    미치요시 역,《성격유형론》, 미스즈쇼보, 1987년, 447쪽. [정명진 역,《칼 융
    의 심리 유형》, 부글북스, 2014.]

3   Jung, C. G., *ibid.*, p.560. 주(2)의 책, 452쪽.

4   Jung, C. G., *ibid.*, p.601. 주(2)의 책, 508~509쪽.

5   나라현 덴리시에 있는 단바시 유치원에 다니는 아동의 그림이다. 이 유치원
    은 자유롭고 느긋하게 보육하기를 목표로 하므로 그림도 그리고 싶은 것을
    자유롭게 그리게 한다. 그렇기 때문에 아이가 이 책에 실린 것 같은 내적인
    모습이 풍부하게 표현된 그림을 그린 듯하다.

6   '생명의 나무Lebensbaum'라는 말이 있듯 나무는 성장하는 것의 상징으로 사용
    되는 경우가 많다. 두 그루의 나무에서 볼 수 있는 2라는 숫자는 '갈등'이나
    '의식에 가까운 것near to consciousness'을 나타낸다고 하는데 이 예시와도 잘 맞
    아 떨어진다.

7   융은 4라는 숫자가 완전수라는 의미를 가진다는 사실을 종종 언급했
    다. 다음 논문에서는 '4'에 관해 상당히 자세히 고찰했다. Jung. C. G., *The*

*Phenomenology of the spirit in Fairytales*, C. W. 9, I, pp. 207~254.

8  Jung. C. G., *A Study in the Process of Individuation*, C. W. 9, I. 하야시 미치 요시 역, 〈개성화 과정의 경험에 대하여〉, 《개성화와 만다라》, 미스즈쇼보, 1991.

9  Jung. C. G.&Kerenyi, C., *Essays on a Science of Mythology*, Harper&Row, 1949, pp.70~85. 스기우라 다다오 역, 《신화학 입문》, 쇼분샤, 1975, 103~121쪽.

10  Jung. C. G., *Transcendent Function*, C. W. 8, pp. 67~91. 마츠시로 요이치 역, 〈초월기능〉, 《창조하는 무의식》, 헤이본샤, 1996. 111~162쪽.

11  최근 자아심리학자들이 강조하는 '자아를 위한 퇴행regression in the service of the ego'이라는 개념이 융이 말하는 창조성을 획득하기 위해 필요한 퇴행현상을 보여준다고 볼 수 있다. 이러한 입장에 선다면 현재의 융 학파와 프로이트 학파는 이전보다 가까워졌다고 할 수 있다.

12  이것은 교토대학교 대학원 교육학부의 히가시야마 히로히사 씨의 치료 사례이다.

13  아이의 심상 표현을 더 정리하여 나타내기 쉽고, 치료사도 그 의미를 읽어내기 쉽다는 이점 때문에 최근 필자는 '모래상자 놀이치료법Sand Play Technique'을 놀이치료법과 병용하고 있다. 최근 연구결과에 대해서 교토시 카운슬링 센터의 연구원과 함께 동 센터 연구간행물2(1967년)에 발표했는데 흥미가 있다면 참고하기 바란다. 그 안에 오타니 연구원의 사례 보고로 '슈퍼맨이 괴수와 싸우다가 죽어서 땅에 묻히는데, 다시 살아나서 괴수를 물리치는 놀이'를 하는 아이의 이야기가 실려 있다. 이 극적인 '죽음과 재생' 테마를 가진 놀이를 하고 아이는 병을 극복했다. 이 '죽음과 재생'이라는 테마는 아주 중요하므로 제5장 끝부분에서 다루겠다.

14  이것은 교토시 카운슬링 센터의 나카무라 요노스케 연구원의 치료 사례이다. 앞에서 기술한 히가시야마 씨와 함께 귀중한 치료 사례를 필자에게 제공하고, 이 책에서 소개하도록 허락해주어서 감사하다는 인사를 전한다.

5장
———
꿈 분석

꿈 분석은 융 심리학의 핵심이라고 할 만큼 중요하다. 그런데 '꿈의 중요성'이라는 말을 듣는 순간 비과학적이라거나 전근대적이라는 생각 때문에 꿈을 무시하는 사람이 있을지 모르겠다. 일반적으로 어리석은 희망을 품은 생각을 '꿈같은 이야기'라고 말하며 비난하는 것처럼 말이다. 심리치료사는 이처럼 비현실적인 꿈을 중요한 '현실'로서 다루는데, 이것은 자칫 잘못하면 나락으로 떨어질 수도 있는 현실과 비현실의 경계를 걷는 위험한 작업임이 분명하다. 하지만 제1장부터 제4장까지 장황하게 늘어놓은 이야기는 이 위험한 꿈 분석의 영역으로 들어가기 위한 준비 작업이었다고 할 수 있다. 앞 장을 읽은 이들은 꿈 분석이 쓸데없는 짓이라고 느끼는 일 없이 이번 장의 내용을 이해해주리라 믿는다. '꿈같은 이야기' 등의 표현에서 꿈에 대한 부정적인 태도를 읽을 수 있다고 했는데, 반대로 '젊은이는 꿈을 가져야 한다'는 표현에서는 꿈이 긍정적인 뜻으로도 사용된다. 이 두 가지 표현은 꿈의 양면성을 잘 보여준다.

꿈에 관한 이야기는 동서양을 막론하고 오랜 옛날부터 존재해왔는데, 일본의 가장 오래된 역사서인 고지키에도 꿈 이야기가 많이 나온다.[1] 이런 이야기들과는 별도로 예로부터 인간이 꿈을 어떻게 해석하고 연구해왔는지도 흥미로운 부분이다. 실제로 꿈 이야기에서 우리는 유용한 깨달음을 얻을 수 있는데, 이것에 관해서는 생략하겠다. 또한 꿈의 생리학적인 연구도 근대에 들어서 급격히 활발해져서 흥미로운 사실이 많이 발견되었는데 이것에 관해서도 생략하기로 하고,[2] 이 장에서는 오로지 융의 입장에서 심리치료를 하는 것의 의미와 관련된 꿈의 심리적인 측면만 이야기하도록 하겠다.

꿈 분석에 대해 이야기하기에 앞서서 꿈의 의의와 중요성을 인정한 철학자 니체의 말을 발췌해보았다.[3]

> 인간은 꿈의 세계를 만들어낸다는 점에서 누구나 완전한 예술가이다. 꿈의 세계의 아름다운 가상은 온갖 조형예술의 전제가 된다. (……) 꿈의 세계에서 우리는 사물을 직접적으로 이해하기를 즐긴다. 온갖 형상이 우리에게 말을 걸어온다. 어떻게 되든 상관없는 것, 불필요한 것 따위는 하나도 없다.

# 1

## 꿈의 의의

꿈이 심리적으로 중요한 의의를 가진다는 사실을 최초로 명확하게 밝힌 사람은 프로이트이다. 1900년에 출간된 《꿈의 해석》에서 그는 꿈이란 것은 결국 '어떤 (억압된) 희망의 (위장된) 충족'이라고 하며 다양한 꿈과 그 분석 사례를 들어 설명했다. 그 후에 프로이트는 치료할 때 꿈 분석보다는 자유연상법을 더 중요하게 여겼지만, 꿈의 중요성을 높이 평가한 융은 심리치료를 위한 하나의 수단으로서 꿈에 대한 연구를 발전시켰다. 꿈의 의미를 이야기하기 전에 먼저 예를 하나 들어보겠다. 이것은 28세 독신 여성의 꿈이다.

**꿈** ————
나는 마치 호텔처럼 큰 집에 있었다. 많은 사람이 그 안에서 살고 있었다. 어느 날 한 남자를 살해한 살인자가 또 다른 누군가에게 살해당하는 사건이 몇 차례 반복되었다. 나는 내 방에서 창밖을 보고 있었는데, 강물이 길로 흘러 넘쳐서 집 주위에 흐르고 있었다. 나는 누가 마지막 살인자인지 알고 있었고, 그 사실을 내 방에 있었던 낯선 남자에게 고백했다. 그 말을 하면서 겁도 나고 슬프기도 해서 나는 목 놓아 울기 시작했다. 그리고 그 낯선 남자에게 "우리는 아무것도 모르는 걸로 하자."고 부탁했다. 그러자 그 남자는 내가 살인자를 탓할 마음이 없다면 어째서 살인자가 누구인지를 말했느냐고 따지더니 이제 와서 모르는 일로 하자고 해도 아무것도 바뀌지 않는다고 말했다. 나는 살인자가 무섭다며 남자와 이야기를 이어가는데, 이야기를 하는 동안 마지막 살인자가 본인의 칼로 자살하고 말았다.

이 이야기를 들으면 무엇보다 먼저 이 꿈에서 극적인 공포가 느껴질 것이다. 이 꿈을 꾼 여성은 전형적인 사고형이었다. 언젠가 필자가 "그래서 어떤 느낌이 들었습니까?"라고 묻자 "모르겠어요. 저는 생각할 수는 있지만 느낄 수는 없거든요."라고 대답할 정도였다. 그리고 이 꿈속의 강렬한 이미지와 감정은 이 여성의 실생활에서 극단적으로 감정 표현을 절제하는 것과는 상당히 대조적으로 나타났음을 알 수 있다. 이 여성은 이 꿈을 통한 연상과 지금까지의 꿈 분석 결과, 꿈속에서 칼을 든 살인자들이 자신의 사고기능 뒤에 숨은 것이 심상화되어 나타났다는 사실을 인정하고, 그 강력함과 위험성을 깨달았다. 여기서 제1장에 이야기한 사고와 감정기능의 대립성이나 앞 장에서 이야기한 심상과 표현의 직접성, 구체성 등에 대해서 다시 한 번 떠올려 보기를 바란다. 자신의 마음 내부에 있는 기능이나 콤플렉스 등이 구체화되어서 인격화personify된 이미지로 나타난다는 점에 주목하길 바란다. 꿈은 이처럼 강렬하게 나타나기도 하지만 항상 그렇지는 않아서 때로는 유머러스하게 느껴지기도 한다. 다음에 소개할 꿈은 앞 사람이 위에서 소개한 꿈을 꾸기 열흘 정도 전에 꾼 꿈으로 이 여성의 사고에 치우친 삶의 방식에 대한 것이지만, 표현이 위의 꿈과는 상당히 다른 분위기라는 점에 주목해서 살펴보기 바란다.

### 꿈 ——————

전화가 울렸다. 전화를 받았지만 상대방의 목소리가 작아서 알아들을 수가 없었다. 다시 말해달라고 하자 작게 속삭이는 듯한 목소리로 "여기는 유령 협회입니다."라고 말했다. 내가 유령 따위는 절대 믿지 않는다고 하자 상대방은 "당신은 최근 발간된 유령 신문을 읽어보셨나요? 뭐 어쨌든 당신은 뾰족하고 날카로운 연필만 있으면 되겠죠."라고 대답했다. 나는 너무 화가 나서 "저는 유령을 믿지 않을 뿐더러 뾰족하고 날카로운 연필 따위는 더더욱 필요 없어요."라고 말했다. 상대방은 다시 이야기를 이어가려 했지만 나는 전화를 끊어버렸다.

이 꿈도 앞의 꿈과 같은 테마이지만 앞의 꿈처럼 잔인하지 않다. 유령 협회에서 전화가 온다는 설정도 유머러스하고 꿈이 전화로 시작된다는 점도 흥미롭다. 우리가 놀이치료를 할 때 환자가 치료사와 직접적으로 접촉하지 못하지만 어떤 접촉 의욕이 생겼을 때 전화로 말을 걸어오는 경우가 자주 있다. 이것과 완전히 동일한 의미에서, 이 사람과 접촉하려는 것(억압되어 있었던 강한 감정기능으로 간주되는 것)이 아직 자아와 직접 접촉하는 단계에 이르지 못했지만 접촉이 시작되려고 하고 있다는 사실을 보여준다. 그리고 목소리가 작아서 알아듣기 힘들다는 점 등이 접촉의 어려움을 분명히 드러낸다. 그리고 상대로서 등장한 대상이 유령 협회라고 하자 이 여성은 곧바로 "유령 따위는 절대 믿지 않는다."고 공격적으로 대응한다. 사고기능에 강하게 의존해서 '합리적'으로 인생을 살아온 그녀가 유령 이야기에 화를 내는 것은 당연하다. 그런데 적도 보통내기가 아니라서 유령 신문 최신판을 읽었느냐고 반격한다. 마치 신문이 있다는 사실로 인해서 유령이라는 존재까지 증명되었다는 듯한 태도인데, 이 작전은 완전히 적중했다. 마치 유령은 사고형 여성이 자기 이론의 중축으로 삼는 것이 대부분 신문에 실린 기사(라고까지는 말하지 않는다고 해도)에 기반을 두고 있다는 사실을 꿰뚫어 보고 있는 듯하다. 뾰족하고 날카로운 연필은 이 여성의 **무기**를 나타내는 이미지로 아주 적당하다. 뾰족하고 날카로운 연필로 쓴 그녀의 **의견**은 뭇 남성들을 두렵게 만들었을 것이다. 그런데 그녀는 유령의 놀림에 화를 내면서 유령은 믿지 않으며 뾰족하고 날카로운 연필도 필요 없다고 성을 내고는 전화를 끊어버린다. 마지막 부분에서 이 사고형 여성이 **감정적**인 반응을 보였다는 점이 흥미롭다. 유령들은 뾰족하고 날카로운 연필은 질색이라는 그녀의 말에 기뻐하며 물러갔을지도 모른다. 여기서 대화의 상대로서 유령이라고 하는 접촉하기 어려운 존재가 등장했다는 사실과 마지막에 그녀가 화를 내면서 전화를 끊어버렸다는 점 등은 그녀가 감정기능을 발달시키는 일이 아직 어려울 것 같다고 느끼게 한다. 아무튼 이 꿈은 그녀의 마음 상태를 상당히 적나라하게 전해준다.

이 예에서도 알 수 있듯이 꿈은 우리 생활에서 큰 의미를 가진다. 간단히 말하면 꿈은 의식에 대응하는 무의식의 상태가 어떠한 심상으로 표현하는 자화상이라고 할 수 있다. 이 심상을 검토함으로써 우리는 자기 무의식의 상태를 분명히 밝히고, 그 무의식의 의미를 생각해 보려는 것이다. 따라서 제1장에서 기술한 의식과 무의식의 상호보완성이라는 점이 상당히 중요해지는데, 이 점은 다음 절에서 상세히 다루겠다. 이러한 의식과 무의식의 상호작용으로서 꿈이 출현한다는 사실은 앞 장에서 이야기한 심상에 대한 고찰과 크게 관련 있다. 앞에서 개념과 심상의 차이를 이야기하면서 심상은 개념에 생명을 부여하고 기초를 만든다고 말했는데 꿈도 이와 같은 활동을 하며 우리의 의식 체계, 즉 자아를 우리 마음과 깊고 밀접하게 연결해서 기초를 다지게 만드는 역할을 한다. 이것은 그 날 있었던 모든 체험 중에 우리가 그 의의나 그 경험에 따른 감정을 충분히 인식하거나 체험하지 않고 끝났다고 생각한 일이 꿈에서 나타나는 경우가 많다는 사실을 통해서도 증명된다. 예를 들어 앞에서 말한 유령 협회 꿈의 경우, 이 사람은 꿈을 꾼 날 자기 전에 사촌 여동생이 전화를 해서 자기 남편 자랑을 한없이 늘어놓아서 언짢기도 하고 지겹기도 했다는 사실을 떠올렸다. 이 여성은 "자기 남편 자랑을 장황하게 늘어놓는 바보 같은 짓은 나라면 절대 안 하겠어요."라고 분개하며 그 이야기를 했는데, 실제로 그녀의 의견은 지당하다. 하지만 누구나 전화에 대고라도 배우자 자랑을 하고 싶어질 때도 있을 텐데 그것에 심하게 분개하는 일은 조금 지나치다는 생각도 든다. 그녀는 사촌 여동생처럼 자신의 기분을 개방적으로 표현할 수가 없어서 항상 그것을 억누르고 살았기 때문일 것이다. 그래서 그녀의 자아는 사촌 여동생의 전화에 화를 냈지만, 그녀 마음속 어딘가에서 사촌 여동생 같은 감정 표현에 공감하는 부분이 틀림없이 있었을 것이다. 그리고 그 감정이 바로 그 날 밤 유령 협회에서 전화가 오는 꿈이 되어서 나타났을지도 모른다.

프로이트가 인용한 아나톨 프랑스Anatole France의 말은 이런 부분을 단적으로 보여주는 듯하다. 그는 "밤, 우리가 꿈에서 보는 것은 낮에 우리가 소홀히 했던 것의 가련한 잔재다. 꿈은 종종 경멸당한 사실에 대한 복수이며, 버림받은 사람들의 비난의 목소리이다."《붉은 백합》에서[4])라고 말했다. 이처럼 단적으로 "경멸당한 사실에 대한 복수"가 아니라 새로운 체험이 자아 안에 받아들여지고 의식체계 안에 편입되었다고 하더라도 그것을 깊은 수준으로 끌어올려 **기초를 다지기** 위해서 꿈을 꾸는 일은 필요하다. 꿈은 앞에서 소개한 꿈처럼 이른바 자아의 외적 경험에 의한 것뿐만 아니라 내적인 힘이 강한 것도 존재한다. 즉 항상 발전해가는 자아는 밖에서뿐 아니라 안에서부터도 그 가능성을 발견해가는데, 이런 경우 개인의 실제 경험보다도 그 사람의 내적인 것, 원형적인 심상이 꿈으로 표현된다. 그리고 자아는 꿈을 통해 얻은 심적 내용을 통합해서 발전한다. 물론 꿈을 이렇게 구별하기보다는 내적인 것과 외적인 것이 만나는 접점으로서, 즉 외적인 것을 소화하는 활동과 내적인 것을 밖으로 전개하는 활동이 상호작용한 결과로 받아들이는 편이 더 적절하다.

의식과 무의식의 상호작용의 결과로서 꿈이 건설적인 역할을 하는 경우를 단적으로 보여주는 예는 꿈을 통한 창작이나 발견이다. 예를 들어 이탈리아 작곡가 타르티니Giuseppe Tartini는 꿈속에서 악마가 바이올린으로 연주한 곡을 나중에 떠올려서 〈악마의 트릴〉을 작곡했다고 하며, 스티븐슨이 《지킬 박사와 하이드》 이야기를 꿈에서 봤다는 사실은 앞에서도 언급했다. 꿈속 심상이 과학적인 발견에 도움이 된 유명한 예로는 '벤젠 고리'를 연구한 과학자 케쿨레F. A. Kekulé 이야기가 있다.[5] 케쿨레는 생각하다가 문득 잠이 들었는데, 꿈에 뱀 한 마리가 자기 꼬리를 삼키는 모습을 보았고 거기에서 힌트를 얻어서 벤젠 고리에 대한 생각을 완성했다. 여기에 뱀이 자기 꼬리를 삼키는 심상은 '우로보로스Ouroboros'라고 불리며, 고대에서부터 하나의 상징으로 사용되어왔다는 사실[6]과 비교해서 생각해보면 상당히 흥미롭다. 이처럼 보편성이 있는 심상이 꿈에 나타났고, 그것에서 힌트를 얻어서 케쿨레는 벤젠 고리 아이디어를 떠올린 셈이다.

심상이 가지는 창조적 의의는 앞 절에서 이야기한 적이 있는데, 이때 이야기한 심상의 구체성이라는 특징도 꿈에 꼭 들어맞는다. 꿈속에서는 추상적인 것도 구체적으로 표현된다. 이 장에서 든 예로 설명하자면 항상 자신의 감정을 죽이는 일에 역할을 했던 사고기능은 살인범으로 나타나고, 감정과 직접적으로 관계를 맺기 어렵다는 점은 알아듣기 어려운 전화를 통한 대화로 구체화되었다. 또 새로운 사고방식이 생겨난 것이 아이의 탄생 꿈으로 나타나기도 하고, 두 사람의 상호관계가 공놀이를 하는 꿈으로 구체화되기도 한다. 그리고 심상의 특징으로 든 점이 꿈속에서 다양하게 나타나고, 서로 비슷한 것이 동일한 것이 되거나 부분이 전체를 대표하거나 두 가지가 뒤섞이기도 한다. 미개인이나 아이의 심상은 상당 부분 공통되어서, 미개인의 심상 연구가 꿈 분석의 지식을 풍부하게 해준다. 반대로 꿈에 대한 풍부한 지식은 아이에게 놀이치료를 해줄 때 큰 도움이 된다. 유령 협회에서 전화가 오는 꿈 이야기를 하면서 놀이치료를 할 때 전화가 어떤 의의를 가지는지 살펴보았다. 또한 공을 던지는 꿈을 언급했을 때 제2장 제3절에 들었던 예에서 공을 던진다는 것의 의의를 떠올린 사람도 있을 것이다. 놀이치료를 하기 전에 미리 준비하는 장난감으로 전화나 공은 빠뜨릴 수 없는데, 꿈에서도 공놀이를 하는 꿈을 꾸는 사람이 아주 많다. '공 던지기를 하고 있었는데, 상대방이 서툴러서 내가 아무리 공을 잘 던져도 못 받았다'는 꿈은 분석가가 앞선 상담에서 상담자의 말을 **받아들이는** 방법이 서툴렀다는 사실을 여과 없이 보여준다. 꿈의 이미지가 나타내는 의미를 이해하기 어려울 때도 많지만, 이러한 표현을 알고 나면 이 생생한 표현력이나 적절함이 마음에 와닿는 경우가 많다. 니체의 말대로 "인간은 꿈의 세계를 만들어낸다는 점에서 누구나 완전한 예술가다."라고 말하고 싶어질 정도로 말이다.

꿈의 재료, 또는 원천에 대해서 프로이트는 《꿈의 해석》에서 아주 자세하게 설명했고 융도 꿈에 대해서 정리한 바가 있다.[7] 그에 따르면 꿈의 재료는 외부로부터의 자극, 신체감각, 심리적 경험, 의식적으로는 망각하고 있으나 잠재기억으로 남아 있는 것 등을 들 수 있다. 그런데 지금은 꿈 분석으로서 심리적인 면에 초점을 맞추고 있으므로 이런 점들은 생략하기로 하겠다. 하지만 여기서 중요한 점은 신화의 성립에 관해서도 이야기한 내용이 여기에도 그대로 들어맞는다는 점이다. 신화의 성립에 대해서 제3장에서 이야기했을 때 신화 성립의 원천으로 자연현상이 있다는 사실을 인정하면서, 그것이 신화로 성립되려면 인간 마음의 내적인 움직임도 큰 원인이 된다는 사실도 지적했다. 이와 마찬가지로 외적인 자극, 예를 들어 자명종 소리가 '꿈속에서 모르는 남자가 방문해서 벨을 누른 것'의 원인이 되기는 했지만 그것이 모든 것을 설명해주지는 않는다. 왜 그 소리는 전화벨 소리나 자명종 소리가 아니라 하필이면 방문객이 누른 벨소리가 되어서 나타났는지 설명할 수 없기 때문이다. 확실히 자명종 시계 소리라는 외적 자극이 하나의 **계기**가 되기는 했지만, 그것이 불러일으킨 심상 그 자체에 대해서 우리는 내적인 의의를 생각하지 않으면 안 된다. 이것은 꿈 분석을 받기 시작한 사람이 수영하는 꿈을 꾸고는 "이제 알겠어요. 자다가 침대에서 떨어지는 바람에 바다로 뛰어드는 꿈을 꿈 것 같아요."라고 하거나 불이 나는 꿈을 꾸고는 "간밤에 텔레비전에서 불나는 장면을 봤어요."라고 하면서 마치 무언가 **알아낸 것처럼** 말하는 경우를 쉽게 볼 수 있다. 심리치료사인 우리는 외적 자극이 꿈의 계기를 만든다는 사실은 결코 부정하지 않지만, 그러한 외적 자극이 꿈을 꾼 당시의 의식에 가깝게 배치되어 있는 콤플렉스에 작용해서 심상을 만들어낸다고 생각하고, 그 심상을 더 중요하게 생각한다. 이것은 긴 꿈의 마지막에 때마침 그 결말에 어울리는 순간에 외적 자극이 절묘하게 겹치는 예에서 여실히 드러난다. 프로이트는 이런 종류의 예를 많이 들었는데, 지금은 자명종 소리에 대해서 이야기하고 있었으므로 그 예를 들어보겠다. 다음은 프로이트가 들었던 꿈의 예이다.[8]

**꿈** ———

봄날 아침 산책을 하다가 초록빛 새싹이 트기 시작한 들판을 지나 옆 마을까지 걸어갔다. 옆 마을 사람들은 나들이옷을 입고 찬송가를 옆구리에 끼고 있었다. 다들 교회 쪽으로 걸어갔다. '맞다, 오늘은 일요일이었어. 아침 예배가 곧 있으면 시작되겠다. 나도 그 예배에 참가해야지.'라고 생각했지만, 몸에서 열이 났기 때문에 그 전에 먼저 교회 근처에 있는 묘지에 가서 열을 좀 식히려고 했다. 여러 비석의 이름을 읽는 사이에 절에서 일하는 남자가 종탑에 올라가는 발소리가 들렸고, 종탑 꼭대기에는 예배 시간을 알리는 작은 마을의 종이 보였다. 종은 한동안 움직이지 않고 가만히 있다가 마침내 움직이기 시작했다. 그리고 갑자기 맑고 선명한 소리를 냈다. 소리가 너무 또렷하게 들려서 눈을 떴다. 꿈에서 종소리인 줄 알았던 것은 사실 자명종 소리였다.

이 사람이 마지막으로 나온 종소리가 자명종이 울리는 시간과 맞춰서 나오도록 긴 꿈을 조종했다는 말도 안 되는 소리를 하는 사람은 아무도 없을 것이다. 그렇다면 긴 꿈의 결말이 때마침 외적 자극과 맞아떨어지는 것은 어떻게 설명해야 할까? 아마도 다음과 같이 설명할 수 있지 않을까(〈그림11〉 참조)? 즉 각성해 있을 때는 콤플렉스가 의식 밑에 들어가 있지만 수면 중에는 의식과 무의식의 경계가 약해져서 콤플렉스의 움직임이 커진다. 그때 외적 자극, 예를 들어 자명종이 울리면 그것은 그때 고양되어 있던 콤플렉스 안에서 그것에 대응하는 심상 D, 즉 교회의 종소리를 자극한다. 그것과 거의 동시에 그 콤플렉스를 형성하고 있는 표상군 중 A, B, C, 예를 들어 '봄날의 산책', '옆 마을 사람들의 나들이옷', '교회의 묘비' 등이 의식화되고 꿈에서 깨어난다. 꿈에서 깨는 도중, 그리고 그 후에 이러한 심상군은 자아에 의해

시간, 또는 합리적인 실로 꿰매져서 앞에서 말한 일련의 정리된 이야기가 된다. 이것이 만약 각성해 있을 때라면 콤플렉스는 의식 아래에 있기 때문에 외적 자극은 즉시 의식 안에 있는 A′, 즉 자명종 소리로 지각되어 아무런 문제도 일어나지 않는다. 이렇게 생각하면 콤플렉스는 간단하지 않으며 중핵을 가진 표상군에 의해 층을 이루고 있다는 사실과 많은 실험에서 드러난 것처럼 꿈에서의 시간과 꿈을 실제로 꾸고 있는 시간이 상당히 다르다는 사실(단시간 안에 긴 꿈을 꿀 수 있는 것)을 납득할 수 있다. 무의식 안에서의 무시간성無時間性, timeless, 즉 1년의 일이 한 순간에 끝이거나 과거와 현재가 섞이는 일은 꿈에서 자주 일어나는데, 이것은 콤플렉스 안에서는 인접한 심상 A와 B가 반드시 시간적으로 인접해 있지 않다는 사실을 반영하고 있는 셈이다. 아무튼 이상의 설명으로 외적 자극과 꿈이 구성되는 관계가 분명히 밝혀졌다고 생각한다. 이 경우 설명을 간단하게 하기 위해서 심상 A, B, C, D는 동일한 콤플렉스에 속하도록 했는데, 실제 꿈의 경우에는 콤플렉스가 훨씬 복잡하게 얽혀 있는 경우가 많다. 그리고 지금은 외적 자극에 대해서 이야기했지만, 이것뿐만 아니라 어느 날 점심 무렵 일어난

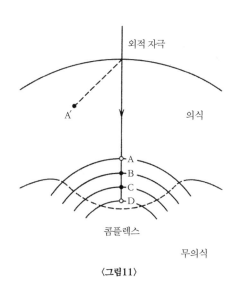

〈그림11〉

일 중에서 콤플렉스 안의 심상과 관련성이 강했던 것, 또는 콤플렉스를 채색하고 있는 감정을 자극하는 것이 있었을 경우, 그것이 지금 설명한 것과 같은 과정을 거쳐 꿈속에 나타난다고 생각할 수 있다. 한마디로 외적 자극 등 꿈의 원천이라고 불리는 것은 꿈을 형성하는 하나의 조건이 되지만 그것이 꿈의 모든 것을 결정하는 것은 아니며, 우리는 다른 조건인 꿈을 꾼 사람의 마음 상태에 주목하는 것이다.

# 2

## 꿈의 기능

앞에서 이야기했듯이 꿈의 기능에 담긴 가장 큰 의의는 의식에 대한 보상작용이다. 하지만 꿈이 항상 보상적이라고 할 수는 없는데, 파괴적으로 느껴지는 꿈도 있기 때문이다. 결국 꿈은 그때의 의식 상태와 그것에 대한 무의식 상태의 상호작용에 의해서 발생하는데, 무의식의 심적 과정이 강해서 일방적으로 변하면 변할수록 보상적인 의미가 약해진다고도 볼 수 있다. 이런 점을 고려하여 꿈의 기능에 따른 분류를 시도해보았다.[9] 하지만 실제 꿈은 내가 나열하는 분류처럼 단순하고 알기 쉬운 경우는 많지 않고 불명확하거나 기능이 얽혀 있어서 복잡한 경우가 많은데, 방향을 제시하기 위해서 몇 가지로 분류한 것이다.

### (1) 단순한 보상 꿈

이것은 의식의 태도를 보상하거나 의식적인 체험의 부족한 부분 혹은 미완성인 부분을 보충하는 꿈으로, 비교적 알기 쉽다. 예를 들어 자신의 지능을 과소평가하고 있을 때 '지능검사를 받았는데 높은 지능지수가 나와서 놀라는 꿈'을 꾸는 경우 등이 이에 해당한다. 융이 직접 경험한 적도 있다.[10] 한번은 그가 어떤 여성 환자를 분석하고 있었는데 좀처럼 원활하게 진행되지 않았다. 그런데 어느 날 꿈에 그 환자를 보았다. '높은 언덕 위에 있는 성 꼭대기에 그녀가 있었는데 융이 고개를 들지 않으면 그녀가 보이지 않는 꿈'이었다. 융은 환자를 위로 **올려다보는** 꿈을 꾼 이유가 자신이 어떤 면에서 환자를 밑으로 내려다보고 있었기 때문이라는 사실을 깨닫고, 이를 환자에게 고백한 뒤 이야기를 나눔으로써 분석이 상당히 호전되었다고 한다. 니체가 들려주는 소크라테스 꿈도 이런 종류의 꿈으로 볼 수 있다. 소크라테스가 감옥에서 친구들에게 한 이야기에 따르면 꿈속에 환영이 나타나서 "소크라테스여, 음악을 하라!"라고 몇 번이나 말했다고 한다. 소크라테스는 그때까지 자신의 철학적 사유를 최고의 것이라 생각하고, 음악은 저속한 대중성을 가졌다며 멀리했는데 이러한 단편적인 생각을 보상하는 차원에서 그 꿈을 꾸었다고 할 수 있다.[11] 니체에 따르면 소크라테스는 이 꿈을 꾸고서 그때까지의 태도를 바꿔서 아폴론에게 바치는 노래를 작사했다고 한다.

### (2) 전망적인 꿈prospective dream

전망적인 꿈은 꿈이 단순한 보상의 영역을 넘어서 먼 미래를 내다

보는 듯한 의미를 가지고 나타나는 꿈으로 통속적으로 말하는 '비전' 이 이에 해당한다. 방금 전에 들었던 소크라테스의 꿈은 단순한 보상이라기보다는 비전에 가까운데, 지금까지 무시해왔던 음악을 하는 하나의 계획을 꿈이 보여주었다고 할 수 있다. 한쪽으로 굳어진 의식적 태도 때문에 문제 해결의 실마리가 보이지 않을 때 이런 꿈을 꾸면 꿈이 하나의 해결책을 제시해준 듯한 생각까지 든다. 자신의 연구가 완전히 막다른 곳에 몰렸다고 느끼던 학자가 실제로는 전혀 할 줄 모르는 독일어를 유창하게 하면서 독일 사람과 대화하는 꿈을 꾸고 그때까지 생각지도 못했던 독일 유학을 결심한 사례도 있다. 이 사람이 실제로 독일에 유학을 갔다고 하더라도 이것을 나중에 이야기할 예지몽과는 구별해서 생각하고자 한다. 즉 예지몽은 나중에 설명하겠지만 상당히 세부적인 내용까지 꿈에서 본 것과 현실이 일치하는 꿈을 가리키며, 전망적인 꿈은 세부적인 문제보다는 하나의 대략적인 계획을 보여준다는 점에서 의미가 있다.

전망적인 꿈을 꾸었더라도 그것이 미래를 '결정한다'고 생각하는 일은 상당히 위험하다. 앞에서 든 예도 독일어로 이야기하는 꿈을 꾸었기 **때문에** 독일로 유학을 갔다고 단순하게 생각해서는 안 된다. 꿈은 하나의 플랜을 제시하지만 플랜은 실행하지 않는 한 어디까지나 플랜에 지나지 않는다. 지금까지 몇 번이나 의식과 무의식의 상호작용의 중요성에 대해서 이야기해왔는데, 이 경우도 꿈이 제시한 방향을 향해서 계속해서 노력하려는 의식의 관여가 중요하다는 사실을 잊어서는 안 된다. 예를 들어 독일어를 자유자재로 구사하는 꿈을 꿨다고 하더라도 실제로 유학을 가기까지는 독일어를 배우는 등 많은 의식적인 노력이 필요하다. 꿈을 통해 얻은 식견이나 플랜을 바탕으로 의식적인 노력을 거듭하면 의식적인 태도뿐만 아니라 무의식의 움직임도 보상적으로 변한다. 이러한 의식과 무의식의 끊임없는 상호작용이 있어야만 융이 말하는 자기실현이 가능하다.

단 꿈이 제공하는 플랜이란 의식의 입장에서 보면 한편으로는 무모하게 보이거나 생각지도 못한 것이기 때문에 그것이 의식의 노력으로 무르익어 가면 '꿈의 계시'가 실현된 듯 느낄 수도 있다. 그런데 이 사람이 '꿈의 계시'만을 믿고 의식의 노력을 하지 않으면 꿈의 계시는 더 효력을 발휘하지 못하게 된다. 전망적인 꿈으로 독일어를 하는 꿈을 예로 들었는데, 이 경우처럼 꿈에서 독일어를 한다고 해서 반드시 현실 세계에서 독일어를 하게 되는 것은 아니다. 꿈에서 아이가 태어났다고 해서 금방 아이가 생기지는 않는다는 말이다. 이런 점을 고려하지 않으면 현실성 없고 무모한 '꿈 신봉자'가 되어버리기 십상이다. 꿈 분석이 상당히 위험하다고 말하는 이유 중 하나가 바로 이런 점 때문이다. 이런 부분을 주의하지 않으면 꿈 분석을 시작했을 때 인상에 남을만한 전망적인 꿈(또는 뒤에 다룰 예지몽)을 꾸면, 그 인상이 너무나도 강한 나머지 마음이 동요되어서 그 후에 단순한 꿈 신봉자로 돌아서서 합리성을 잃어버릴 위험성이 높다. 꿈은 어디까지나 내적 현실과 외적 현실이 미묘하게 뒤섞이면서 발생한 심상으로 보아야 한다. '아이가 태어난다'고 하는 심상은 새로운 감정이 생겨난다거나 새로운 인간관계를 만든다는 이야기일 수도 있다. 무엇이 생겨나려고 하는지는 그때 그 사람의 의식 상태에 비춰보고 면밀하게 조사한 뒤에 결론지어야만 하며, 단순하게 꿈 그대로 '아이가 태어난다'고 해석해서는 안 된다.

꿈은 전망적인 의미가 있기 때문에 심리치료를 할 때 그 치료의 경과를 어느 정도 나타내는 것으로서도 큰 의미를 가진다. 그렇기 때문에 꿈만으로 진단을 내릴 수는 없다고 해도 꿈 이야기를 듣는 것만으로도 진단을 내리거나 치료 방침을 결정하는데 도움이 될 때가 상당히 많다. 특히 치료를 시작하고 내담자가 처음으로 알려주는 꿈인 '최초 꿈initial dream'은 치료의 전 과정을 미리 예견이라도 하듯이 전망적인 의미를 가지는 경우가 있어서 아주 중요하다. 그 꿈의 중요성은 프로이트도 인정하고 있다.[12] 엄밀하게 첫 번째로 꾸는 꿈이 아니더라도 치료 초기에 전망이 높은 꿈을 최초 꿈이라 이른다. 실제로 치료할 때 환자가 고민 해결의 실마리를 찾지 못하고 희망을 완전히 잃어버린 나머지 치료사까지도 포기할 지경에 이르렀을 때, 밝은 미래를 보여주는 전망적인 꿈을 꾸고 그것에 의지해서 치료를 계속하다가 성공을 거두는 경우도 있다. 너무나도 어두운 현실에 비해 밝은 꿈을 꾸고 환자 스스로 놀라지만, 그 꿈이 어둠을 비추는 한줄기 빛과 같은 역할을 하는 것이다.

### (3) 역보상 꿈reductive or negatively compensating dream

역보상 꿈은 부정적인 보상이라고도 부를 수 있는 꿈으로, 의식의 태도를 끌어내리려는 꿈이다. 꿈 의식의 태도가 지나치게 좋거나 높아져 있을 때 그것을 아래로 끌어내리려고 하는 기능을 한다. 융이 들었던 역보상 꿈에 대한 예인 어떤 청년의 꿈을 통해서 설명해보겠다.[13]

**꿈** ———————

아버지가 집에서 새 자동차를 몰고 나갔는데, 운전을 아주 못했다. 아버지의 어처구니없는 운전 실력에 나는 적잖이 당황스러웠다. 아버지는 이리저리 비틀거리고 왔다 갔다 하면서 위험하기 짝이 없는 곡예운전을 했다. 결국에는 벽에 부딪쳐서 차가 심하게 부서졌고, 나는 너무나 화가 난 나머지 정신 바짝 차리라고 고함을 쳤다. 아버지는 웃기만 했는데 알고 보니 술에 흠뻑 취해 있었다.


이 꿈을 꾼 청년에게 물어보니 그의 아버지는 결코 이런 어처구니없는 행동을 할 사람이 아니며 오히려 그 반대라고 했다. 게다가 그의 아버지는 사회적으로도 성공한 사람이며 이 청년은 아버지를 존경하고 있고, 두 사람의 관계 또한 상당히 원만하다고 했다. 이런 경우 이 꿈은 청년의 아버지에 대한 바람직한 태도와는 정반대의 모습을 그리고 있는 것이 분명하기 때문에 전형적인 역보상 꿈이라고 할 수 있다.

융은 자신이 역보상 꿈의 기능에 관해 많은 지식을 얻을 수 있었던 까닭은 프로이트의 공이 큼을 인정했다.[14] 이 꿈을 프로이트 식으로 말하자면, 표면적으로는 원만하게 보이는 부자 관계의 이면에서 아버지를 우스운 존재로 여기고 싶어 하는 청년의 억압된 욕망을 꿈에서 **충족**하는 것이라고 볼 수 있다. 그리고 "당신과 아버지의 관계는 겉으로는 원만해 보이지만, 꿈에서 나타난 것이 **진짜** 관계입니다."라는 엄격한 **해석**을 들려줄지도 모른다. 그러면 자칫하여 청년은 자신의 과거를 돌아보고, 아버지를 원망스럽게 생각했던 기억을 끄집어내려고 노력할지도 모른다. 혹은 프로이트가 존경하는 아버지를 모욕했다고 화를 내면서 분석을 그만두려고 할지도 모른다.

이에 반해 융은 어찌되었든 현재 이 청년의 의식의 태도가 아버지와 좋은 관계에 있다는 사실은 우선 존중해야 한다고 주장했다. 아버지를 존경하는 청년에게 상처를 주거나 그 관계를 파괴하려 하지 않고 먼저 이것을 존중하는 태도로 그의 꿈을 대하는 것이다. 하지만 대체 왜 아버지의 가치를 손상시키는 꿈을 꾸었는지 하는 의문이 남는다. 그리고 융은 왜 이런 꿈을 꾸었는지를 생각할 때 과거의 기억에서 이것에 상당할만한 기억을 무리하게 끄집어내기보다는 도대체 무엇을 위해서for what? 이런 꿈을 꾸었는지를 생각해보는 것이 중요하다고 주장한다. 실제로 이 청년은 아버지에 대한 존경심을 해치지 않고도 이 꿈을 통해서 아버지에 대한 자신의 태도가 지나치게 원만하다는 사실을 깨달았다. 자신이 아버지에게 지나치게 의존하고 있다는 사실을 알아낸 것이다. 즉 꿈이 아버지를 끌어내리려는 의도를 제대로 받아들여서, 아버지에게 상처 주지 않고 자신을 끌어올림으로써 자주성을 높이는 방향을 찾아냈다. 이 예를 통해서 역보상 꿈에는 한편으로는 부정적인 면이 있지만, 그것을 제대로 받아들이면 건설적인 방향을 찾을 수 있다는 사실을 알게 되었을 것이다. 그리고 프로이트가 주장하는 '욕망 충족'과 융이 말하는 '보상작용' 사이에 미묘한 뉘앙스 차이는 있을지라도 결국 크게 다르지 않다는 사실을 알 수 있다. 물론 뒤에서 설명하겠지만 융은 꿈의 기능을 모두 보상작용이라고 결론 짓지는 않았으며, 보상 중에서 지금 이야기하는 역보상에 프로이트가 특별히 주목했다는 사실도 중요하다.

의식의 태도를 끌어내리려는 역보상 꿈도 결국은 건설적인 면을 가진다고 말했는데, 의식이 가지는 일면성이 지나치게 강한 경우에는 보상성이라는 건설적인 의미를 갖지 못하고, 그 견고한 일면성의 붕괴를 예측하는 꿈을 꾸기도 한다. 이것이 이른바 '경고 꿈warning dream'이다. 융은 경고 꿈의 예로 산에서 조난사한 동료의 이야기를 들려준다.[15] 어느 날 융의 동료 중 산을 좋아하던 한 사람이 산 정상을 넘어 하늘까지 올라가는 꿈을 꿨다. 그 이야기를 듣고 융은 혼자서는 절대로 산에 가지 말고 반드시 안내자의 말을 따르라고 경고했지만, 그 사람은 융의 경고를 무시하고 혼자 산에 갔다가 암벽에서 떨어져 조난사하고 말았다. 이런 꿈은 보상 꿈의 범위 밖에 있다고 보아야 한다. 그리고 이 경우에는 산에 올라가서 아주 기뻐하고 있는 사람을 끌어 내리기보다는 정상을 넘어서 하늘까지 올라간다는 비현실적인 광경을 통해서 그 사람의 태도를 확대해 위험성을 보여주고 있다고 할 수 있다. 실제로 완전히 낙담해 있을 때마다 그것과 반대되는 즐거운 꿈을 꾸리라는 보장은 없다. 오히려 더 괴로운 상태에 있는 꿈을 꿔서 그야말로 엎친 데 덮친 격으로 힘들어하며 자신의 괴롭고 힘든 상황을 정확히 인식하고, 반대로 그것을 딛고 일어서는 계기를 마련할 수도 있다. 또한 앞에서 말한 산을 오르는 꿈의 경우, 실제로 꿈을 꾼 사람의 조난을 예견하는 형태가 되었기 때문에 이것도 전망 꿈이라고 할 수 있겠지만, 융은 전망prospective이라고 하려면 어떤 의미에서든 건설적인 예측이어야 한다고 주장했기 때문에 그 범주에는 들어가지 못한다. 사실 역보상 꿈도 예견하는 꿈이기는 하지만, 나쁜 결과를 예측한다고 할 수 있다. 지금까지 (1)~(3)에 든 꿈은 어떤 의미에서든 보상적이었지만 다음에 설명할 꿈은 보상성이 적은 꿈이다.

　　　　　　　　　　　　　　　　　　　　　　　　제5장 꿈 분석

### (4) 무의식의 심적 과정을 묘사하는 꿈

꿈은 의식과 무의식의 상호작용 중에 형성된다고 이야기했는데, 무의식의 심적 과정이 강렬한 경우 의식에 대한 보상성을 찾기 어려워서 무의식 과정의 자발적인 발현이라고 생각할만한 측면이 있다. 이것은 정신병에 걸린 사람이나 미개인의 '큰 꿈(big dream)'에서 찾을 수 있는데, 병에 걸리거나 피곤해서 의식의 힘이 약해지면 보통사람에게도 나타나는 경우가 있다. 이럴 때 사람들은 전혀 '뜻밖의' 기묘한 꿈에 놀라면서 이상한 느낌을 받게 된다. 하지만 꿈에 관한 지식을 가진 사람이라면 이 기묘한 꿈에서 정신적인 모티브를 발견하는 경우가 많다. 제3장에서 이야기한 '살의 소용돌이' 꿈은 이것에 가깝다고 말할 수 있다. 이 사례에서는 꿈을 꾼 사람이 소용돌이에 빨려 들어가는데, 이런 종류의 꿈에는 본인이 등장하지 않을 때가 많다. 예를 들어 '동굴 속에서 금 화분을 지키고 있는 구렁이'[16] 꿈의 장면에는 본인이 없다. 꿈속에 나오는 본인은 그 사람의 '자아'를 나타낼 때가 많은데, 꿈속에 자신이 나오지 않는 것은 이런 종류의 꿈이 자아에서 먼 층에 뿌리내리고 있다는 사실을 보여준다고 할 수 있다. 이런 꿈에는 좀 전의 살의 소용돌이 꿈처럼 상당히 의미가 깊은 꿈과 그다지 큰 의미를(적어도 의식적으로는) 느낄 수 없는 꿈, 즉 집단 무의식의 단편을 슬쩍 맛보는 듯한 꿈이 있다.

원시 부족들은 이런 꿈을 보통의 '작은 꿈'과 대조하여 '큰 꿈'이라고 구별해서 말하기도 한다.[17] 중앙아프리카의 에르곤 족이 융에게 한 말에 따르면, 꿈에는 두 종류가 있어서 보통 사람이 꾼 보통의 꿈은 작은 꿈이고, 족장이나 샤먼 등의 위대한 사람이 때때로 꾸는 꿈은 큰 꿈이라고 생각한다고 한다. 그리고 큰 꿈을 꾼 사람은 모든 부족원을 불러 모아서 그 꿈을 이야기해야만 한다. 어떻게 큰 꿈인지를 판단하느냐고 묻자, 그들은 큰 꿈을 꿨을 때는 본능적으로 그것의 중대함을 느낀다고 답했다. 꿈의 인상이 너무나 강렬하기 때문에 자기 혼자 그것을 품고 있을 생각을 하지 못한다는 것이다.

보상성이 적고 마음의 움직임을 묘사하는 꿈으로는 제3장 제3절에서 소개했던 '자신의 그림자가 창밖을 걷고 있는 모습'을 본 정신분열증 환자의 꿈을 들 수 있다. 또 하나의 예로는 불치병에 걸린 사람이 우연히도 자신의 병명을 알게 되기 전날에 꿨다는 꿈을 들 수 있는데 대략적으로 설명하자면 다음과 같다.

'황야에서 혼자 석탄을 나를 때 쓰는 작은 광차를 타고 있었다. 광차가 갑자기 달리기 시작했다. 속도가 점점 빨라졌는데 나는 멈추려고 하지 않았다. 광차가 계속해서 달리다가 결국에는 황야의 끝, 허공으로 사라지려고 했기 때문에 나는 두려움에 비명을 지르면서 눈을 떴다.' 이런 꿈은 어떤 의미에서는 그야말로 예견적이며 이러한 꿈을 접하면 우리는 자신의 힘으로는 도저히 멈출 수 없는 하나의 흐름, 하나의 과정process이 존재함을 느끼게 된다.


### (5) 예지몽telepathic dream

꿈이 예견적인 의미를 가진다는 것은 이미 예를 통해서 설명했는데, 때로는 세부적인 것까지 완벽하게 예견하는 꿈도 존재한다. 그 전형적인 예를 들어보겠다. 다음은 제임스 헤드필드James Hadfield의 저서[18]에 나온 이야기를 요약한 내용이다.

S부인은 꿈에서 자신의 아들 F가 낯선 사람과 벼랑에 서 있는 것을 보았다. F는 갑자기 벼랑에서 미끄러져 떨어졌다. 그녀는 낯선 사람에게 "당신은 누구죠?"라고 물었다. 그 사람이 "헨리 어빈입니다."라고 대답하기에 "어빈이라면 배우 어빈인가요?"라고 물었더니 "아니요, 배우는 아니지만 그 비슷한 겁니다."라고 말했다. 꿈에서 깨어난 그녀는 아들 F가 너무도 걱정이 되었는데, F의 남동생은 웃으며 걱정 말라고 위로했다. 8일 뒤에 실제로 F가 어떤 벼랑에서 살해당했고, S부인은 그 장소를 찾아갔다. 거기서 F가 살해당했을 때 함께 있던 사람을 만났는데, 그가 꿈에 나온 낯선 사람 같다는 생각에 이름을 묻자 자신은 헨리 데베렐인데, 콘서트에서 노래를 부를 때는 예명으로 헨리 어빈이라고 불린다고 대답했다.

이 꿈은 아들의 죽음뿐 아니라 그 장소에 함께 있던 낯선 사람과 그 사람의 이름까지 예견한 불가사의한 꿈이다. 이런 종류의 꿈은 계속 보고되고 있는데, 이러한 꿈은 우연의 일치라며 그냥 덮어버리기에는 너무도 높은 일치도를 보여준다.

예지몽은 정말로 불가사의한 현상이어서 꿈 분석을 하는 사람들도 때때로 예지몽 이야기를 듣고 놀란다. 그러나 예지몽처럼 보이지만 사실 그렇지 않은 경우도 있기 때문에 주의해야 한다. 잠재기억이나 잠재지각에 의한 꿈일 때가 있기 때문이다. 예를 들어 어떤 사람이 태어나서 처음으로 어떤 도시에 가기 전날 그 도시에 가는 꿈을 꿨다. 그리고 다음 날 실제로 그곳에 갔는데 역 앞에 펼쳐진 도시의 광경이 전날 꿈에서 본 것과 똑같아서 놀랐다고 한다. 그 사람은 어떻게 지금까지 한 번도 본 적이 없는 광경을 꿈에서 볼 수 있는지 이상하게 생각했다. 그런데 실은 한 번도 가본 적이 없다고 생각했던 그 도시는 어렸을 때 가본 적이 있었는데, 까맣게 잊어버리고 있었다는 사실을 알게 되었다고 한다. 본인이 완전히 망각하고 있는 사실이 꿈에 나오는 일은 의외로 많기 때문에[19] 이 점을 주의하지 않으면 예지몽이 아닌 꿈을 예지몽이라고 믿어버리게 된다. 또는 본인도 아직 깨닫지 못한 신체의 이상 징후를 자다가 본능적으로 느끼고 꿈을 꾸는 경우 한참 지난 후에 병이 드러나면 마치 꿈에서 본 병에 걸린 것처럼 느껴져서 꿈에서 병을 예지했다고 생각하게 된다.[20] 실제로는 이것도 분명히 병을 **예지**한 것이지만, 예지몽은 이렇게 합리적으로 설명할 수 없는 꿈을 가리킨다. 또한 앞에서 든 예는 완전히 사건을 예지한 꿈이지만, 텔레파시 꿈의 경우 예지가 아니라 꿈과 사건이 동시적으로 일어난 경우를 포함한다. 즉 누군가의 죽음을 꿈에서 보았을 때 그 꿈을 꾼 동시에 그 사람이 죽은 경우 등을 말하는데, 이런 종류의 예는 헤드필드의 저서에도 나와 있으며 융도 이를 기술한 바 있다.

이러한 텔레파시 꿈에 대해서는 '정신전류精神電流' 등으로 설명하려는 사람도 있지만, 융도 말하듯이 이러한 현상을 단순하게 설명하는 것은 위험하므로 우리는 이 현상을 어떻게 설명할지를 생각하기에 앞서서 주의 깊게 기술해야 한다. 텔레파시 꿈이 친부모의 죽음과 같이 중대한 사건이 일어날 때만 발생한다면 그나마 설명하기 쉽겠지만, 아무리 생각해도 중대하다고는 생각할 수 없는 경우에도 일어나기 때문에 설명하기가 무척 어렵다.[21] 앞에서 든 예의 경우, 아들의 죽음은 그렇다 치더라도 그곳에 함께 있었던 낯선 사람의 이름, 그것도 예명이 왜 꿈에 나왔는지는 해석하기가 매우 어렵다.

텔레파시 꿈과 같은 현상은 그 존재에 대해서 조사하기 전에 그것의 존재 자체를 무시하는 편이 오히려 안전할지도 모른다. 하지만 우리로서는 역시 존재하는 것은 존재하는 것으로 인정하되, 그것에 대해 성급하게 설명하지 않는 태도를 갖추어야 한다. 이러한 현상을 인정하는 것은 합리적인 생각에**만** 의존하는 사람에게는 상당히 괴롭기 때문에, 설령 텔레파시 꿈을 꿨다고 하더라도 금방 잊어버리는 경우가 많다. 하지만 망각하는 사람이 예지몽이 가지는 강렬한 인상에 마음을 빼앗겨서 그것으로부터 가짜 과학이나 가짜 종교를 끌어내며 살아가는 사람보다는 적어도 더 건강한 삶의 방식을 가졌다고 해도 좋을 것이다.

### (6) 반복 꿈repetition dream

현실에서 일어난 일이 꿈에서도 그대로 반복되는 경우가 있다. 하지만 이 경우 꿈을 주의 깊게 보면 실제로 현실에서 있었던 일과는 조금 다른 부분이 있고, 다른 부분에 주목해서 생각하면 보상 꿈이라는 사실을 알 수 있을 때가 많다. 즉 현실과는 다르게 꿈에서 나타난 부분이 자신이 현실에서 보거나 느낀 점에 대해 보상하거나 수정해야 하는 점을 나타내는 경우가 많다는 이야기이다. 그렇기 때문에 환자가 실제로 있었던 일을 그대로 꿈에서도 보았다고 보고할 경우, 분석가는 반드시 "그래도 조금이라도 실제로 일어난 일과 다른 점이 없습니까?" 하고 물어보아야 한다. 어떤 엄마가 딸을 야단친 날 밤, 그것과 같은 꿈을 꿨다. 하지만 잘 생각해보니 꿈속에서는 자기 아버지가 옆에 서 있었다는 점이 실제와 달랐다. 게다가 아버지가 상당히 젊었을 때의 모습이었다는 점이 특히 이상했다. 그녀는 "아버지가 너무 젊어서 제가 부인으로 보일 정도였어요."라고 말했는데, 그녀는 딸을 꾸짖는 것이나 그 태도 등이 어린 시절에 어머니가 했던 방식과 유사했고, 결국 자신이 어머니의 행동을 반복하고 있었다는 사실을 깨달았다.

　이런 꿈이 아니라 실제로 있었던 일이 그대로 꿈에서 반복되는 것이 반복 꿈이다. 자주 보이는 예는 전쟁을 겪은 충격 때문에 충격을 준 장면이 그대로 꿈에서 반복되는 것이다. 충격적인 경험이 자아에 완전히 통합되지 못했기 때문에 그것을 다시 꿈에서 경험하면서 자아로의 통합을 시도하려는 것이라 볼 수 있다. 이런 경우는 그 꿈을 '해석'하는 것은 전혀 의미가 없으며, 그 꿈에 나온 경험을 환자가 이야기하도록 하고, 그것을 귀담아 들어주는 태도가 중요하다. 분석가가 이런 태도를 취하면 환자는 그 받아들이기 힘든 경험을 충분히 확인하고 자아 안으로 받아들일 수 있을 것이다. 치료를 통해서 같은 꿈이 또 반복되면서(또는 조금 변형된 형태로 반복되면서) 소거되는 것이다. 필자의 경험으로는 1956년 헝가리 혁명 당시 벌어진 처참한 시가전을 경험한 사람을 분석했을 때 이런 종류의 꿈이 나타나는 것을 보았다. 그 사람은 참혹한 경험을 했는데, 이러한 이야기를 들어주는 것도 분석가의 역할 중 하나이다. 그것이 너무도 처참한 이야기였기에 누구에게도 이야기할 수 없었고, 그렇다고 잊을 수도 없어서 마음속에서 하나의 응어리로 불안정하게 존재하던 것을 일대일의 인간관계에서 표현하고 그것을 분명하게 함으로써 스스로 안정을 찾았고, 자아 안에서 그 경험이 제 위치를 찾아갔다. 심리치료를 할 때 표현하는 것이 어떤 의미를 가지는지를 뼈에 사무치게 느끼게 하는 경험이었다.

이상으로 꿈의 기능에 대한 설명을 일단락 지으려고 하는데 마지막으로 꿈에서 상당히 상징성이 높은 이미지가 출현한다는 점을 언급해두려고 한다. 이것은 꿈의 기능 중 하나로 상징의 생산을 들어야 한다고까지 생각하게 만든다. 기하학적 도식으로서의 '십자', '원', '정방형' 등이 그대로 또는 다른 것과 짝을 지어서 높은 상징성을 지닌 꿈으로 나타나는 경우가 있다. 또는 꿈에서 '반경 r의 구에 내접하는 정사면체의 높이는 몇일까?' 등의 문제를 통해서 나타나기도 한다. 하지만 이것은 단순한 기하학 도식이 아니라 꿈을 꾼 사람에게는 '합리성과 비합리성', '정신과 육체', '의식과 무의식' 등을 통합하려는 시도의 상징적 표현으로 나타난다고 할 수 있다. 지금까지 상징의 생산을 한 항목으로 들지 않았던 까닭은 이것이 이미 이야기한 꿈의 기능 안에 각각 포함되어 있으며 상징이라고 하더라도 항상 기하학적 도식을 가리킨다고 할 수는 없기 때문이다. 실제로 꿈의 기능은 서로 뒤얽혀서 복잡하다는 사실을 다시 한 번 강조하고 싶다.

# 3
## 꿈의 구조

　니체는 "꿈은 하나의 신비극"이라고 말했고, 쇼펜하우어는 "꿈에서는 누구나 셰익스피어이다."라고 말했다고 한다. 융도 일반적으로 꿈이 극적 구성을 가진다는 사실에 주목했다.[22] 꿈도 극과 마찬가지로 (1)장면 제시, (2)발전, (3)절정, (4)결말이라는 네 단계로 나눌 수 있다는 말이다. 이처럼 꿈의 구성에서도 우리가 말하는 기승전결을 찾을 수 있다. 물론 이것은 전형적인 경우이다. 극 중에도 단막극처럼 **문제 제시**만으로 끝나는 작품이나 극작가가 작품을 완성하기 전에 여러 스케치나 시험작을 시도하는 것처럼 꿈도 극의 네 단계를 항상 갖추고 있지는 않다. 앞에서 말했듯 상징적인 이미지만 보이는 경우도 있다. 하지만 일반적으로 꿈을 이러한 극적 구성 측면에서 살펴보는 일은 중요하다.

이 장 첫 부분에서 들었던 꿈을 분석해보면 이것은 그야말로 극적인 꿈으로, 다음과 같이 단계를 나눌 수 있다.

### (1) 장면 제시

'나는 마치 호텔처럼 큰 집에 있었다. 많은 사람이 그 안에서 살고 있었다.' 이 단계에서는 장소와 등장인물이 나타난다. 이 경우 극에서 중요한 '시간'이 들어 있지 않다는 사실에 주목해야 한다. 무의식 안에 있는 무無시간성과 함께 꿈에서는 날짜와 시간이 명확하지 않은 경우가 많다. 물론 때로는 '작년 3월 15일에 일어난 일이었어요.'라는 식으로 상당히 명확하게 나오는 경우도 있지만 일반적으로는 드물다.

### (2) 발전

'살인이 반복되는 것을 본 일.' 여기서 이야기가 발전해서 살인사건이 일어난다. 이때 '강물이 흘러 넘쳐서 집 주위에 흐르고 있는 것'을 본 것도 중요한데, 물로써 무의식이 표현될 때가 상당히 많기 때문이다. 이 경우 그야말로 의식과 무의식의 **수준**이 변화해서 꿈이 깊어지고 있음을 보여준다.

### (3) 절정

'마지막 살인자가 누구인지를 낯선 남자에게 알린 뒤에 아무것도 몰랐던 것으로 하자고 말하지만, 이제 와서 그런 말을 해봐야 소용없다는 말을 듣고 당황한다.' 여기서는 살인자가 누구인지를 알렸기 때문에 문제가 생기고 이야기는 절정에 달한다. 그리고 이것을 어떻게 해결할지가 큰 과제가 된다.

### (4) 결말(문제 해결)

'마지막 살인자가 본인의 칼로 자살하고 말았다.' 이 결말은 약간 의외이다(하긴 꿈은 예상 외로 끝나는 경우가 많다). 꿈의 결말은 상당히 중요하므로 우리는 결말에 주목해야 하는데, 일반적으로 해피엔딩으로 끝나는 꿈이 바람직하다. 예를 들어 꿈의 결말이 '살인자가 내가 자기 이야기를 하는 것을 알고, 나를 덮쳐서 칼로 가슴을 찌른다.'고 났다면 어땠을까? 누구든 일종의 위기감을 느낄 것이다. 이 경우의 결말은 약간 의외인 데다가 해피엔딩이라고 보기도 어렵다. 그만큼 여기에 제시된 문제, 즉 감정기능을 자아 안으로 통합하려면 아직 멀었다는 점을 보여준다. 하지만 이것은 그다음에 소개한 유령 협회에서 걸려온 전화를 받는 꿈의 결말에 비하면 조금은 진보했다고 할 수 있다.

꿈의 결말이 중요하다고 했는데, 때로는 결말 장면이 부족한 특수한 꿈도 꾼다. 이 꿈의 경우에는 낯선 남자가 '이제 와서 모르는 일로 한들 아무것도 바뀌지 않는다.'라며 꾸짖어서 당황한 나머지 어쩔 줄 몰라서 고민하고 있을 때 잠에서 깼다면 결말이 부족하다고 느낄 것이다. 이런 경우 그 해결은 의식의 결정에 맡겨진다. 또는 의식적인 해결을 위한 노력이 요청된다고도 볼 수 있다. 이를 상당히 단적으로 보여주는 꿈을 소개하겠다.

### 꿈 ————

나는 자동차를 운전하고 있었다. 차는 언덕을 내려가기 시작하더니 점점 빨라졌다. 그런데 도중에 차에 브레이크가 없다는 사실을 깨닫고 새파랗게 질렸다. 계속해서 속도가 빨라졌다. 나는 이렇게 되면 빠져나올 방법은 단 하나, **눈을 뜨는 것**뿐이라고 생각하고 노력해서 잠에서 깨어났다.

이것은 어떤 것에 **맹목적**으로 빠지려는 사람에 대한 명백한 경고꿈이다. 그야말로 이 사람에게는 '눈을 뜨는 것'이 절실했던 상황인데, 의식적 해결이 필요하다는 사실을 여실하게 드러낸 꿈의 예라고 할 수 있다.

극이 하나의 문제 장면을 설정하고 그 해결로서의 양식을 가지고 있다는 점, 그리고 극의 관객이 주인공과의 동일시에 의한 정서반응을 통해서 정화된다는 것 등은 꿈에도 그대로 적용된다. 하지만 여기서 중요한 점은 꿈에서는 각자가 '셰익스피어'로서 극을 만들 뿐 아니라 연출가이자 출연자임과 동시에 관객이기까지 하다는 점이다. 즉 꿈에서는 그것을 **연기하고, 보기** 때문에 정화되는 정도도 배가된다. 그렇기 때문에 꿈을 꾸는 행위 자체가 이미 치료의 의미를 가지고 있다고 할 수 있으며, 신비극이 그러한 역할을 하던 것처럼 "꿈이야말로 치료적인 신화therapeutic myth다."[23]라고 이야기할 수 있다. 꿈속에서의 깊은 감동이 하나의 위대한 체험이 되어 그 사람을 지탱해주기도 한다. 예를 하나 들어보겠다.

**꿈** ————

아내가 아이를 임신했다. 하지만 아내는 경제적인 이유를 핑계 삼아서 임신중절 수술을 하겠다고 말했다. 나는 이에 반대했다. 너무도 기묘하게 나에게는 앞으로 태어날 귀여운 아기(여자아이)가 보였다. 나는 아기 얼굴을 봤기 때문에 더욱 아기를 낳으라고 주장했지만, 아내는 우리가 얼마나 가난한지를 조목조목 설명하면서 강력하게 반대했다. '여자들은 지나치게 현실주의적이어서 안 된다니까.'라고 생각하면서도 어떻게든 수입을 늘릴 방법을 생각하겠다고 설득했고, 아내도 결국에는 동의해주었다(여기서부터 나는 내가 관찰자인지 꿈속 인물인지가 헷갈리기 시작했다). 낯선 남자 한 명이 나타나서 지금부터 피리 부는 것을 라디오에서 방송하겠다고 말했다. 이 남자는 마이크 앞에 서서 피리를 불려고 하는데, 나는 음악을 방송하는 것보다는 오늘 아내와 있었던 일을 이야기하는 편이 더 유익할 것 같다고 말했다. 요즘 시대에는 아무런 죄책감도 없이 임신중절 수술을 하는 사람들이 더 많으니 말이다(이 부분부터는 나도 모르는 사이에 내가 이 낯선 남자가 되어 있었다). 나는 아내와의 말다툼에 대해서 이야기하고 인간 생명의 소중함에 대해서 말하려고 했다. 이때 등 뒤에서 슬픔에 가득 찬 피리 소리가 구슬프게 흘러나왔고, 나는 목 놓아 울고 싶을 정도로 깊은 감동에 사로잡혀서 이야기를 계속했다.

이 꿈이 가지는 의의는 아주 명료해서 설명이나 해석이 거의 필요 없다. 이 꿈을 꾼 남성은 실제로 아주 오래전에 아기가 생겼을 때 경제적인 이유와 다른 이유가 겹쳐서 아이를 낳고 싶어 하는 아내를 설득해 임신중절 수술을 시킨 사람이다. 이 꿈속에서는 두 사람의 입장이 역전되었다는 사실이 흥미로운데, 이전에 **합리적으로 처리**했다고 생각했던 일이 마지막 장면에서 흘러나온 슬픈 피리 소리처럼 약하고 가녀리지만 강하게 이 사람의 마음속 깊은 곳에 남아 있어서 그 속죄로서 '인간 생명의 소중함'에 대해 전국에 방송해야만 하는 입장이 되었다. 그리고 마지막에 목 놓아 울고 싶을 정도의 감동을 맛본 것은 이 사람에게 큰 의의를 지니며, 지금까지의 인생관을 바꿀 만큼 지대한 영향을 미쳤다고 할 수 있다. 이것은 꿈속에서 극을 연기하는 것의 치료적인 의의를 보여주는 좋은 예인데, 앞에서 말한 극적 구성이라는 측면에서 보면 이 꿈은 전반과 후반의 두 개의 극으로 이루어졌다고도 볼 수 있다. 뒤의 극에서 이야기하는 사정을 극 속에 들어 있는 극과 같은 형태로 전반에서 봤다고도 생각할 수 있다. 이것들은 모두 극이나 영화의 수법과도 통한다. 게다가 실제로는 지극히 현실주의자인 그가 꿈속에서는 반대 입장에서 '여자들은 지나치게 현실적이어서 안 된다니까.'라고 한탄하는 부분은 너무도 걸작이어서 니체의 말처럼 꿈속에는 '어떻게 되든 상관없는 것, 불필요한 것 따위는 하나도 없다'는 생각이 든다. 또한 앞 절에서 이야기한 꿈의 기능이라는 점에서 말하자면 이 꿈에서 보상성을 분명히 찾을 수 있고, 여자아이의 탄생이라는 전망적인 의미도 찾을 수 있다.

다음으로 꿈속에서 전형적인 모티브가 발생한다는 점에 주목해야 한다. 예를 들어 여행길에 오르거나 강을 건너거나 갈림길에서 선택을 하거나 숨겨진 보물을 찾거나 위험한 동물(괴물) 또는 도움을 주는 동물을 만나거나 하늘을 나는 것 등 셀 수 없이 많다. 하지만 이런 것들의 주제는 항상 신화나 전설, 옛날이야기에도 존재하기 때문에 꿈 분석을 하는 사람은 이런 주제와 그 의의를 가능한 한 많이 알아두어야 한다. 실제로 옛날이야기와 아주 유사한 꿈도 있다. 이제 융이 들었던 흥미로운 예를 하나 들어보겠다.[24]

## 꿈 ————

나는 고상한 승려의 모습을 한 사람 앞에 서 있었다. '하얀 제사장'이라고 불리는 이 사람은 검고 긴 옷을 입고 있었다. 마침 이 제사장의 긴 이야기가 끝나고 있었다. 그는 마지막으로 "그렇기 때문에 우리는 검은 제사장의 도움이 필요하다."라고 말했다. 그러자 갑자기 문이 열리고 또 한 명의 노인, 흰 옷을 입은 '검은 제사장'이 들어왔다. 이 사람도 굉장히 고귀한 사람처럼 보였다. 검은 제사장은 하얀 제사장과 이야기하고 싶어 하는 듯했는데 내가 있는 것을 보고 망설였다. 그러자 하얀 제사장은 나를 가리키며 "이야기하세요. 이 사람은 죄가 없는 인간입니다."라고 말했다. 그러자 검은 제사장은 이상한 이야기를 했는데, 자신이 천국의 잃어버린 열쇠를 발견한 경위를 설명하더니 열쇠 사용법을 모른다고 말했다. 그는 열쇠의 비밀을 밝히기 위해서 하얀 제사장에게 왔다면서 다음과 같은 이야기를 했다. 그가 살고 있는 나라의 왕이 자신에게 어울리는 묘석을 찾고 있었다. 그의 가신은 우연히 오래된 돌로 만든 관을 발견했는데, 그 안에는 소녀의 사체가 들어 있었다. 왕은 관을 열고 사체를 버린 다음, 나중에 써야겠다며 관을 다시 묻어두게 했다. 그런데 소녀의 뼈가 햇빛에 닿자마자 검은 말로 변하더니 황야 쪽으로 도망갔다. 검은 제사장은 황야를 넘어서 그 말을 좇아 많은 사건과 역경을 겪은 후에 천국의 잃어버린 열쇠를 찾았다. 여기서 검은 제사장의 이야기가 끝나고 안타깝게도 꿈에서 깨어났다.

이것은 어느 신학생의 꿈인데, 이 속에는 옛날이야기에서 나올 법한 주제가 많이 포함되어 있다. 특히 인상적인 것은 아마도 종교적인 문제로 고민하고 있을 신학생 앞에 그 해결의 열쇠를 쥐고 있을 것처

제5장 꿈 분석

럼 보이는 고귀한 노인이 나타난다는 사실이다. 이는 옛날이야기에 자주 나오는 인물로, 주인공이 곤경에 처해 있을 때 갑자기 나타나서 도와주는 '지혜로운 노인wise old man'이다. 우리 같은 평범한 사람이 곤경에 처해 있을 때, 노인만이 얻을 수 있는 오랜 세월에 걸쳐서 다듬어진 지혜로 가치 있는 충고와 조언을 이 고귀한 사람이 해주는 것이다. 이 꿈의 경우 노인이 뜻하는 불가사의한 이의성二義性이 검은색과 흰색이라는 주제, 그리고 그 교차로서 표현되고 있다. 이것은 선과 악 사이의 미묘한 뒤얽힘을 시사하는 듯하다.

앞의 예에서 볼 수 있듯이 꿈에는 여러 가지 모티브가 포함되어 있는데, 같은 날에 꾼 많은 꿈이 언뜻 보기에는 완전히 다른 꿈으로 보이지만, 결국은 모두 같은 주제 주위를 맴돌기도 하므로 분석가는 항상 주의해야 한다. 같은 주제의 내용이 점점 깊어지는 경우도 있다. 분석가가 이런 점을 먼저 지적하는 일은 중요하다. 그렇기 때문에 꿈을 분석할 때는 환자의 꿈에 대해 하나하나 이야기를 나누기 전에 모든 꿈을 대강이라도 한 번에 들어두는 것이 좋다. 전체 내용을 다 듣고 공통된 주제나 흐름을 일단 파악한 다음에 개별적인 꿈의 세부적인 이야기를 하는 편이 효과적이기 때문이다. 또 다음 절에도 이야기하겠지만 꿈을 꾼 사람의 의식 상태를 아는 것이 중요한데, 꿈뿐만 아니라 그 사람이 이야기하는 현실생활에서도 공통된 주제를 찾을 수 있는 경우가 많기 때문이다. 꿈 기술에 사용된 표현과 현실 생활을 이야기할 때의 표현이 완전히 똑같은 경우도 있는데, 이 점은 오히려 이야기를 하고 있는 환자는 눈치 채지 못하는 경우가 많아서 그 점을 지적함으로써 통찰이 깊어지는 경우가 있다. 다음으로 그런 예를 들어보겠다. 이것은 스위스의 한 남자 고등학생 이야기인데, 그는 동성애와 몽유병 때문에 교장선생님이 분석치료를 받으라고 권해서 필자를 찾아왔다. 다음에 나오는 꿈은 이 학생이 분석을 받기 시작한 지 얼마 안 되었을 때 꾼 꿈이다.

### 꿈 ———

나는 어느 호텔 식당에 있었다. 무언가를 다 먹고 난 뒤 디저트를 기다리고 있었다. 그런데 종업원은 디저트 대신 알약을 주었다. 화가 나서 항의를 하러 갔다. (……) 그런데 갑자기 내가 디저트를 주문했는지 알약을 주문했는지 헷갈리기 시작했다. 나에게 알약이 필요할지도 모른다는 생각이 들었다. (……) 결국 나는 아마도 내가 알약을 주문한 듯하다며 그 자리에서 사과했다.

이 꿈도 극적 구성이라는 점에서 보면 자신이 호텔 식당에 있다는 장면이 제시되고, 디저트를 기다리고 있었는데 알약을 받는 발전 단계에 이어서 항의하러 가면서 절정에 달한다. 그 결과 점점 자신이 없어져서 자신이 알약을 주문했을 거라고 사과하게 된다. 그런데 이 꿈 이야기를 했을 때 학생은 분석을 그만둘 결심을 하고 찾아왔었다. 그는 동성애 같은 것은 고등학생 나이대에는 누구나 한 번씩 겪는 평범한 과정이므로 치료받을 필요가 없다고 말하고, 교장선생님이 가라고 해서 왔을 뿐 자기에게는 분석받을 의지가 없으며 교장선생님이 지나치게 참견하는 것이라고 이야기했다. 나는 그가 스스로 온 것이 아니며, 상담받을 필요가 없다고 생각했는데 억지로 오게 되었다는 감정

**제5장 꿈 분석**

에 공감해주고, 그것과 동성애에 대해서, 그리고 그가 교장선생님에게 느끼는 분노 감정에 관해 이야기를 나눴다. 이야기를 하다가 학생은 생각이 바뀌었는지 역시 분석을 받아보겠다고 했다. 그는 사실 교장선생님 때문에 온 것이 아니라 자기 의지로 분석을 받겠다고 이야기하면서 "저는 분석받을 필요가 있습니다."라고 혼잣말처럼 중얼거렸다. 그래서 내가 "저는 알약이 필요합니다."라고 말하자 그가 빙그레 웃었고, 나는 "그리고 아마도 알약을 주문한 것은 저였을 겁니다."라고 덧붙였다. 그리고 우리는 서로 얼굴을 마주보고 웃었다. "분석은 디저트처럼 달콤하지는 않지만, 필요하다면 먹어야 하죠. 게다가 스스로 주문한 것 같은데요?"라고 말했다. 이 꿈에서 학생이 처음으로 느낀 것은 자신이 분석에 대한 반발심을 가지고 있다는 사실이었고, 결국 분석을 그만둘 결심까지 하지만 분석가와 이야기를 나누면서 생각이 바뀌었고 그의 표현이 꿈의 표현과 겹쳐졌는데, 그것을 분석가가 지적함으로써 그 의의가 명확해진 예이다. 여기에서는 모티브에서 시작해서 실제적인 이야기까지 해보았다. 다음 절에서는 꿈 분석을 하면서 주의해야 하는 점을 모아서 살펴보겠다.

# 4

## 꿈 분석의 실제

앞에서도 이야기했듯이 꿈은 의식과 무의식의 상호작용을 통해 형성되기 때문에 꿈 분석을 할 때는 먼저 꿈을 꾼 사람의 의식 상태를 알아두어야 한다. 어떤 의식 상태를 반영하는 꿈이 나타났는지를 미리 살피지 않으면, 꿈의 의미를 알 수 없는 경우가 많기 때문이다. 그렇기 때문에 꿈 분석을 할 때는 꿈을 꾼 날에 있었던 주요 사건이나 그 사람이 생각하거나 느낀 점을 들어보아야 한다. 그 사람의 생각을 듣다가 그것이 꿈과 겹쳐진 예를 앞 절에서 들었는데, 사실 이러한 예는 흔히 찾을 수 있다.[25] 꿈을 꾼 사람의 의식 상태 다음으로 알아두어야 할 것은 꿈의 세부적인 내용에 관한 그 사람의 연상이다. 이 장에서 두 번째로 든 유령 협회에서 전화가 오는 꿈을 예로 들자면, 먼저 "전화에 관해서 뭔가 떠오르는 것이 없습니까?" 하고 물어본다. 이 경우

제5장  꿈 분석

자유연상처럼 하나의 사건 A에 대해서 A→ B→ C→ D 하고 이어지는 연상이 아니라, 〈그림12〉에 나타낸 것처럼 A를 중심으로 연상을 듣는 것이 중요하다. 예를 들어 전화에 관해서 떠오르는 점을 물었을 때 "전화비가 비싸서 힘들다."라고 대답했다면 "비싸서 힘든 것 중에 또 떠오르는 것이 없나요?" 하는 식으로 연상의 사슬을 쫓지 말고, 전화비가 비싸다는 점에 관련하여 "전화에 대해서 또 떠오르는 것은 없나요?"라고 반복해서 물어보는 것이다. 이렇게 해야 전화가 이 사람에게 어떤 심상으로서의 의미를 가지는지를 분명히 할 수 있다. 아무것도 떠올리지 못할 때는 "전화를 모르는 사람에게 전화가 어떤 것인지를 설명한다면 어떤 식으로 이야기할까요?"라고 묻는 방법도 있다. 이때 자유연상을 배제하고 하나의 주제를 중심으로 연상되는 것을 묻는 일은 다음과 같은 이유 때문이다. 자유연상을 시켜서 사슬을 거슬러 올라가면 이것은 어떤 콤플렉스에 도달한다. 융은 이 연상 방법이 콤플렉스 해명에 도움이 된다는 사실을 연상 실험을 통해서 잘 알고 있었다. 하지만 이런 방법으로 콤플렉스를 해명한다고 하면 굳이 꿈을 재료로 할 필요가 없으며 신문기사나 다른 방법으로 할 수도 있다. 즉 이러한 방법을 취하면 콤플렉스 분석은 되지만(그것은 맞는 말이다), **꿈 분석**은 되지 않는다.

프로이트에 따르면 꿈은 어디까지나 파사드facade[외관, 겉보기]에 지나지 않으며, 그 **배후에 숨은** 욕망을

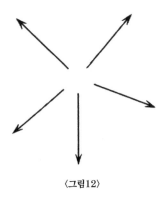

〈그림12〉

발견해내는 것이 꿈 분석의 역할이다. 그렇기 때문에 프로이트는 앞에서 말한 것 같은 자유연상 방법을 사용하는 동시에 꿈에서의 어떤 이동Verschiebung을 찾기 때문에 꿈 해석이 점점 꿈 그 자체로부터는 멀어지게 되었다. 즉 그는 이동 작업을 통해 꿈 안에서는 강한 것이 약한 것으로, 받는 것이 주는 것으로 '이동'하는 일도 있다고 생각했기 때문에 앞에서 설명한 방법을 병용하면 극단적인 경우 모든 꿈에서 오이디푸스 콤플렉스를 끌어내는 일도 가능해진다. 실제로 이러한 수법으로 신화나 전설을 해석한 프로이트의 제자들이 모든 이야기에서 오이디푸스 콤플렉스를 발견해내서 처음에는 기뻐하던 프로이트도 결국은 이 작업을 '보람이 없는 수확monotonous harvest'을 거둬들이는 결과라고 평가했다.

이에 반해서 융은 꿈을 배후에 무언가를 감추고 있는 파사드로서가 아니라 하나의 현실로 받아들였고, 꿈 그 자체를 소중히 해야만 한다고 주장했다. 그래서 융은 꿈에서의 '이동' 작업은 거의 생각하지 않았다. 융의 방법에 따르면 꿈을 꿀 때는 꿈 자체의 표현을 살피고, 그 꿈을 꾼 당시에 문제가 되고 있는 콤플렉스에 대처할 방법을 찾음으로써 의식과의 연관성을 발견하고 현재 상태를 파악할 수 있다. 이것은 제2장에서 콤플렉스 해소에 관해 이야기하면서 어떤 콤플렉스를 가지고 있는지를 찾아 헤매는 것보다는 **바로 그때** 자아와 강한 관련을 가지는 일, 즉 자아에 통합되어야 하는 일과 정면으로 대결하는 일이 중요하다고 이야기한 것과 관계가 있다. 그리고 항상 자아를 통해서 인식되는 콤플렉스가 자아에 통합되어갈 때 건설적으로 발전할 수 있다는 사실도 중요하다. 이렇게 생각하면 융은 어디까지나 꿈을 자아와의 관련성에 바탕을 두고 분석해야 한다고, 즉 꿈을 의식과 무의식의 상호작용으로 생각해야 한다고 보고 있음을 알 수 있다. 프로이트 같은 방법으로 행해지는 콤플렉스 해명은 틀리지 않았다고 하더라도 **바로 그때**의 자아에게 건설적인 의미가 부족하다.

꿈 분석을 할 때 꿈을 꾼 사람의 연상을 존중하는 일은 중요하다. 하지만 꿈에 나타난 일을 어떤 상징(융의 말에 따르면 기호라고 할 수 있겠다)으로서 바로 공식에 대입하듯이 바꿔서는 안 된다는 점에 주의해야 한다. 즉 사자가 꿈에 나와도 그것이 아버지의 상징이라거나 권위의 상징이라고 바로 판단하지 말고, 사자가 그 사람에게 어떤 의미인지를 먼저 연상 과정을 통해서 분명히 밝혀야 한다. 그 사람이 어린 시절에 경험했던 사자 장난감에 대한 특별한 애착을 이야기할 수도 있고, 자기 전에 본 텔레비전에 나왔던 사자 만화 이야기를 할 수도 있다. 이렇게 대화를 통해서 그 사람이 사자에 가지는 심상의 의미를 분명히 해야 한다. 하지만 꿈을 꾼 사람이 그것에 대해서 느끼는 점과 동시에 일반적으로 받아들여지는 의미, 즉 사자는 강한 동물이고 백수의 왕이라고 불린다는 점 등도 의미를 가질 때가 많기 때문에 이런 사실도 무시해서는 안 된다. 꿈을 꾼 사람이 꿈에 나타난 전형적인 모티브에 대해서 전혀 모르는 경우에는 그 의의를 분석가가 말해주기도 한다. 그리고 앞 절에서 이야기한 대로 무의식적인 과정의 묘사로서 의식의 관여가 적은 꿈일수록, 당연하겠지만 꿈을 꾼 사람과 연관이 줄어들고 '무엇인지 전혀 짐작이 가지 않는' 경우가 많은데, 이 경우는 분석가가 자신의 식견으로 비슷한 주제를 가진 옛날이야기나 신화 등을 이야기해줌으로써 그 의미를 풍부하게 만들 수 있다. 이처럼 꿈의 소재에 대한 연상이나 주제 해명을 통해 의미를 풍부하게 만들어가는 것을 융은 꿈 분석의 '확충법amplification'이라고 부르며 중요하게 생각했다. 확충법은 꿈 분석에서 빼놓을 수 없는 사항인데, 분석가는 꿈속에 있는 테마를 끌어내서 이야기할 때도 그것을 확정된 것으로서가 아니라 어디까지나 꿈 분석을 위해 소재를 풍부하게 하는 하나의 재료를 제공하는 정도로 활용해야 한다. 이렇게 하면 분석가와 피분석자는 함께 꿈 분석이라는 하나의 과제에 몰두하게 된다.

그리고 꿈 전체를 하나의 계열로 보는 것이 마음이 움직이는 과정을 파악하는 데에 도움이 되기 때문에 훨씬 더 큰 의미가 있다. 이것은 앞 절에서 분석할 때 일단 모든 꿈 이야기를 다 듣고 난 다음에 개별적인 꿈에 대해 이야기를 나눠야 한다고 한 말과 일맥상통한다. 그리고 기록을 보존해두고, 어떤 꿈의 의미를 알기 어려울 때 처음 꿈부터 다시 살펴보면 전체의 흐름을 알게 되어서 이해하는 데에 도움이 된다. 이처럼 하나의 꿈이 주어졌을 때 가능한 한 그것을 전체의 계열 안에 두고서 그때의 의식 상태에 비춰보고, 개개의 내용에 하나하나 공을 들여서 연상을 쌓아가는 것이다. 그렇게 하면 정돈된 어떤 배치를 발견할 수 있다. 꿈 분석은 이처럼 분석가와 피분석자의 상호작용을 통해서 이루어지며, 하나의 공식이나 틀에 박힌 방법으로 간단히 **해석**하기 어렵다. 그렇기 때문에 융은 "분석가는 무엇을 해도 좋지만 꿈을 이해하려는 시도만은 안 된다."고 경고한다.[26]

꿈 분석에서 한 가지 더 중요한 점은 주체 수준subjective level과 객체 수준objective level에서 이루어지는 두 가지 해석이 모두 의미가 있다는 사실이다. 예를 들어 친구A에 대한 어떤 꿈을 꾸었을 때, 그 꿈이 실제로 친구A에 대해 이야기하고 있다고 보는 경우는 그 꿈을 객체 수준으로 보는 것이며, 이와는 달리 친구A를 자기 마음 내부의 어떤 특성이 구체화되었다고 보는 경우는 주체 수준으로 생각하는 것이다. 앞에서 들었던 예처럼 융이 치료 중이던 환자를 본 꿈은 그 환자를 높이 **올려다보는** 것을 그대로 그 사람에게 대입해서 생각했기 때문에 객체 수준의 해석이라고 할 수 있다. 또 독일어를 할 줄 모르면서 독일 사람과 대화하는 꿈을 꾸고 독일 유학을 생각한 예도 꿈을 객체 수준에서 전망적으로 파악한 것이다. 이에 비해서 이 장 앞부분에서 들었던 살인에 대한 꿈에서는 내용을 객체 수준으로 파악하고 어딘가에서 살인사건이 일어나리라고 생각하기보다는, 이 꿈을 꾼 사람 마음 내부에서 일어나는 살인으로 보는 편이 타당하다. 즉 이 사람의 내적인 속성이 칼을 가진 살인자들로 표현되었으며 자신의 감정을 **잘라버린** 사고기능으로 생각하는 편이 타당하다는 말이다. 이것은 주체 수준에서 꿈을 파악한 사례이다.

꿈은 이렇게 두 가지로 해석할 수 있는데, 어느 한쪽이 큰 의미를 가지는 경우와 양쪽 모두 의미를 가지는 경우가 있다. 예를 들어 앞에서 든 임신중절 수술에 반대하는 꿈을 꾼 남성은 자신은 현실주의자이며 자신의 아내는 로맨티스트라고 당연하게 믿었는데, 꿈에서는 경제적인 이유로 임신중절 수술을 주장하는 부인을 보며 '여자들은 지나치게 현실적이어서 안 된다니까.'라고 생각한다. 이 꿈을 객체 수준으로 생각하면 지금까지 자기 아내의 로맨틱한 면만을 보고 현실적인 부분을 알지 못했던 점을 보상하는 의미에서 그런 꿈을 꾸었다고 할 수 있다. 이 꿈을 통해 지금까지 보이지 않았던 부인의 현실주의자적인 면에 대해서도 눈을 떴다는 것이다. 하지만 한편으로 주체 수준으로 이 꿈을 생각해보면 다음과 같이 말할 수 있다. 꿈속에서의 아내를 현실의 아내로 받아들이지 않고 그 여성으로 자기 마음의 내부가 표현되었다고 생각하면, 지금까지 자신이 현실적이고 남성적으로 문제를 처리해왔다고 생각했지만 사실은 그렇게 행동해왔던 동력이 된 점은 의외로 자기 안의 여성적인 요소 때문이 아니었을까 반성할 수 있게 된다. 그리고 자신이 가졌던 현실주의는 현실에 대처하기보다는 '현실주의적인 분위기'에 취해 있었던 것이 아닌가 하는 점을 분명히 느낄 것이다. 이처럼 '현실의 혹독함'이나 '남성적'인 것 등 자신이 즐겨 사용해왔던 단어의 배후에 이 남자를 움직여온 한 여성의 존재를 마음속에서 발견할 수 있다.

그런데 이 두 가지 해석 모두 가치가 있는 데다가 두 가지가 미묘하게 얽혀 있어서 쉽게 분리할 수 없다는 사실을 누구나 알았을 것이다. 아내의 성격에서 자신이 지금까지 눈치 채지 못했던 어떤 면을 찾아내는 일과, 자신의 내적 세계 안에 감춰져 있던 어떤 면을 찾아내는 일이 겉과 속이 하나인 듯 표현된 것이다. 이처럼 이 두 가지 관점은 각각 의미를 가지면서 서로 미묘하게 뒤섞여 있는데, 일반적으로 꿈에 나온 사람이 자기와 가까운 사람이면 객체 수준의 해석이 의미를 가질 때가 많고, 자기와 소원한 사람이면 주체 수준에 따른 관점이 의미를 가지는 경우가 많다. 그런데 객체 수준에서 의미를 가진다 해도 그것에 사로잡힌 나머지 중요한 주체 수준에서의 해석을 놓치는 일이 없도록 주의해야 한다.

앞에서 하나의 꿈이 객체 수준으로도 의미가 있고 주체 수준으로도 의미가 있는 예를 들었는데, 이처럼 꿈은 다의적이며 다양한 해석이 가능한 경우가 많다. 심상과 상징 설명에서 기술했듯이 이 표현들은 항상 집약적이고 구체적이며, 그 안에 실로 많은 의미가 내재되어 있으므로 보는 관점에 따라 서로 다른 의미를 찾아낼 수 있다. 그렇기 때문에 분석가는 확충법의 과정을 통해서 피분석자와 대화를 나누고, 함께 가능한 한 꿈이 가지는 풍부한 의미를 손상하지 않도록 노력해야 한다. 꿈의 내용을 바로 명확한 개념으로 바꿔서 해석하면 알기 쉽고 확실해지기는 하지만, 때로는 꿈이 가지는 풍부한 가능성을 끊어버릴 수도 있다. 꿈을 개념으로 바꿔서 해석하기보다는 피분석자와 함께 심상이 내포하고 있는 맛을 음미하는 태도가 더 바람직할 때가 있다. 예를 들어 유령 협회에서 전화가 오는 꿈을 곧바로 무시된 감정기능의 부름을 스스로 거절해버렸다는 식으로 해석하기보다는 "유령에게 전화가 오는 것은 아주 드문 일인데, 그것을 끊어버리다니 왠지 아깝네요. 당신처럼 **합리적**으로 생각하시는 분이 어째서 모처럼 찾아온 기회를 이용해 유령이 어떤 이야기를 하는지 유심히 듣고 기록하지 않았는지 이해가 안 되는군요. 감정적으로 전화를 끊어버렸으니까요." "어머, 듣고 보니 정말 그렇네요. 다음번에 또 유령한테 전화가 오면 이야기를 더 들어봐야겠어요." 하는 것처럼 보기에 따라서는 아무 의미도 없어 보이는 대화를 나누는 편이 더 의미 있을 때도 있다. 분석가는 이러니저러니 해석을 늘어놓기보다 **꿈의 심상 그 자체를 이야기**하는 것이 중요한 경우가 많다는 사실을 알아야 한다. 그렇다고 해서 이런 방법에만 의지해서 명확함을 놓쳐버리면, 분석가가 분석 방향을 완전히 잃어버리게 될 수도 있으니 주의해야 한다.

지금까지 기술한 관점을 염두에 두고 처음에 들었던 호텔 살인사건 꿈을 조금 더 자세히 살펴보자. 이것은 열흘 정도 전에 꾼 유령 협회 꿈과 이어지는데, 이 유머러스한 꿈을 통해서 자신과 감정기능의 접촉 상태가 나쁘다는 사실을 확실히 알게 된 뒤에 꾼 살인사건 꿈으로 내담자는 자신이 감정을 **끊어버린** 채 살았다는 사실을 강렬하게 느낄 수 있다. 이 꿈은 "나는 마치 호텔처럼 큰 집에 있었다."라는 장면 제시로 시작된다. 서로 관계없는 다수의 사람이 호텔이나 전철 등에서 함께 있는 것이 꿈의 첫 장면으로 나오는 경우가 많다(디저트 대신 알약을 받은 꿈도 호텔 식당에서 시작된다). 그리고 처음에는 서로 관계없는 집단에서 시작된 꿈이 깊어갈수록 그 사람의 개인적인 인간관계 또는 본인의 길을 걷는 상황이 확립되어가는 과정을 보여주기도 한다. 호텔 살인사건 꿈에서 그녀는 잔혹한 살인이 반복되는 것을 방관자의 입장에서 보고 있다. 사람들을 베고 찌르는 살인자들은 지금까지 그녀의 꿈 분석을 바탕으로 생각했을 때 그녀의 날카로운 사고기능과 관련되어 있다고 예상할 수 있다. 실제로 그녀의 '예리한 검'은 외적으로는 애정을 가지고 대하려는 사람들과의 관계를 끊는 데에 사용되었을 테고, 내적으로는 그녀의 강한 감정을 끊어버리는 데에 쓰이면서 감정을 죽이는 데에 분명히 도움이 되었을 것이다. 이 잔혹한 광경을 보고 처음에는 방관자의 입장(사고형 인간이 취하기 좋아하는 입장)이었던 그녀도 갑작스럽게 강한 감정반응에 사로잡혀서 울부짖는다. 그리고 이것에 이어서 "아무것도 몰랐던 것으로 하자."는 익숙하고 얄팍한 감정기능이 활동하기 시작하지만, 이제 와서 그런 말을 해도 소용없다며 상대방 남성에게 거부당했기 때문에 어쩔 줄 몰라 한다. 결국 마지막 살인자는 자살하고 만다. 이로써 감정을 잘라온 예리한 사고의 칼날은 결국에는 자신의 가슴을 찌를 수밖에 없다는 사실이 명백해진다. 칼을 가진 남성은 죽고 말았지만 낯선 남자 한 사람이 남았는데 그도 "살인자를 탓할 마음이 없다면 어째서 살인자가 누구인지를 말했느냐고 따지더니, 이제 와서 모르는 일로 하자고 해도 아무것도 바뀌지 않는다."며 극히 사고형 인간다운 반응을 하지만, 어쨌든 그가 살인자 무리에 들어가지 않고 그녀와 개인적인 대화를 나눈다는 사실은 상당히 많은 의미를 내포한다. 그녀는 미성숙하기는 하지만 과감하게 감정반응을 보이고, 사고라는 검의 위험성을 확실히 인식함과 동시에 한 사람의 새로운 대화 상대가 될 남성을 얻은 셈이다.

여기서 인간 마음 내부의 변화 과정을 발견할 수 있다. 열흘 전에는 유령으로서 전화로 대화를 나눴던 상대가 이 꿈에서는 적어도 평범하게 대화를 나누는 인물이 되어서 나타났다. 하지만 이 남자가 낯선 남성이며 대화에서 깊이 접촉하지 않은 점을 보면 이 사람의 과제, 즉 감정기능이 발전하려면 아직 더 많이 노력해야 한다는 사실을 알 수 있다. 또 이 꿈에서는 칼을 가진 남성들이 죽음과 동시에 낯선 남자가 나타나는 등 남성상의 변화를 볼 수 있는데, 이것은 불명확한 형태로 나타난 '죽음-재생'의 모티브가 표현되었다고 볼 수 있다. 이 모티브는 꿈 분석, 나아가서는 심리치료에서도 중요하므로 다음 절에서 더 자세히 설명하겠다.

# 5

## 죽음과 재생의 모티브

앞 절에서는 꿈 분석의 예를 들면서 죽음과 재생의 모티브가 중요하다는 사실을 지적했다. 분석가는 자살미수, 살인, 죽음에 대한 공포 등과 같이 **실제적으로도** 죽음의 문제에 대처해야 하지만, 이와 동시에 꿈에서의 상징적인 죽음과도 대결해야만 한다. 그리고 이 두 가지는 산 정상을 넘어서 하늘까지 올라간 꿈을 꾼 사람이 실제로 암벽에서 떨어져 죽은 것처럼 기묘하게 얽혀 있다. 하지만 여기서 주목해야 할 대목은 현실의 죽음은 일반적으로 어떻게든 피하고 싶은 부정적인 의미를 가지지만, 꿈에서의 내적인 죽음은 반드시 부정적이라고만 말할 수 없다는 점이다. 심상의 세계에서는 '죽음'은 '재생'으로 이어질 때 극적인 변화의 전조를 보여준다고 받아들여지기 때문이다. 우리는 실제로 낡은 제도가 죽고 거기에서 새로운 질서가 태어나는 것이나 '한

알의 밑알이 죽음'으로써 많은 밑이 새롭게 탄생하는 비밀을 잘 알고 있다. 죽음은 좌절이며 소멸이다. 따라서 부정적인 면이 있음은 당연하지만 이렇게 재생으로 이어지는 한 긍정적인 면도 있다는 사실에 유념해야 한다. 심리치료를 통해 인격에 큰 변화가 생길 때 죽음에 관한 꿈을 꾸는 경우도 있다.

예를 들어 앞에서 예로 든 '호텔 살인사건' 꿈을 꾼 여성은 4개월 정도 분석을 받고 인격에 큰 변화가 생겼을 때 '하얀 발레복을 입고 야외에서 춤을 췄는데, 춤을 다 추고 난 뒤에 호수에 몸을 던져서 깊은 심연으로 가라앉는 꿈'을 꿨다. 자신이 죽는 꿈을 꾸고 그녀는 깊은 감동을 체험했다. 이처럼 깊은 죽음의 체험을 통해서 환자의 마음속에서 무언가가 죽고, 새롭고 더 좋은 것으로 재생되는 과정을 분석가는 함께 경험하고 관찰할 수 있다. 하지만 죽음이 위험하다는 사실에는 변함이 없기 때문에 죽음의 양가성은 항상 주의해야만 한다. 이러한 내적인 죽음과 실제적인 죽음이 미묘하게 뒤얽혀서 심각한 신경증에서 회복되어가던 환자가 갑자기 자살을 기도하는 경우도 있다. 그러므로 심리치료사는 환자가 심각한 상태에서 회복되려고 할 때 더 신중하게 행동해서 위험을 피하도록 노력해야 한다.

죽음이 부정적인 의미와 긍정적인 의미를 모두 가진다고 이야기했는데, 일반적으로 말해서 후자 쪽에 강조점을 둔 죽음에 관한 꿈을 꿀 때는 공포를 느끼기보다는 오히려 깊은 감동을 체험하는 경우가 많다. 발레복을 입고 호수에 몸을 던지는 꿈을 꾼 여성의 경우도 그렇지만, 제3절에서 이야기한 임신중절 수술을 단념하고 그것을 라디오에서 방송하려고 하는 꿈을 꾼 남성이 '목 놓아 울부짖고 싶을 정도로 깊은 감동'을 느낀 것도 이런 경우이다. 이 꿈은 그 남성이 지금까지 죽여왔던 감정이 되살아나서 내면에서 다시 태어났음을 나타냈고, 그 재생이 불러온 감동이 그의 가슴을 강하게 울렸다고 볼 수 있다.

이러한 깊은 감동 체험은 독일의 프로테스탄트 신학자 루돌프 오토 Rudolf Otto가 말하는 '누미노스 체험numinous experience'에 해당한다.[27] 융은 누미노스 체험을 상당히 중시했으며 그의 종교관과도 결부되어 있어서 이를 조금 설명하면서 융의 종교에 대한 생각도 더불어 이야기해보려고 한다. 오토는 종교적으로 '성스러운 것das Heilige'을 구하려 했는데, 그 안의 합리적인 요소와 도덕적인 요소를 빼더라도 남아 있는 것을 누미노스라고 불렀다. 인간을 사로잡는 종교적 체험은 개념화해서 합리적으로 표현할 수 있는 것 이상을 포함한다는 사실을 중요하게 생각했다. 누미노스라는 말은 신령을 나타내는 라틴어인 '누멘 numen'에서 왔는데, 누미노스 체험은 '하늘의 뜻 체험'이라고도 번역된다. 하지만 이 번역어로는 오토의 의도를 정확하게 전달할 수 없으므로 원어 그대로 사용하겠다. 그는 누미노스를 '외경awfulness', '압도하는 힘overpoweringness', '매력fascination'이라는 감동을 동반한 체험이라고 기술했다. 즉 우리 자아의 힘을 훌쩍 뛰어넘는 압도감, 저항하기 힘든 매력, 그리고 가까이 하기 힘든 경외의 감정을 불러일으키는 어떤 체험이 누미노스 체험이라는 말이다. 그리고 그는 이러한 체험이 종교의 근본으로서 존재한다고 주장했다.

융은 이 생각을 바탕으로 종교란 결국 "루돌프 오토가 누미노스라고 부른 것을 신중하고 양심적으로 관찰하는 것"[28]이라고 말했다. 여기서 '관찰'이라는 단어는 자연과학적 입장에서의 관찰과는 다른 부분이 있음에 주의하기 바란다. 관찰대상이 되는 누미노스 체험은 인간 마음속에 저항하기 힘든 힘을 가지고 **발생하며**, 의식적으로 **일으키거나** 제어할 수 있는 것이 아니다. 이 과정에서 인간은 관찰자임과 동시에 그 작용 자체이며 스스로 체험하면서 관찰하는 존재이다. 여기에 종교라는 단어의 어원인 라틴어 'religio'가 본래 '신중한 관찰'이라는 뜻이라는 점 또한 시사하는 바가 크며 우리는 누구나 이러한 의미에서 종교와 깊은 관계가 있음을 알 수 있다. 실제로 융은 심리치료를 할 때 이러한 의미에서 종교의 중요성을 강조했으며, 종교에 부정적인 태도를 보인 프로이트와 극명한 대조를 이룬다. 여기에 융이 말하는 '종교'가 특정한 '종파'를 가리키는 것이 아님은 분명하다.

융은 죽음과 재생의 모티브와 그 체험에 따른 감동을 통해서 자신의 종교에 대한 입장을 드러냈는데, 융이 말하는 종교성과 재생의 의의를 여실히 보여주는 하나의 예를 들어보겠다. 어느 날 한 어머니가 여섯 살짜리 남자아이와 함께 상담을 받으러 왔다. 어머니는 아이가 최근 들어서 죽음에 대한 질문을 해서 난처하다며 방문 이유를 밝혔다. 아이는 누가 보더라도 행복한 가정에서 자라고 있었다. 가족 중에 아픈 사람도 없었고, 지인 중 최근에 죽은 사람도 없었다. 하지만 이 꼬마는 자기가 나중에 컸을 때의 일을 생각하면서 만약 자신이 80세 정도가 되면 아버지와 어머니는 어떻게 되는지를 생각하기 시작했다. 이런 생각은 필연적으로 죽음의 문제로 이어졌고, 아이는 사람이 죽으면 어떻게 되는가를 생각하게 되었다. 이 어려운 질문에 어머니는 (요즘 젊은 엄마들이 대부분 그러는 것처럼) 지옥이나 극락 이야기를 할 생각도 안 들었고, 그렇다고 해서 예수님의 부활 이야기를 할 수도 없었다. 이런 경우 어머니가 **믿는** 종교가 있다면 그것에 따라서 대답하는 것이 가장 좋은 해결책이다. 하지만 이 어머니처럼 종교가 없다면 남은 방법은 오로지 하나뿐이다. 나는 어머니에게 아들이 이야기하고 싶어 하는 한 아이의 이야기를 열심히 들어주고, **신중하게 관찰**을 계속하면서 어머니가 불필요하게 가르치기보다는 아이의 체험에 공감하는 것이 중요하다고 말했다. 엄마가 이렇게 하자 아이는 "엄마, 또 슬픈 얘기를 해볼까?" 하면서 죽음에 대한 자신의 생각을 말했고, 어느 날은 부모님도 결국 죽음을 맞이할 때가 올 거라면서 울었다고 한다. 그리고 "슬픈 이야기지만 말하지 않을 수가 없어."라고 말했다는 것이다. 어머니는 아들과 함께 울면서 아들의 이야기를 들어주고 이야기를 나눴다고 한다. 그리고 얼마 지나지 않아 아이는 스스로 해결방법을 찾았다. 어느 날 아이가 눈을 반짝이면서 "엄마, 드디어 좋은 생각이 떠올랐어요."라면서 달려와서는 "내가 죽어도 엄마 배 속으로 들어가서 다시 태어나면 돼요."라고 말했고, 그 후로 죽음에 관한 이야기를 꺼내지 않게 되었다고 한다.

이 이야기를 듣고 허무하다고만 생각하지 말았으면 한다. 나는 이 보고를 들었을 때 강한 감동에 휩싸이지 않을 수 없었다. 죽음의 문제에 직면한 여섯 살 남자아이의 마음속에서 모든 종교에서 가장 중요한 '재생'의 모티브가(아주 원시적인 형태라고는 해도) 나타나서 아이가 내적인 안정을 되찾았다는 사실 때문이다. 이러한 재생의 모티브가 아이의 마음속에서 저절로 생겨났고, 이런 생각을 떠올리자마자 엄마와 함께 대화했을 때의 감동이야말로 누미노스 체험이며 종교적이라고 할 수밖에 없다. 여기에 자신이 노인이 되었을 때 부모님은 어떻게 될까를 생각하고, 죽음의 문제를 생각할 만큼 논리적인 사고를 할 수 있는 아이가 얻은 해결책이 합리적인 관점에서는 말도 안 된다는 점에 주목하기를 바란다. '죽은 후에 엄마 배 속으로 다시 들어간다'는 것은 그야말로 심상으로서 중요한 의의를 가질 뿐, 죽음에 대한 합리적인 해답은 아니다. 하지만 이 **심상**의 출현으로 아이가 깊은 감동을 받고 그 이후 죽음의 문제를 두려워하지 않게 되었음은 명백한 사실이다. 여섯 살 남자아이가 죽음을 두려워하면서도 거기에서 도망치지 않고 엄마의 지원을 받으면서 문제에 직면했을 때 '재생'의 심상이 구원자처럼 등장했다. 이 이야기는 '재생' 모티브의 중요성과 종교라는 것의 본질에 관해 시사하는 바가 큰 예이다.

사족을 덧붙여 보자면, 이 심상으로 아이가 죽음의 문제를 해결했다고 말할 생각은 추호도 없다. 하지만 아이는 이 시기에 이러한 심상에 의해서 죽음의 문제를 일단 극복했다고 할 수 있다. 아마도 아이는 사춘기가 되어서 다시 한 번 죽음의 문제를 생각할 것이다. 그리고 그때는 물론 앞에서 말한 것 같은 원시적인 심상에 만족하지 못할 것이다. 소년은 또 고뇌하게 될 것이며 죽음의 문제에 대해서 전보다 높은 차원에서 고민하고 새로운 해결책을 찾아낼 것이다. 인간은 나이를 먹음과 동시에 이러한 반복을 통해 성장한다. 이것은 한 남자아이가 여섯 살이라는 발달단계에 도달했을 때 외부 세계에서 죽음을 떠오르게 하는 영향을 전혀 받지 않았음에도 스스로 죽음에 대해서 생각하고 자신의 마음속에서 생겨난 '재생'의 심상으로 다시 일어선 이야기이다. 그리고 이 아이의 경우, 누군가가 죽음에 대해서 가르쳐줄 가능성이 없는 상태였기 때문에 더욱 인간의 마음 내부에 있는 심상의 표출 가능성을 보여준 듯하다. 융이 원형을 '인간 마음 내부에 있는 표상 가능성possibility of representation'이라고 설명하는 이유가 무엇인지 이러한 예를 통해서도 알 수 있다.

죽음과 재생은 이처럼 상당히 중요한데,[29] 이것이 외부 세계에 투사된 예로 태양 신화를 들 수 있다. 이 신화에 따르면 아침에 영웅신이 동쪽에서 태어나 태양 마차를 타고 천상을 운행한다. 서쪽에서 위대한 어머니가 만반의 준비를 하고 기다리다가 그를 집어삼킨다. 어두운 밤이 찾아오면 영웅신은 캄캄한 바닷속을 항해하고, 밤의 괴물과 격렬한 싸움을 한 뒤 아침이 되면 다시 돌아와 동쪽 하늘에 나타난다. 이 신화에 전형적으로 나타난 죽음과 재생의 테마는 영웅이 어떤 일을 성취하기 위해서 경험해야만 하는 시련 체험으로도 드러나고, 영웅이 괴물에게 잡아먹혀서 고생하는 이야기로도 자주 나타난다. 융은 이 어둡고 괴로운 과정을 '밤바다 항해night-sea journey'라고 부르고, 이것이 꿈 분석 과정에서도 자주 발생한다고 지적했다. 이제 융이 들었던 꿈 분석 예를 통해서 그 과정을 간단히 설명해보겠다. 이 예는 융과

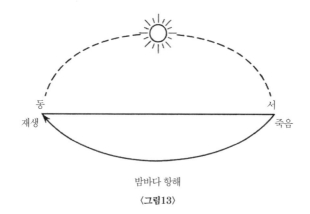

밤바다 항해
〈그림13〉

그의 지도를 받던 사람이 분석한 것으로, 어떤 젊은 남성 과학자의 꿈을 통해서 인격 발달 과정을 살펴볼 수 있다.[30] 지금은 많은 꿈 중에서 제2단계의 꿈으로 나타난 11번부터 15번 꿈만을 나열해보겠다.

## 꿈1 ─────

나와 의사, 조종사, 그리고 어떤 여성이 비행기를 타고 하늘을 날고 있었다. 모두 모르는 사람들이었다. 갑자기 크로케(잔디밭 위에서 하는 공놀이) 공이 날아와 거울을 깼다. 거울은 비행을 위해서 꼭 필요한 도구였으므로 결국 비행기가 땅으로 떨어졌다. 그나저나 도대체 이 여성은 우리 세 명 중 누구를 따라왔는가 하는 의문이 가시지 않았다(이 여성에 대한 의문은 이전 꿈에서도 가지고 있었기 때문에 '그나저나'라는 표현을 사용했다).

## 꿈2 ─────

아버지, 어머니, 여동생과 함께 기차역 승강장의 아주 위험한 장소에 서 있었다.

## 꿈3 ─────

바다 밑바닥에 구슬이 있었다. 여기에 도달하기 위해서 나는 좁은 입구로 뛰어들어야만 했다. 위험한 일이라는 것은 알지만 왠지 밑으로 내려가면 동료가 기다리고 있을 것 같았다. 나는 어두운 바닷속으로 헤엄쳐 들어가 그곳에서 아름다운 정원을 발견했다. 그것은 대칭적으로 설계되어 있었고 중앙에는 연못이 있었다.

## 꿈4 ————

아버지와 함께 약국에 갔다. 그곳에서 진귀한 물건, 특히 어떤 특별한 물을 싸게 손에 넣을 수 있었다. 아버지는 그 물이 솟아나는 나라에 관한 이야기를 들려주었다. 그다음 나는 기차를 타고 루비콘 강을 건넜다.

## 꿈5 ————

네 사람이 배로 강을 건너고 있었다. 나와 아버지, 내 친구, 그리고 그 모르는 여성이었다.


이 꿈들에 관한 상세한 내용은 융의 저서에 양보하기로 하고, 여기서 주목할 내용은 지금까지 이야기한 '밤바다 항해'의 모티브가 이 꿈 안에 잠재적이기는 하지만 나타난다는 사실이다. 즉 모르는 조종사와 함께 하늘로 올라간 그는 중요한 기구인 거울이 갑자기 깨져서 땅으로 떨어진다. 자기 능력을 믿고 하늘을 날았을 이 젊은 과학자는 아무래도 땅에 한 번 떨어질 필요가 있었을지도 모른다. 그리고 〈꿈2〉에서는 탈 것이 비행기에서 기차로 바뀌었는데 부모님, 여동생과 함께 가족의 일원으로 등장해서 앞의 꿈보다 퇴행한 상태를 보여준다. 인간이 새로운 단계로 발전하려면 그 익숙한 상황에서 한 번 **낙하하고** 필연적으로 퇴행현상을 일으켜야 하는데, 퇴행하기에는 아직 위험한 상황이라는 것을 이 꿈이 보여준다. 그리고 〈꿈3〉에서 이 사람은 지면에서 바닷속으로 점점 더 깊이 들어간다. 그런데 그는 위험을 알면서도 결단을 내리고 **뛰어들었다.** 바닷속에 뛰어들면 보물, 또는 한 사람의 동료를 얻을 수 있을 것 같았기 때문이다. 바다 깊은 곳에서 그는 생명의 물을 품은 연못을 발견한다. 이러한 결단을 내린 뒤에 〈꿈4〉에서 아버지와 함께 생명의 물을 구하러 간다. 이 꿈에서 아버지는 단순한 아버지가 아니라 생명의 물의 근원을 아는 지혜로운 노인의 심상이라고도 볼 수 있다. 발전을 위한 퇴행은 필요하지만 퇴행에도 적절하게 종지부를 찍고 다시 딛고 일어서야만 한다. 이럴 때 아버지라는 존재의 역할은 아주 중요하다. 그야말로 이때 이 사람은 '루비콘 강을 건넌 것'이다. 마지막에 꾼 꿈은 첫 번째 꿈과 같이 네 명으로 구성되어 있지만 비행기가 강물을 따라 흘러가는 배로 바뀌었고, 이보다 더 큰 변화는 처음 꿈에서는 여성뿐 아니라 남성들도 모르는 사람들이었는데 이 꿈에서는 아버지와 친구라고 하는 자신이 아는 남성이 되었다는 점이다. 처음 꿈과 이어지는 꿈을 통해 이 사람이 성취한 일은 여기에 반영되어 있다. 즉 처음에 자신의 마음속에서 무의식 안에 있었던 것(모르는 두 명의 남성으로 나타났던 부분)이 의식 안으로 통합되었음을 보여준다. 그는 더는 모르는 조종사와 함께 위험한 비행을 하는 일 없이 자신이 잘 아는 친구와 함께 강의 흐름을 타고 나아간다.

이렇게 우리는 일련의 꿈에서 심상의 변화를 통해 이 사람의 인격 발전의 흔적을 더듬어갈 수 있는데, 마지막 꿈에서도 아직 모르는 사람으로 나온 이 수수께끼 같은 여성은 과연 어떤 의미일까? 꿈속에 나타나는 여성상에 관해서는 다음 장에서 자세히 설명하겠다.

주 ────────────────────────────────────

1  이시바시 가하,《꿈》, 호분칸, 1907. 다카미네 히로,《꿈학》, 유분도쇼텐, 1917
   등에 일본의 옛날이야기와 작품 등 흥미로운 예시가 많이 나와 있다.

2  프로이트 이전의 꿈 분석에 관해서는 프로이트가 쓴《꿈의 해석》제1장에 아
   주 잘 요약되어 있으므로 이를 참고하기를 바란다. 또한 꿈 전반에 걸친 일본
   의 입문서로는 미야기 오토야,《꿈》, 이와나미신쇼, 1953이 있다.

3  프리드리히 니체 저, 데즈카 도미오 역,《비극의 탄생》(세계 명작 46), 주오코
   론샤, 1966, 455~456쪽.

4  지그문트 프로이트 저, 다카하시 요시타카 역,《꿈의 해석》(상권), 신초샤,
   1957, 107쪽.

5  Hadfield, J. a., *Dreams and Nightmares*, Penguin Books, 1954, p.113. 이가타
   히로시 · 와타라이 요시이치 역,《꿈과 악몽》, 타이요샤, 1968, 122쪽.

6  Neumann, E., *The Origins and History of Consciousness*, Pantheon Books, 1949,
   pp.5~38. 하야시 미치요시 역,《의의의 기원사》(개정판), 기노쿠니야쇼텐,
   2006, 33~72쪽.

7  Jung, C. G., "Psychologische Interpretation von Kindertraumen und alterer
   Literatur Uber Traume," Seminar von Dr. Jung Wintersemester 1938/39. 이
   신자 · 아오키 마리 역, 〈아이의 꿈과 꿈에 관한 오래된 문헌의 심리학적 연
   구〉. 우지하라 히로시 역,《아이의 꿈 I 》(융 컬렉션 8), 진분쇼인, 1992, 제
   3장, 126~188쪽. 본서 발행 시점에서는 간행되지 않았던 융의 꿈 세미나는
   1987년에 Walter-Verlag에 의해서 융 전집 별권으로 출판되었다. C. G. Jung;
   Kinderträume, Herausgegeben von Lorenz Jung und Maria Meyer-Grass,
   Gesammelte Werke; Supplementband. Seminare, Walter-Verlag, 1987.

8  프로이트, 주(4)의 책, 41~42쪽.

9  Jung, C. G., *General Aspects of Dream Psychology*, C. W. 8, pp.237~280. 아
   키야마 사토코 · 노무라 미키코 역, 〈꿈의 심리학〉,《융의 인간론》, 시사쿠샤,

1980, 59~116쪽을 참고하면서 저자의 생각도 담아서 적당히 분류를 시도해 보았다.

10  Jung, C. G., *Memories, Dreams, Reflections*, Pantheon Books, 1961, p.133. 가와이 하야오 외 역,《융 자전》1, 미스즈쇼보, 1972, 194~195쪽.

11  주(3)의 책, 535~536쪽.

12  융은 최초 꿈이 환자가 의식하지 못하는 병의 원인을 밝히는 데 상당히 도움이 된다고 주장했고, 이 점에 대해서는 프로이트도 같은 의견이라고 말했다. *The Practical Use of Dream-Analysis*, C. W. 16, p.140. 에노 센지로 역,〈꿈 분석의 실용성〉,《마음의 구조》(융 저작집3), 니혼쿄분샤, 1970. 83~84쪽.

13  Jung, C. G., *ibid.*, pp.154~155. 주(12)의 책,〈꿈 분석의 실용성〉, 107~110쪽.

14  Jung, C. G., *General Aspects of Dream Psychology*, C. W. 8, p.258. 주(9)의 책, 〈꿈의 심리학〉, 87~88쪽.

15  Jung, C. G., *The Practical Use of Dream-Analysis*, C. W. 16, pp.150~151. 주(12)의 책,〈꿈 분석의 실용성〉, 101~102쪽.

16  Jung, C. G., *On the Nature of Dream*, C. W. 8, p.291. 미야모토 다다오 · 요시노 게이코 역,〈꿈의 본질〉,《에피스테메》5 77, 아사히출판사, 1977, 17쪽에 나온 예.

17  Jung, C. G., *Two Essays on Analytical Psychology*, C. W. 7, pp.176~177. 마츠시로 요이치 · 와타나베 마나부 역,《자아와 무의식》, 다이산분메이샤(레굴루스 문고), 1995, 101~102쪽. '작은 꿈', '큰 꿈'은 각각 'little dream', 'big dream'을 번역한 것이다. 일본에도 오랜 옛날부터 '큰 꿈'이라는 단어가 있는데 이것은 장시간에 걸친 꿈, 즉 인생을 의미하는 것으로 전혀 다른 의미이다. 다카미네 히로,《꿈학》, 839쪽.

18  Hadfield, J. A., *Dream and Nightmares*, Penguin Books, 1954. p.226. 주(5)의 책, 236~237쪽. 이 책의 마지막 장에 예지몽의 예가 많이 나와 있다.

19  주(4)의 책, 22~29쪽. 본인이 망각해버린 일이 꿈에 나오는 예가 많이 나와

있다.

20 주(4)의 책, 11쪽. 아리스토텔레스는 이러한 점에서 의사는 아마도 낮에는 알 아채지 못한 몸속의 미세한 변화를 꿈으로 추측할 수 있으리라 생각했다.

21 Jung, C. G., *General Aspects of Dream Psychology*, C. W. 8, pp.262~263. 주(9) 의 책, 〈꿈의 심리학〉, 92~94쪽.

22 Jung, C. G., *On the Nature of Dream*, C. W. 8, pp.294~295. 주(16)의 책, 〈꿈 의 본질〉, 19~21쪽.

23 Meier, C. A., *Jung and Analytical Psychology*, Department of Psychology Andover Newton Theological School, 1959, p.45

24 Jung, C. G., *The Phenomenology of the Spirit in Fairytales*, C. W. 9, I, pp.216~217. 하야시 미치요시 역, 〈옛날이야기에서 찾을 수 있는 정신(가이스트)의 원형〉,《원형론》, 기노쿠니야쇼텐, 1999, 246~247쪽. 융의 저서에서는 꿈이 3인칭 형태로 나와 있는데 본서에서는 '나는'이라는 형태로 번역하였다.

25 꿈 분석을 하기에 앞서서 꿈을 꾼 사람의 의식 상태를 알아두는 것이 중요한데, 이것은 투사법을 해석할 때 맹목적 분석이 위험한 것과 마찬가지 이유에서다. 꿈의 해석법은 투사법 해석의 기초를 이루기 때문에 투사법을 연구하는 사람은 꿈 분석을 다룬 이 장에서 많은 깨달음을 얻을 수 있을 것이다. 앞절에서 극적 구성의 의의 부분은 성격 검사인 TAT[Thematic Apperception Test의 약자. 투사법에 속하는 성격 검사로, 로르샤흐 테스트와 더불어 가장 많이 이용되는 검사방법이다.—옮긴이] 연구를 하는 사람에게 도움되는 부분이 있을 것이다. 사실 TAT를 만든 머리H. A. Murray는 융에게 분석을 받은 사람이다.

26 Jung, C. G., The Practical Use of Dream-analysis, C. W. 16, pp.148. 주(12)의 책, 〈꿈 분석의 실용성〉, 97~98쪽.

27 Otto, R., *The Idea of the Holyk*, Penguin Books, 1959(*Das Heilige*, 1917의 영어 번역서이다). 야마야 세이고 역,《성스러운 것》, 이와나미쇼텐, 1968.

**28** Jung, C. G., *Psychology and Religion*, C. W. 11, p.7. 무라모토 쇼지 역, 〈심리학과 종교〉,《심리학과 종교》(융 컬렉션 3), 진분쇼인, 1989, 11쪽.

**29** 융은 재생에 대한 흥미로운 논문을 썼다. Jung, C. G., *Concerning Rebirth*, C. W. 9, I, pp.111~147. 〈다시 태어나는 것에 대하여〉,《개성화와 만다라》, 미스즈쇼보, 1991, 3~48쪽.

**30** 이 논문은 처음에 "Dream Symbols of the Process of Individuation"으로 에라노스연보(1935년)에 발표되었는데, 나중에 *Psychology and Alchemy*, C. W. 12에서 더 상세한 설명을 더해서 수록했다. 본문에 나오는 꿈을 번역할 때 꿈을 꾼 사람을 주체로 해서 '나는……'이라는 형태로 바꿔서 번역하였다. 이케다 고이치 · 가마타 미치오 역,《심리학과 연금술》(I), 진분쇼인, 1976, 제2부 참조.

6장
———

아니마 · 아니무스

앞 장 끝부분에 제시했던 예에서 남성 과학자의 꿈에 등장하는 '낯선 여성'이 매우 중요하다고 언급한 바 있다. 융은 꿈속에 나타나는 이성상, 즉 남성의 경우 여성상, 여성의 경우 남성상이 심리적으로 상당히 큰 의미를 가진다는 사실을 깨달았다. 그리고 그것들의 원형으로서의 여성상을 '아니마anima', 남성상을 '아니무스animus'라고 부르고, 그 의미를 탐구했다. 제3장에서 집단 무의식에 대해서 이야기할 때 그 일례로 그림자shadow를 들어서 설명했다는 사실을 떠올려 보기 바란다. 앞에서 말했듯 그림자는 꿈속에서 자신과 동성의 인물에 의해서 인격화되는 경우가 많은데, 그에 반해서 아니마와 아니무스는 통상적으로 이성의 인물로 인격화된다. 즉 남성의 꿈에 남성이 나타나면 그것은 그림자의 심상이며, 여성이 나타나면 그것은 아니마의 심상이라고 할 수 있다. 그리고 여성의 경우 꿈에 나타나는 여성은 그림자의 심상이며, 남성은 아니무스의 심상이라고 볼 수 있다. 그림자는 개인의 무의식과 관련이 깊고, 비교적 이해하기 쉬운데 비해서 앞으로 설명할 아니마와 아니무스는 무의식의 깊은 층에 존재하기 때문에 파악하기가 쉽지 않다. 필자의 지금까지의 경험으로는(아직 상당히 부족하지만) 일본인은 서양인보다 훨씬 더 아니마·아니무스를 자아 안에 통합하기 어려워하는 듯하다. 그래서 이 부분에 대한 설명이 쉽지 않은데, 이야기가 조금 피상적으로 느껴지더라도 양해해주기를 바라며 가능한 한 알기 쉽게 설명해보겠다. 다소 어려운 부분은 있지만 아니마·아니무스를 내적 경험을 통해서 파악하는 좋은 기회가 되길 바란다. 그런데 아니마·아니무스를 설명하려면 그것과 대응하는 페르소나persona를 이야기하지 않을 수 없다. 그래서 먼저 페르소나와 대비하면서 설명하겠다.

# 1
## 페르소나와 마음

 

이 책의 목표는 내면세계인 마음을 탐색하는 것으로 '마음의 현상학'이라고도 부를 수 있다. 그리고 이 장에 이르기까지 계속해서 그 현상을 기술해왔는데, 이제 '마음'의 의미에 대한 융의 생각을 상세하게 살펴보려고 한다. 융은 무의식에 심적 과정이 존재한다는 사실을 깨닫고, 지금까지 반복해서 이야기한 것처럼 의식과 무의식의 상호보완적인 활동을 중요하게 생각했다. 연구를 진행하면서 융은 우리가 막연하게 마음이라고 부르는 것을 조금 더 명확하게 정의 내릴 필요성을 느끼고, 'psyche'라는 단어와 'soul'이라는 단어를 개념적으로 구별해서 사용하였다. 'psyche'란 의식적인 것과 무의식적인 것을 포함해서 모든 심적 과정 전체를 가리키며, 이것은 일단 '정신精神, psyche'이라는 말로 바꿔서 지금까지 사용해왔다. 문제가 되는 것은 'soul'인데,

그 의미는 나중에 다루기로 하고 이것을 '마음ここ3, soul'이라고 번역하겠다. 여기서 '영혼'이라는 단어를 사용하지 않은 이유는 이것을 종교적인 개념인 영혼이나 넋 등과 혼동할 우려가 있기 때문이다. 그리고 번역할만한 적당한 단어가 없기 때문에 나츠메 소세키가 자신의 소설 제목을 일부러 히라가나로 썼던 것처럼 히라가나로 '마음ここ3, soul'이라고 옮겼다.*

인간이 세상에 적응하면서 살아가려면 외부 환경에 적절한 태도를 취해야만 한다. 외부 환경은 항상 우리에게 그러한 태도를 취하기를 요구한다. 즉 아버지는 아버지답게, 교사는 교사답게, 아이는 아이답게, 대개 사람들이 기대하는 행동에 맞춰서 살아야 하는 것이다. 그리고 학교에 가지 않는 학생이나 일해서 번 돈을 자기를 위해서만 쓰고 가족에게 한 푼도 쓰지 않는 아버지는 잘못되었다고 공격받기 마련이다. 하지만 필자는 이렇게 겉으로 드러나 보기 쉽고 이해하기 쉬운 외부 세계에 대한 적응 문제뿐 아니라 자신의 내부 세계에 대한 적응 문제도 무시할 수 없다고 생각한다.

내적 적응이라는 말이 이해가 안 되는 사람을 위해서 하나의 예를 들어보겠다. 필자는 미국에서 유학생활을 할 때 많은 일본인 유학생과 알고 지냈는데, 그중에서 일본인으로는 보기 드물게 미국인 사이에 자연스럽게 녹아들어서 생활하는 사람이 있었다. 일본인이 풍습과

---

* 나츠메 소세키의 《마음》이라는 소설의 원제는 《ここ3》로 히라가나로 되어 있다. 왜 한자 마음 심心이 아니라 히라가나로 했는지는 밝혀지지 않았지만, 히라가나가 주는 따뜻한 느낌 때문일 것이라고 추측된다. 원문에서는 한자 '心'과 히라가나 'ここ3'로 구별되어 있지만 이는 번역어로는 모두 '마음'이어서 이를 구별하여 '정신'과 '마음'으로 번역했다. ―옮긴이

가치관이 전혀 다른 미국 사회에 적응해서 살기란 적어도 필자가 유학했던 당시로서는 상당히 어려웠다. 그래서 평범한 일본인 유학생들은 미국 사람들과 자연스럽게 교제하는 이 일본인 친구를 부러워했고 때로는 질투도 했다. 그런데 어느 날 이 학생이 필자에게 상담을 받으러 와서는 원인 불명의 만성 설사에 시달리고 있다고 고백했다. 그는 설사가 너무 심해서 미국 의사도 찾아갔었다고 했다. 그 의사는 여러 가지 검사를 한 뒤에 이 설사가 신경성인 듯하다며 무슨 고민이 있지 않느냐고 물었다고 했다. 미국인 의사는 일본에서 온 유학생이 타국 생활에 적응하지 못하고 신경성 설사가 생겼다고 짐작한 듯했다. 하지만 그의 예상과는 달리 일본인 학생은 '적응'은 완벽하다고 말했다. 학교도 재미있고 미국인 친구도 많이 있으며 교수님도 자신을 좋아하고 여자친구도 있다면서 말이다. 의사는 '부적응'의 신호를 어디에서도 찾을 수 없어서 현재로서는 자신도 잘 모르겠지만 어쨌든 심리적인 문제인 것 같다며 심리 전문가에게 상담을 받으라고 조언했다고 한다. 필자가 놀랄 수밖에 없었던 점은 그 후에도 비슷한 밝은 성격의 유학생들이 줄지어 찾아와 만성 소화불량에 시달리고 있다고 털어놨기 때문이다. 이들의 '부적응' 문제는 틀림없이 그들의 너무나도 훌륭한 '외적 적응'에 기인한 것으로 보인다. 지금까지와는 전혀 다른 바깥 세계인 미국 문화에 대해서 성급하게 피상적으로 적응하려고 한 나머지 자신의 내부 세계의 중요성을 잊어버린 것이 아닐까? 그들은 외부 세계를 존중한 나머지 자신을 무시한 것 아닐까?

외부 환경에 적응하려고 무리하여 자신 안에 있는 **마음**soul과의 접촉이 끊어질 뻔했는지도 모른다. 이 예를 통해 알 수 있듯이 인간은 외적 적응을 잘 못해서 신경증에 걸리기도 하지만, 내적 적응을 소홀히 해도 신경증에 시달린다. 이러한 점에 주목해서 융은 외부 세계뿐 아니라 내부 세계에도 적절히 주의를 기울여야 한다고 말하면서 그것들의 원형으로서 존재하는 근본 태도를 이야기했는데, 외부 세계에 대한 태도를 '페르소나', 내부 세계에 대한 태도를 '아니마'라고 불렀다. 여기서 말하는 아니마가 융의 입장에서는 마음soul과 동의어라고 할 수 있다. 융은 원형으로서 무의식 안에 존재하는 심적 과정에 대처하는 양식, 즉 내적 근본 태도를 '마음soul'이라고 생각한 셈이다. 원형으로서의 '마음'은 물론 의식적으로 파악할 수 없지만, 그것이 심상으로 나타날 때는 파악할 수 있다. 그것이 '마음의 상soul-image'인 꿈속에서는 이성異性의 모습으로 인격화되는 경우가 많다. 이렇게 생각하면 꿈에 나타난 여성상을 정확하게는 '아니마의 심상(또는 마음의 상)'이라고 말해야 하는데, 융은 이것 또한 아니마라고 부르는 경우가 많다. 실제로 마음soul과 동의어인 아니마라는 말을 일부러 사용하는 이유는 꿈속의 여성상을 가리키는 경우가 많기 때문이다.

페르소나와 아니마는 상호보완적으로 활동한다. 남성의 경우 페르소나는 남성다움을 기대한다. 따라서 그의 외적 태도는 힘이 세고, 논리적이어야 한다. 하지만 그의 내적인 태도는 이것과는 완전히 상반되게 유약하고, 비논리적이다. 실제로 우리는 상당히 남성적이고 강한 남자가 내적으로는 생각보다 훨씬 약하다는 사실을 깨달을 때가 많다. 이렇게 일반적으로 바람직하다고 생각되는 외적 태도, 곧 페르소나에 의해 버려진 면이 마음soul의 성질이 되며 이것이 심상으로 나타나면 여성상으로 등장한다. 여성의 경우에는 일반적으로 여성에게 기대되는 태도, 즉 상냥함이나 순종적인 태도 등이 페르소나를 구성하고, 그 마음soul의 상은 남성상으로 인격화되어서 나타난다. 이 남성상을 '아니무스(정확히는 아니무스의 심상)'라고 부른다. 아니무스는 아니마의 남성형이다(이것은 라틴어로 영혼·정신을 뜻한다). 이 아니마·아니무스는 우리 마음속에 있으며 우리 행동에 큰 영향을 끼친다. 그것은 인간의 의식적 태도에 부족한 기능을 모두 포함하고 있기 때문에 우리는 전혀 '생각지도 못한' 활동을 하게 되며, 부정적이든 긍정적이든 큰 의미를 가진다. 기계처럼 한 치의 오차도 허용하지 않을 만큼 규칙에 엄격한 병사에게 아니마는 '복귀시간에 조금쯤 늦어도 상관없다'고 속삭일지도 모른다. 혹은 시골에서 농사를 짓고 있는 여자에게 아니무스는 '너는 총을 들고 최전방에 서야만 한다'고 명령할지도 모른다. 이런 것은 그들의 페르소나 입장에서는 불가능한 일 같지만, 그 저항하기 힘든 매력과 압도적인 힘에 밀려서 그것을 따르면 그 결과 어떤 사람은 나락으로 떨어지기도 하고, 또 어떤 사람은 국민적인 영웅이 되기도 한다. 이러한 창조적이면서도 위험성이 높은 아니마와 아니무스의 활동에 관해서는 다음 절에서 다루기로 하고, 여기에서는 페르소나에 대해서 더 이야기해보겠다.

페르소나라는 단어는 원래 고전극에서 배우가 사용하던 가면을 가리키는 말이다. 융이 이 단어를 빌려온 의도는 명확한데, 페르소나는 우리가 외부 세계에서 쓰고 있는 가면이라고 할 수 있다. 페르소나는 꿈속에서는 인격화되어서 표현되는 경우가 적고, 일반적으로 '의복' 등 자신의 몸에 착용하는 것으로 표현되는 경우가 많다. 사람들 앞에서 알몸으로 있거나 그 장소에 전혀 어울리지 않는 옷을 입고 있는 꿈은 적절한 페르소나를 가지고 있지 않음을 나타낸다. 페르소나가 인격화되어 나타나는 경우는 적지만, 통상적으로는 동성의 인간으로 나타나곤 한다. 다음으로 페르소나 문제를 나타내는 꿈의 예를 들어보겠는데, 이것은 어떤 직장인 미혼 여성의 꿈이다.

**꿈** ————

꿈에서 다수의 남자와 싸우고 있었다. 나는 앉아서 덤벼드는 남자들을 차례로 양산과 막대기로 때렸고, 남자들은 한 사람씩 강으로 떨어졌다. 그리고 마지막 한 사람이 남았을 때 나는 그에게 이제 그만 항복하라고 했지만 그는 내 말을 듣지 않았다. 그래서 나는 오늘이든 내일이든 언제라도 상대해주겠다며 일어섰다. 그 순간 나는 내가 실오라기 하나 걸치지 않았다는 사실을 깨닫고, 부끄러움에 어쩔 줄을 모른다. 나는 다시 자리에 앉아 일단 수영복이라도 입어야겠다고 말한다. (⋯⋯) 우리는 싸우기 위해서 해수욕장에 왔던 것 같다.

여유 있게 앉아서 남성들을 차례차례 쓰러뜨린 여성이 마지막 한 사람에게 언제든지 상대해주겠다고 허세를 부리며 일어나자마자 자신이 알몸이라는 사실을 깨닫고 부끄러워서 다시 주저앉는 부분이 상당히 인상적이다. 인간은 때로 페르소나를 없애고 진정한 자신의 모습을 보이거나 그것을 스스로 인식하는 것이 중요하며 이러한 의미에서 알몸 꿈은 긍정적이다. 이 여성은 능력은 있지만 직장에서 대인관계 때문에 곤란을 겪고 있었다. 이 꿈에 대해서 이야기를 나누면서 분명해진 점은, 그녀는 말하지 않아도 좋을 사실을 무심코 말해버려서 상사에게 미움을 받거나 혼자서만 일을 너무 많이 해서 동료에게 미움을 사는 일이 잦았다는 점이다. 거짓말을 하거나 일을 게을리 해서 문제를 일으키는 사람도 있지만, 반대로 진실을 말하거나 일에 지나치게 열중해서 대인관계를 악화시키는 사람도 있다. 때때로 알몸이 될 수도 있지만 시간과 장소를 가려야 한다. 이 사람은 자신이 장소에 맞지 않게 알몸으로 있다는 사실을 깨닫고 하다못해 수영복이라도 입으려고 한다. 알몸보다는 좀 나으리라고 판단한 셈이다.

의복이 페르소나를 보여주는 경우를 우리 일상에서도 찾아볼 수 있다. 자신의 마음soul을 드러내면 위험한 직업을 가진 사람이 제복을 입는 것처럼 말이다. 군인, 경찰, 승무원 등은 항상 사람의 마음soul의 문제를 접해야 하므로 다른 사람의 마음soul에 깊이 관여할 위험을 제복으로 방어하고 있다고도 할 수 있다. 하지만 방어 수단으로서의 제복은 종종 그 사람을 모두 덮어버려서 그 안에 정말로 **살아 있는 인간**이 있는지가 의심스러워지는 경우도 종종 있는데, 페르소나와 자신을 동일시해버리면 위험에 빠질 수 있다. 페르소나 형성에 지나치게 공을 들인 나머지 그것과의 동일시가 강해지면 페르소나가 그 사람의 모든 인격을 덮어버려서 결국에는 그 견고함과 강한 힘에 갇히고 개성을 잃게 된다. 언젠가 마르셀 마르소의 팬터마임을 보았는데, 그는 한 남자가 여러 가지 가면을 쓰고 즐거워하다가 어릿광대 가면이 벗겨지지 않아서 곤혹스러워하는 장면을 연기했다. 그는 가면을 벗으려고 발버둥치는데 아무리 괴로워해도 얼굴은 계속 어릿광대의 웃는 얼굴이었다. 그 상반된 모습을 표현해 보일 때 마르소의 연기가 빛을 발했다. 이것은 그야말로 단단하게 굳어진 페르소나의 비극을 연기했다고 할 수 있다. 간혹 페르소나가 이처럼 굳어지지 않아서 스스로 페르소나를 가려 쓰는 데에 익숙한 사람도 있다. 장소가 달라지면 외부 세계에서 기대하는 역할도 달라지기 때문에 상황마다 페르소나의 종류도 다르다. 따라서 우리는 페르소나의 종류를 바꿔야 한다. 그리고 이러한 페르소나를 발달시키기를 게을리하는 사람은 자칫하면 외부 세계와 마찰을 일으키기 쉬워서 타인의 감정을 상하게 하거나 자기 능력을 부드럽게 발현하기 어려워지기도 한다. 페르소나는 자기 내적인 것에 뿌리를 내리고 있으면서도 외적인 역할을 연기하기 위해 채택된 것으로, 사회 안에서 자연스럽게 살아가기 위해서 필요하다.

한 남성이 '남자다움'을 강조하는 페르소나를 취할 때 그것은 내부에 존재하는 여성스러움, 즉 아니마에 의해서 균형을 이루게 되고, 여성은 여자다움의 페르소나를 아니무스에 의해서 보상받는다. 하지만 이것이 상호보완적으로 작용하기보다는 극단적인 동일화 기제에 의해서 파괴적으로 작용하는 때도 있다. 항상 강하고 엄격한 것처럼 보이던 남성이 동정심 때문에 실패하거나 늘 애교가 넘치던 아내가 신문에 나온 권위 있는 학자의 사설을 읽고 다른 사람에게 연설하는 것도 이런 이유에서다. 이럴 때 그 사람이 마치 다른 사람 같다고 말하기도 하는데, 이것은 그야말로 남성의 배후에서 여성이 혹은 여성 안에서 남성이 나와서 행동하는 것 같은 느낌마저 들게 한다. 우리는 이런 위험성을 막기 위해 페르소나와 아니마·아니무스의 동일시를 피하고, 그것들을 분화해서 제대로 인식하려고 노력해야 한다. 그렇다면 이제 무의식의 깊은 곳에서 굳어지기 쉬운 페르소나에 유연성과 활동성을 부여하는 아니마와 아니무스에 대해 더 자세히 설명해보겠다.

# 2

## 아니마

남성의 '마음soul'의 상은 꿈속에서는 여성의 모습으로 나타나는 경우가 많다. 여기서 그 전형적인 꿈을 하나 소개하겠다. 젊은 독신 남성의 꿈인데, 세세한 부분은 생략했다.

**꿈** ————

나는 누군가와 해수욕장에 가고 있었다. 가고 싶지 않았지만, 꼭 가야만 한다는 사실을 알고 있었다. 해안에서 중학교 시절의 선생님이 수영을 가르쳐주었다. 다른 사람들이 열심히 헤엄치고 있을 때, 나는 떨어져 나와서 혼자 해안가에 서 있었다. 그런데 갑자기 바닷속에서 아무것도 걸치지 않은 소녀의 몸이 떠올랐다. 나는 서둘러 소녀를 건져 올리고 인공호흡을 했다. 소녀의 희미한 숨결을 느끼고 안심했다. 따뜻한 옷을 입혀주려고 집에 돌아왔는데, 옷은 잔뜩 있었지만 모두 너무 작았다. 한참 옷을 찾다가 잠에서 깨어났다.

이것은 위험한 상태에 있었던 낯선 소녀, 아니마를 구해내는 전형적인 꿈이다. 이 꿈은 분석을 받기로 결정한 뒤 얼마 지나지 않아서 꾼 꿈으로, 최초 꿈이라고 부를만하다. 해수욕장에 가고 싶지 않았지만 가야만 한다는 사실을 알고 있었다는 점은 분석을 시작하기에 앞서서 많은 사람이 느끼는 양가적인ambivalent 기분을 잘 표현하고 있다. 여기서 바다는 그야말로 무의식 그 자체를, 수영을 배우는 것은 무의식의 세계에 들어가서 그것을 배운다는 의미이다. 그리고 다른 사람들과 떨어져서 고독하게 있을 때 아니마는 익사체에 가까운 모습으로 떠올라서 이 사람을 놀라게 한다. 고독은 좋은 쪽으로든 나쁜 쪽으로든 비정상적인 체험을 불러일으키는 토대가 된다. 이처럼 전설이나 옛날이야기의 주인공들도 숲속에서 길을 잃거나 부모에게 버림받거나 혼자서 여행을 떠나면서 비정상적인 체험의 발단을 경험하곤 한다. 이 꿈에서도 혼자서 무리에서 떨어져 있을 때 아니마가 출현하는데, 정말 위험한 상태 같다. 이 남자는 소녀를 구해서 인공호흡을 한다. 이것은 그야말로 무의식의 세계에 가라앉아서 그와의 접촉이 끊긴 나머지 죽음에 이를 뻔한 '마음soul'을 되살려서 다시 접촉했다고 할 수 있다. 여기에서 인공호흡이라는 테마가 나타난 점도 흥미롭다. 원래 라틴어인 아니마 · 아니무스는 모두 그리스어로 'anemos(바람)'에서 온 말인데, '마음' 또는 '영혼'은 '숨'이나 '움직이는 공기'의 표상과 깊은 관련이 있다.[1] 인공호흡으로 그녀가 되살아난 일은 정말로 기뻐할만한 일이지만, 조금 불만족스러운 결말은 현재 그의 마음과 페르소나의 관계를 여실히 드러낸다. 그가 마침 가진 페르소나(옷)는 너무 작아서 그 아니마를 감싸기에 적당하지 않기 때문이다. 실제로 이 꿈에 나타난 것처럼 그는 긴 분석을 통해서 아니마를 획득하려고 용기를 내어 계속 노력하면서 아니마에 걸맞은 페르소나를 확립하기 위해서 상당한 어려움과 오랫동안 싸워야 했다.

이와 같은 관점에서 보면 임신중절을 단념한 꿈도 위험 상태에 놓여 있던 아니마와의 접촉 회복을 의미하거나 아니마가 탄생하는 꿈이라고 볼 수 있다. 아니마는 남성의 마음속에 있는 억압된 것 또는 열등한 것과 밀접한 관계를 가질 가능성이 큰데, 대부분 열등기능과 결합한다. 이 사고형 남성의 꿈은 감정기능이 아니마와 연결되어 있으며 아니마 탄생은 그의 열등기능인 감정이 개발되어가는 과정을 나타낸다. 그런 점에서 이 남성에게는 신기하게 느껴질만한 음악이 들려오고 '피리를 분다'고 하는 감정 표현이 나타난다. 그는 피리를 부는 사람과 자신을 동일시하기까지 했다. 이처럼 아니마가 반드시 여성상으로 나타난다고는 할 수 없으며, 이 꿈의 경우에는 아니마의 감정이라고 부를만한 것이 피리 소리로 표현되었다고 할 수 있다. 때로는 아니마가 동물 모습으로 등장하는 경우도 있는데, 그 전형적인 예로 '백조처녀swan maiden 이야기'*를 들 수 있다. 백조처녀 이야기는 전 세계에 분포되어 있기 때문에,[2] 그 나라에 오래전부터 있던 것과 전해진 것

---

\* 백조처녀 이야기: 우리나라의 '선녀와 나무꾼' 이야기에 해당한다. 서양의 백조처녀 설화 또한 평범한 남자가 신분 상승을 위해 여성과 억지로 결혼하고 결국에는 비극으로 끝난다.—옮긴이

을 구별하는 일조차 어려워졌지만, 이런 비슷한 이야기가 세계 각국에 사는 사람들의 마음을 울리면서 계속해서 전해져 내려왔다는 사실만은 분명하다. 이것은 아니마상이 인류 공통의 집단 무의식에 뿌리내리고 있다는 사실을 보여준다고 할 수 있다. 백조처녀 이야기는 아니마가 가지는 저항하기 힘든 매력과 그것을 파악하기 어렵다는 점을 우리에게 고스란히 전해준다.

남성의 마음속에 있는 이 '영원한 여성'은 외부 세계에 투사됨으로써 그 성질의 한 부분을 우리에게 보여준다. 실제로 남성들은 자신을 둘러싼 여성 안에서 그것을 보는(또는 본 것처럼 느끼는) 것이다. 모든 이의 반대에 부딪혀 괴로워하는 남성을 향해 '저는 믿습니다'라는 한마디로 용기를 주고 그 남성의 위대한 창조력의 원천이 되는 여성이 있는가 하면, 성공의 절정에 있는 남성에게 살짝 한쪽 눈을 감아 보여서 그를 나락으로 떨어뜨리는 여성도 있다. 오래전부터 많은 예술가가 펜이나 붓으로 영원한 여성을 그려왔으며, 현재도 그 노력은 이어지고 있다. 그리고 우리는 이처럼 고상한 예술에 의지하지 않더라도 마흔이 넘어서 '여자에게 미치기' 시작해서 자신과 가족을 힘들게 하는 남자를 주위에서 흔히 찾아볼 수 있다. 융은 인생 후반의 중요성을 강조한다. 인생 전반이 떠오르는 태양 같은 시기라고 한다면, 마흔이 넘어서부터는 기울어 가라앉아 가면서 인생의 의미를 찾아야만 하는 인생 후반이 시작된다. 그 시기가 되어서 지금까지의 가치 관념이 급격하게 변함을 느끼거나 살아갈 이유를 잃어버린 것 같다며 고민하는 사람도 많다. 지위나 재산, 명성을 얻으려고 밖을 향했던 사람들도 이 시기가 되면 지금까지와 달리 내적인 세계에 눈뜨기 시작한다. 그리고 내부 세계에 있는 '마음soul'은 외부 세계의 여성에게 투사되어서 사십대에 새로운 사랑이 시작된다. 이러한 사실을 모르는 사람은 그의 새로운 애인이 '너무나도 의외의' 사람이라는 사실에 놀랄지도 모른다. 견실하기로 소문난 학자가 창부 같은 여성에게 마음을 빼앗기거나, 천하의 난봉꾼 같은 남성이 청순한 소녀에게 변치 않는 사랑을 맹세하기도 한다. 이런 일은 오히려 당연하며, 혜안慧眼을 가진 사람이라면 한편으로는 이상하게 보이는 사랑에서 그 남자가 발견해가야 할 가능성을 간파할 수 있다. 실제로 그런 여성에게 자신을 묶어두려고 하는 자기 마음속 아니마의 존재를 깨닫고 그것과 대결함으로써 그는 점점 자신을 풍부하게 만들고, 통합성이 높은 인격으로 발전해나갈 수 있다.

아니마가 분석을 통해서 추구될 때 그것은 하나의 발전 과정을 더 듭어가는 것처럼 보인다. 처음에는 아니마라고 하기보다는 어머니상이 나타난다. 실제로 어머니는 각 사람이 가지는 아니마상의 모태가 되는데, 어머니가 가지는 따뜻함과 부드러움, 그리고 언제까지나 아이로서 어머니를 독점하고 싶은 강렬한 바람은 아니마의 성질로 이어진다. 어머니의 포용력과 이해하는 특성devouring quality 때문에 언제까지고 어머니 품에서 벗어나지 못해서 아니마의 발전이 멈춰버린 사람도 많다. 이러한 단계에 멈춰 있는 남성은 경박한 난봉꾼이 되는 경우도 적지 않다. 모든 난봉꾼이 그렇다고 말하기는 어렵지만, 이들은 이성에게서 어머니와 같은 사랑을 갈구하지만 만족을 얻지 못하기 때문에 차례로 상대를 바꿔갈 수밖에 없는 것이다. 심리적으로는 어머니 품에 안겨 있으면서 많은 여성을 **정복**했다고 착각하는 남성도 있다.

다음으로 어머니와 아니마상의 이행단계로 어머니를 대리하는 심상이 나타난다. 그 예로 항상 상냥하게 대해준 동네 아주머니나 처음 방문한 친척 집에서 만난 사촌누나를 들 수 있다. 누나 같기도 하고 엄마 같기도 한 상냥한 느낌의 심연에서 무언가 표현하기 힘든 마음의 흔들림을 느끼는 것이다. 그것은 어머니상의 연장이면서 동시에 자신의 '집' 외부에 있는 매력이라는 의의도 가진다. 반드시 어머니 같은 사람이라고 제한하지 않더라도 적어도 자기 집(또는 어머니) 외의 곳에 마음을 흔드는 누군가가 존재한다는 사실을 경험하면서, 장래에 어머니로부터 독립을 하기 위한 하나의 준비 과정을 겪는다. 이 단계를 거쳐서 아니마가 등장하는데, 이것을 융은 네 단계로 나눠서 첫 번째를 '생물학적인 단계', 두 번째를 '로맨틱한 단계', 세 번째를 '영적spiritual인 단계', 마지막을 '지혜wisdom의 단계'라고 했다.

첫 번째 생물학적 단계에서는 어쨌거나 여성인 존재, 아이를 낳을 수 있다는 사실이 중요하다. 특히 성性이라는 측면이 강조되고, 어머니와의 분리를 분명히 하는 존재로 창부 이미지가 나타난다. 아무리 도덕적인 사람이라도 분석의 어느 단계에서는 이러한 창부 스타일의 여성상이 꿈에 나타나서 놀라는데, 어떤 것을 낳는 **토양**의 존재를 경험하고 받아들이게 된다. 이 단계에 도달한 남성은 앞 단계에 머물러 있는 '철부지'들을 비웃거나 갑자기 섹스 이야기를 꺼내서 사람들을 당황하게 만들며 즐거워하는데, 이 단계의 남성은 성에 대해서는 알고 있어도 여성에 대해서는 모른다고 할 수 있다. 그리고 다음 단계로 로맨틱한 아니마가 등장한다. 앞 단계에서는 여성이라면 누구라도 상관없었지만 이 단계에서는 **한 사람**의 여성에게 사랑을 느낀다. 여기서는 여성을 인격으로서 인정하므로 여성을 선택하는 일에 엄격한 판단이 필요하다. 로맨틱 아니마를 어머니를 대신할 여성을 향한 달콤한 마음의 흔들림과 혼동하지 않기를 바란다. 일반적으로는 그런 감정을 로맨틱하다는 표현으로 나타낼 때가 많기 때문이다. 그것은 오히려 센티멘털하다고 해야 할 테고, 창부 스타일의 아니마에 사로잡인 남자들에게 비웃음을 살 뿐이지만 값어치가 있다. 여기서 이야기한 로맨틱 아니마는 서양 사람들이 문학작품에서 공들여 묘사해왔지만, 일본에서는 그다지 발달하지 않았다. 옛날 일본에서는 '가문'을 지키기 위해 아니마의 발달을 최대한 억압하는 대신 창부에게는 미적인 세련됨과 감각적인 아름다움을 추구해왔던 듯하다(술자리의 흥을 돋우기 위해 예쁘게 꾸미고 노래를 부르며 춤을 췄던 에도시대 게이샤처럼 말이다). '가문家門'을 지키기 위해 여성은 가문의 후계자를 낳는 '토양'으로서의 역할에 머물렀고, 남성들은 여성의 인격을 인정하지 않았다. 그리고 그러한 단계의 아니마에 만족할 수 없는 남성은 '가문'과는 다른 세계에서 미적 아니마를 발달시키게 되었다. 남성은 아내의 인격을 인정하지 않지만 그 보상으로서 아내의 **자리**를 인정하게 되었는데, '토양'으로서의 여성의 강함이 온 가족에게 영향을 주어서 많은 일본 남성이 영원히 토양인 어머니에게서 벗어나지 못하게 되었다. 근대에 들어와서 서양 문화를 접한 일본인은 문학을 통해서 그들의 로맨틱한 아니마를 접하고 강한 동경심을 품게 되었다. 하지만 실제적으로 이 단계까지 아니마를 발전시킨 일본인은 현재로서도 아주 적은 듯하다. 일본에서 **일반인에게** 페미니스트나 로맨티스트로 불리는 남성은 오히려 앞에서 말한 어머니상에서 아니마로의 이행단계인 어머니의 대리

심상단계에 머물러 있으며, '창부 스타일'의 아니마와 대결하기를 피하는 사람이 많은 듯하다. 그것은 이들에게서 느껴지는 '심지가 약한' 느낌에서 찾을 수 있다.

아니마의 세 번째 단계는 영적인 단계로, 성모 마리아가 그 전형이다. 이 단계에서 섹스는 성스러운 사랑으로 격상된다. 성모 마리아는 어머니인 동시에 처녀이며, 어머니로서의 지고지순한 사랑과 소녀의 더없이 깨끗한 느낌이 공존한다. 이 단계에서 예지의 아니마로 이어진다. 사실상 가장 성스럽고 가장 깨끗한 세 번째 단계의 아니마 위에 예지가 존재한다는 사실이 이상하기도 하다. 이것에 대해서 융은 "때로는 부족함이 지나침보다 낫다는 진실 때문일 것이다."[3]라고 말했다. 이 단계의 아니마상으로는 제우스의 머리에서 갑옷을 입은 채 태어났다는 그리스 신화의 아테나 여신을 들 수 있다. 투구를 쓴 여신 아테나의 얼굴은 남성 같은 차가움과 빛을 겸비했고, 형용할 수 없을 만큼 깊은 지혜를 느끼게 한다. 개인적으로는 이 단계의 아니마상으로 굳이 그리스 여신을 들지 않더라도 일본에서 유명한 주구지中宮寺의 미륵보살상을 들 수 있다. 미륵보살상에서 많은 사람은 어머니의 자비를 느낀다. 하지만 그것이 성모 마리아가 보여주는 사랑과는 다르다는 사실은 누구나 알 수 있다. 그리고 이 모습에 불가사의한 매력을 느끼는 사람도 이것을 비너스와 비교하지는 않을 듯하다. 미륵보살상이 끝없는 상냥함과 매력을 감추고 있으면서도 우리 마음을 울리는 이유는 이 상이 깊은 지혜를 가지고 있기 때문이라고 생각한다. 실제로 일본의 미륵상에서 이 단계의 아니마의 표현을 찾는 경우가 많다. 그리고 많은 관음보살이 남성 같기도 하고 여성 같기도 하다는 점(오히려 여성적이라고 느껴진다)은 앞에서 말한 아테나가 여신이면서 갑옷과 투구를 몸에 걸치고 있다는 사실과 좋은 대조를 이룬다. 미륵보살상에서 모나리자의 미소를 떠올리는 사람도 있는데, 모나리자도 서양에서 이 단계의 아니마상을 표현한 사례 중 하나로 보인다. 물론 모나리자와 아테나 여신과 미륵보살은 앞에서 말한 것처럼 공통점이 있으면서도 그 포인트가 조금씩 다르다. 3단계인 성모 마리아 같은 이미지는 일본에서는 거의 발전되지 않았음에도, 4단계 이미지는 서양보다 일본 쪽이 풍부한 듯하다.

이상의 네 단계는 융이 사변적으로 만들어낸 것이 아니라 많은 남성을 분석한 결과이며, 경험을 통해 나왔다. 아니마상은 아주 복잡하고 기괴하기 때문에 앞에서 말한 것처럼 쉽게 분류해버리는 일에 저항을 느낄 수밖에 없는데, 실제로 꿈 분석을 통해서 앞에서 말한 단계로 아니마상을 발전시키는 일이나 어떤 단계를 뛰어넘어 발전시키는 일이 어렵다는 점을 지적했다는 점에서 융이 공헌한 바가 크다. 그리고 융은 이 네 단계를 거친 뒤에 아니마는 더는 인간상으로 표현되는 일 없이, 하나의 기능function으로 우리의 자아를 마음의 진짜 중심인 자기(self, 다음 장 참조)와 관계 맺게 할 수 있다고 말했다. 그야말로 아니마는 관계relationship를 위한 기능인 셈이다. 이 아니마를 통해서 우리는 자신의 마음 내부와 관계 맺고자 하는 **자기**란 무엇인가라는 의문을 품게 되는데, 이것은 다음 장에서 다루기로 하고, 아니마에 대해서 조금 더 살펴보자.

실제로 아니마를 의식 안에 통합하려는 시도는 어떤 의미에서는 남성의 **약한 부분**을 발달시킬 것을 강요하는 일이기 때문에 상당히 어렵다. 아무리 강한 사람이라도 막상 연애를 하면 약해지거나 어리석어지는 점에서도 드러나듯이 실제로 아니마는 남성에게 경험을 통해서 **약함**을 가르쳐준다. 그리고 이러한 **약함**의 내적 경험을 할 때 비로소 남성은 타자와의 진정한 관계를 만들어낼 수 있다. 강하기만 한 남성은 지배하고 명령할 수는 있어도 타인과 깊이 있고 대등한 교제를 할 수는 없다. 심리치료사가 되려는 사람이 반드시 아니마 문제에 직면해야 하는 이유가 이것이다. 하지만 아니마와 대결해서 통합해가는 일과 아니마와 동일화하는 일은 구별해야 한다. 아니마와 동일화하는 남성은 이른바 유약한 남자가 되거나 터무니없이 감정적이 되기도 하며 달콤하고 감상적인 생각에 빠져서 현실을 외면하기도 한다. 카운슬러로 일하는 남성 중에 여자 같은 느낌이나 다정한 느낌이 강한 사람이 있는데, 이들은 자칫 아니마와 동일화될 위험한 상황에 처해 있다고 보아야 한다.

융은 일반적으로 남성은 남성으로서의 강함이나 판단력 등을 기대받기 때문에 외적인 기대에 부응하는 페르소나를 만들어내는 것이 중요하며, 이러한 페르소나를 인생의 전반부에서 쌓아놓고 아니마 문제와의 대결은 인생의 후반부(35~45세 이후)에 하는 것이 일반적이라고 말한다. 확실히 외부 세계에 대한 적절한 페르소나 없이, 내부 세계에 있는 아니마와 대결할 때는 사방에서 적이 나타나 정말로 위험한 상황에 처할 수도 있다. 다만 예외적으로 예술가나 종교가, 앞에서 말한 바와 같이 심리치료사 등은 젊었을 때부터 아니마 문제와 맞서 싸워야만 하는 숙명을 짊어진 특수한 직업인 듯하다.

아니마는 여성에게 투사될 때가 많지만 항상 그런 것은 아니어서,

어떤 사물이나 상품이 그 역할을 하는 경우도 있다. 예를 들어 미국에서는 자동차가 아니마적인 역할을 하고 있는 듯하다. 남성들은 앞다투어 멋진 자동차를 사서 돌보며(그들은 그야말로 자동차를 돌보는데, 여차하면 애인으로 삼을 판이다) 친구들과 진지하게 자동차 이야기를 나눈다. 필자는 근대 합리주의의 산물에 비합리적인 감정을 투사해야 한다는 사실이 안타깝게 느껴진다. 문득 미국 문화라면 뭐든지 재빨리 흡수하는 일본에서는 자동차의 아니마화가 어느 정도 진행되었을지 궁금하다.

　지금까지 아니마의 네 단계 발전 과정과 페르소나와 아니마의 관계 등을 융이 꿈 분석의 결과를 통해 경험적으로 기술했는데, 이것을 그대로 일본인에게 대입할 수 있는지는 아직 확신하기 어렵다. 이것은 일본인의 심성과 깊은 관계가 있어서 앞으로도 관찰을 계속해야 한다. 여기서 아니마에 대한 고찰을 끝내고, 다음 절에서는 여성의 마음 soul인 '아니무스'에 대해서 살펴보겠다.

# 3

# 아니무스

여성의 경우 겉으로는 소위 여성스러운 근본 태도를 가지고 있는데 반해서, 무의식 내에는 열등한 논리성이나 강인함이 집적되어 있다. 그것이 꿈에서 이미지로 나타날 때는 인격화된 남성상을 취하는 경우가 많다. 이를 아니무스의 심상(줄여서 '아니무스'라고 말하는 것은 아니마의 경우와 마찬가지다)이라고 한다. 여성의 내면세계에 존재하는 이 남성, 아니무스가 밖으로 표현될 때는 예외를 허용치 않는 완고한 의견으로 나타날 때가 많다. 융은 아니무스는 의견opinion을 만들고 아니마는 무드를 조성한다고 말했는데, 실제로 가장 무서운 것은 여성의 의견과 남성의 무드이다. 이것들은 모두 왠지 모르지만 뿌리가 깊다는 특징이 있다. 아니무스에 사로잡힌 여성은 '……를 해야만 한다'라는 식으로 자기 의견을 강하게 말한다. 이것은 일반적인 원리로서는 올바르지만 각각의 실제 상황에는 적절하지 않은 경우가 많다. 이 완고한 의견에 맞닥뜨린 남성은 갑자기 감정적이 되어서 감정적인 반대론을 펼치기도 한다. 하지만 이는 아무리 노력해도 만나지 못하는 평행선이며 대부분 시간이 해결해줄 뿐이다. 여성이 아니무스와 자신을 동일화할 때는 이처럼 부정적인 면이 있지만 반대로 긍정적인 면도 있다. 이를 조금 자세히 설명해보겠다.

아니마의 발전단계가 네 단계였던 것처럼 아니무스의 발전단계도 네 단계로 나눌 수 있다. 융의 아내인 엠마 융Emma Jung은 이 발전단계를 (1)힘, (2)행위, (3)단어, (4)의미로 나눴다.[4] 이것은 괴테의《파우스트》에서 파우스트 박사가 그리스어 신약성서를 독일어로 옮길 때 "최초에 로고스Logos가 있었다."의 로고스를 '단어das Wort', '의미der Sinn', '힘die Kraft', 그리고 '행위die Tat'로 설명한 것을 참고한 구분이다. 아니마는 에로스의 원리를 강조한데 반해서, 아니무스는 로고스의 원리를 강조한다고 할 수 있다. 최초로 언급한 힘의 단계는 남성의 강인함, 특히 육체적인 강함을 나타내는데, 스포츠 선수의 이미지로 표현된다. 이것은 아니마의 첫 단계와 마찬가지로 '낮은 아니무스'라고 해야 한다. 다음으로 행위의 단계는 첫 번째 단계와 그렇게 명료하게 구별하기는 어렵지만 강한 의지를 가지고 용감한 행위를 감행하는 남성상으로 표현된다. 이런 요소들을 갖추었던 헤밍웨이는 여학생들의 동경의 대상이 되기도 했다.

남성의 경우 아니마의 문제가 퇴행한 상태에서 발생하면 에로틱한 공상으로 나타날 때가 많은데, 여성의 경우 에로틱한 공상으로 나타나는 경우는 드물고 **듬직한** 남성의 출현에 의한 인생 설계 등 소망이 가득한 **계획**(다분히 공상적이지만 본인에게는 하나의 계획이다)으로 나타난다. 그리고 이 훌륭한 계획에 따라 '여성도 직업을 가져야**만** 한다'든지 '내 남편은 명문대 출신**이어야만 한다**'는 등의 흔들리지 않는 의견이 형성된다. 이러한 소망에 가득 찬 생각이 강해지면 그것과 바깥세계를 비교하면서 바깥세계의 온갖 것들은 무가치하게 보여서 흥미를 잃게 된다. 이처럼 모든 것을 비판하다 보면 비판의 화살이 결국에는 자신을 향하게 되어서 자신이 극단적으로 시시하게 느껴지거나 여자라는 사실을 스스로 비하하거나 지나간 일을 끄집어내서 '대학에 갔어야만 했다', '그 사람과 결혼을 했어야 했다'는 등의 말을 반복하게 된다. 아니무스에 사로잡힌 여성의 이러한 특징은 그림형제의 동화 중 〈지빠귀 수염 왕〉에 나오는 공주를 통해서 생생하게 묘사되어 있다. 공주는 수많은 구혼자에게 별명을 붙여서 그들을 웃음거리로 만들었지만 결국에는 몇 번이나 '아, 지빠귀 수염 왕과 결혼했다면 좋았을 걸.' 하고 후회할 수밖에 없었다.[5] 하지만 아니무스가 이렇게 파괴적인 작용만을 한다고는 말할 수 없다. 여성 안에 있는 소망이 넘치는 계획은 아무도 눈치 채지 못한 가능성을 끌어내거나, 누군가가 새롭게 제안한 것에 편견을 가지지 않고 누구보다 빨리 동의해주는 등의 건설적인 역할을 해낸다. 남성이 굳어진 사고의 틀에 갇혀서 새로운 것을 배척하려고 할 때, 여성이 그 의미를 발견하고 혁신적인 행동에 가담하거나 혁신의 숨은 추진자가 될 때가 있는 것처럼 말이다. 항상 누군가가 노리는 독립지사를 숨겨주고 용감하게 행동하는 여성 등도 그 예라 할 수 있다.

아니무스가 현대 여성에게 큰 의미를 가지는 점은 언어 · 의미단계로 나타나는 지적인 로고스의 측면일 것이다. 요즘처럼 합리적이고 객관적인 사고방식을 존중하는 시대정신이 팽배한 시대에 여성은 항상 이런 의미의 아니무스 문제와 씨름해야 한다. 아니마의 특성이 타인과의 조화인데 반해서 아니무스의 특성은 날카로운 절단 능력이다. 차이를 명확하게 하고 옳고 그름에 대한 판단을 내리는 능력은 복잡한 문제를 명쾌하게 해결하는 데에 도움이 된다. 하지만 호텔 살인사건 꿈에서처럼 아니무스의 검이 갖는 위력에도 주의해야만 한다. 그러지 않으면 겉으로는 아니무스의 검으로 남성과 겨루는 듯 보이지만, 사실은 자신이 가진 '여자의 목숨femininity'을 잘게 자르는 작업에 열중하는 꼴이 될 수도 있기 때문이다. 그리고 아니무스의 검은 결국 빌린 것에 지나지 않기 때문에 겉으로는 강렬하게 자신의 의견을 내세우는 듯하지만 사실 그 뒤에 아버지의 말씀이나 신문에 난 기사 등이 숨어 있는 경우도 드물지 않다(유령 협회에서 전화가 오는 꿈에서 신문에 관한 논의를 참조하기 바란다). 실제로 남성들은 자신의 여성스러움을 죽이고, 신문에 나온 의견으로 몸을 감싼 여성을 두려운 상대로 보지 않는다. 하지만 여성이 자기실현의 길을 걸으려면 아니무스를 살아보고 통합해가는 어려운 길을 선택해야만 한다.

그리고 이 길은 여성으로서의 정체성을 잃을 위험성과 남성으로부터의 격렬한 반대와 마주해야 하기 때문에 상당히 어려운 길이다. 상대방 남성이 태모great mother의 품에 아직 잠들어 있다면 이 경향이 더 강해진다. 독립을 향한 여성의 움직임은 그런 남성의 안락한 잠을 위협하기 때문이다. 이런 어려운 길을 피해서 여성적인 일에 아니무스적인 요소를 억지로 끼워 넣음으로써 만족감을 찾으려는 여성도 있다. 그들은 육아나 가사를 능률적이고 합리적으로 처리해가면서 만족을 느끼곤 한다. 하지만 주부로서 생활하면서 일의 능률을 올리는 일에 익숙해져서 에너지가 남게 되면 이것을 어떻게 소비할지가 문제가 된다. 이 에너지가 살짝 옆길로 **빠져서 낮은** 아니무스와 결합하면 성적 모험을 찾게 된다. 일반 여성의 경우 성적 만족만으로 즐거움을 얻거나 흥미의 대상으로 삼는 경우는 적지만, 그렇게 되면 여성은 남성과 똑같이(사실 그것은 아니무스의 활동에 의한 행동이지만) 성적 만족만을 좇아서 행동하게 된다. 앞에서 방탕한 남성도 사실 어머니로부터 독립하려고 발버둥치는 것이라고 말했는데, 이런 여성의 성적 모험이나 외도 또한 자기실현의 길을 찾기 위한 처절한 노력이라고 할 수 있다. 이러한 남녀는 본능적으로 서로 부르고 함께 행동하지만, 결국 이들의 만남은 육체의 **결합**과 마음의 **분리**를 맛보는 일에 지나지 않을 때도 많다.

일반적인 주부는 이러한 멋진 모험을 스스로 실행하는 대신 로맨스 영화를 감상하는 정도에 그치고, 남은 에너지는 오로지 아이에게 쏟아붓는다. 자신의 남편에게서 아니무스상을 찾을 수 없다는 좌절감인 '아, 지빠귀 수염 왕과 결혼했으면 좋았을 걸.'이라는 아니무스의 탄식은 아이에 대한 기대로 바뀐다. 소망으로 채색된 생각은 모두 아이에게 투사되어서 아이는 어머니의 아니무스를 살지 않으면 안 되는 것이다. 아이는 부드러운 입맞춤으로 여성을 백년에 걸친 잠에서 깨워줄 아름다운 왕자님이 될 것을 강요받거나 명연주로 우레와 같은 박수를 받는 소년 음악가가 될 것을 요구당한다. 아니무스의 발전만을 바라는 어머니에게 과학적인 육아법이나 합리적인 교육법 등 적절한 무기를 공급하는 친절한 남성이 함께하면 악명 높은 '치맛바람 엄마'가 탄생하게 된다. 하지만 자기 아내의 치맛바람에 곤혹스러워하거나 냉소하는 남성은 대부분 아직 '엄마'의 무릎에 앉아 있는 남성으로, 여성의 아니무스가 제시하는 올바른 발전으로의 길을 막고 치맛바람 엄마를 탄생시키는 데에 큰 힘을 보태고 있다는 사실을 스스로 알아채지 못하는 경우도 허다하다. 내적인 세계까지 시야를 넓혀서 사건을 보면 부부 중 어느 한쪽만 나쁘고, 다른 한쪽만 착한 경우는 매우 드문 듯하다.

인간의 행복만을 단순하게 생각한다면 여성으로서는 아니무스 문제 따위는 모르는 편이 훨씬 더 행복하다고 할 수 있다. 이것은 많은 신화와 옛날이야기에 나오는 주제인데, 그 일례로 그리스 신화인 '큐피트(에로스)와 프시케 이야기'를 들 수 있다. 아름다운 처녀 프시케는 큐피트와 사랑에 빠져서 결혼에 골인하지만, 남편 큐피트는 항상 밤에 찾아와서 아침이 밝아오면 사라진다. 그리고 프시케에게 자신의 모습을 절대로 봐서는 안 된다고 말한다. 처음에는 행복하게 지내던 프시케도 결국 호기심과 의심을 이기지 못하고 어느 날 밤 불빛을 비춰서 큐피트의 모습을 보고 마는데, 이에 큐피트는 화를 내며 뛰쳐나갔고 이때부터 프시케의 고난이 시작된다. 수많은 고난을 겪은 끝에 프시케는 다시 한 번 큐피트와 이어지는데 여기서 그 이야기는 생략하기로 하고, 프시케가 남편의 모습을 보는 일을 금지당했다는 대목에 주목해보자. 즉 아름다운 처녀 프시케는 그 아니무스를 보려고 하지 않는 한, 다시 말해 아니무스 문제를 의식하지 않고 사는 한 행복한 결혼생활을 계속할 수 있다. 하지만 그녀의 호기심이 그것을 막지 못했다. 그녀 안에 그런 단순한 행복에 만족할 수 없다는 마음이 생겼기 때문이다. 바로 이것이 많은 여성을 선택으로 몰아가는 전환점이다. 큐피트가 프시케에게 자신의 모습을 보는 일을 금지한 것처럼 일반적으로 남성은 여성이 아니무스에 눈 뜨기를 바라지 않는다. 실제로 여성 중에는 아니무스를 전혀 눈치 채지 못하거나 완전히 제압하고 있는 사람이 있는데, 이런 여성은 개성이 없으므로 남성이 아니마를 투사하기에 최적의 조건을 갖췄다고 할 수 있다. 이런 까닭에 그들은 많은 남성에게 사랑받고 추켜세워진다. 이런 여성은 다른 여성이 보면 개성이 없고 미덥지 못하며 좋은 점을 찾기 힘들기 때문에 왜 남성 사이에서 인기가 있는지 이해하기 어렵다. 동성이 보기에는 별 볼일 없는 사람이 이성에게 인기 있는 까닭에는 이런 비밀이 존재하는 것이다.

하지만 일단 여성이 아니무스를 알게 되면 아니무스를 끝내 외면하지는 못한다. 프시케의 오랜 고난의 길과 행복한 결말이 보여주듯이 한번 발을 들여놓은 길은 아무리 괴로워도 끝까지 걸어서 아니무스의 발전을 통해서 아니무스를 의식 안에 통합해가야 한다. 그렇게 괴로운 노력을 거쳐야 아니무스는 **의미**를 갖게 되며, 자신의 여성스러움을 잃는 일 없이 그 여성스러움을 선도하는 아니무스와 함께 여성의 자아는 높은 통합성을 가진 자기와 결합한다. 현재 일본에는 아니무스 문제에 직면하지 않으면 안 되는 상황에 있는 여성도 있는가 하면, 아니무스와 전혀 무관하게 행복한 생활을 하는 여성도 있다. 아니무스 발전의 길을 걷는다는 것에 어떤 의미가 있는지 여태껏 이야기했는데, 그것이 너무나도 고생스러운 일이라는 점을 생각하면 자신의 아니무스에 눈을 감고 있는 여성을 함부로 깨울 생각은 들지 않는다.

다만 스스로 눈을 뜬 사람에게는 필요하다면 최대한 조력해야 한다.

　예로부터 아니마를 그린 문학은 많지만, 아니무스를 그린 작품은 드물다. 많은 남성이 '영원한 여성'을 갈구해서 그 상을 파악하려고 아니마를 그렸는지는 쉽게 이해가 되는데, 왜 여류 문학가들은 아니무스 그리기에 전념하지 않았을까? 이것은 일부 남성들이 아니마를 기록하는 일에 지나치게 전념했기 때문에 이에 대한 반발심으로 **현실의** 여성을 그리는 일에 공을 들였기 때문이라고 해석할 수 있다. 그런데 융은 종종 아니무스의 상이 파악하기 어렵다는 사실을 지적하면서 "나는 여성의 아니무스의 인격에 관해 확실하게 보고할 수 있을만한 예는 본 적이 없다."[6]고까지 말했다. 아니마는 꿈에서 종종 한 명의 여성으로 나타나지만(모르는 여성을 포함해서 네 명이 함께 비행하는 꿈, 해수욕장에서 익사할 뻔한 소녀를 구하는 꿈 등) 아니무스는 두 명이나 세 명 또는 다수의 남성으로 나타나는 경우가 많다는 점(호텔 살인사건 꿈과 다수의 남자와 싸우는 꿈 참조)을 지적하면서 "여성의 아니무스는 복수의 인격으로 성립되어 있어서 그것을 하나의 인격으로 그려내기가 불가능하지 않다."고 말했다. 이 점에 관해 융의 아내인 엠마는 다음과 같이 기술했다.[7] "여성은 오랜 옛날부터 어머니로서의 역할이 매우 중요하다고 들으며 인생 대부분을 '어머니'로 살도록 요구받아왔다. 그에 반해 남성은 '아버지'로서의 역할뿐 아니라 다양한 직업을 가지고 복잡한 삶의 방식을 경험해왔다. 이런 측면에서 보면 남성에게 '어머니'상은 상당히 중요하며 모든 여성상은 어느 정도 어머니상을 모태로 만들어졌다고 할 수 있다. 그렇기 때문에 아니마상은 비교적 단일하며 모든 남성이 가진 아니마에는 공통점이 많다. 이에 반해서 여성의 아니무스상은 아버지상에 영향을 많이 받았을 텐데, 남성이 가지는 어머니상과는 달리 아니무스는 많은 남성상(심지어는 잡다하게 느껴질 정도이다)에 영향을 받기 때문에 단일한 모습이 되기 어렵다." 상당히 흥미로운 가설이다.

지금까지 이야기해온 것처럼 아니마와 아니무스는 인간관계 안으로 들어와서 그 관계를 한층 복잡하게 만든다. 한 쌍의 남녀관계를 아니마와 아니무스를 포함해서 네 명의 관계라고 말하고 싶을 정도이다. 남성이 아니마와 동일화하면 유약한 남자라고 무시당할 테고, 여성이 아니무스에 홀리면 여성스럽지 못하다고 비난받을 것이다. 하지만 일단 이 문제를 알게 되었다면 우리는 어느 정도 동일화의 위험에 놓이더라도 자기 내부에 있는 아니마·아니무스를 통합하려고 노력해야만 한다. 이 괴로운 우회로를 통해서 한 사람의 여성 또는 남성으로서 그 안에 강함과 약함을 품으면서 풍부한 인간으로서 자신의 개성을 살리며 살아갈 방법을 찾아야만 한다. 아니마와 아니무스는 인간의 남성다움과 여성다움을 위협하는 존재가 아니라 깊은 의미를 가진 기능으로서의 역할을 하는 셈이다. 이렇게 살아가는 과정을 융은 개성화 과정이라고 부르는데, 이것은 다음 장에서 자세히 다뤄보겠다.

주 ────────────────────────────

1 Jung, C. G., *Basic Postulates of Analytical Psychology*, C. W. 8 p.345. 에노 센지로 역, 〈현대 심리학의 근본문제〉,《마음의 구조》(융 저작집3), 니혼쿄분샤, 1970, 16쪽.

2 Jung, Emma, *Animus and Anima*, The Analytical Psychology Club of New York, 1957. 가사하라 요미시 · 요시모토 치즈코 역,《내면의 이성: 아니무스와 아니마》, 가이메이샤, 1976. 여기에 각 나라의 다양한 백조처녀 설화가 소개되어 있다.

3 Jung, C. G., *Psychology of the Transference*, C. W. 16, p.174. 하야시 미치요시 · 이소가미 게이코 역,《전이의 심리학》, 미스즈쇼보, 1994, 16~17쪽.

4 Jung, Emma, *op. cit.*, p.3. 주(2)의 책, 8~9쪽.

5 그림동화 중에서도 일반적으로 잘 알려져 있는 〈개구리 왕자〉, 〈잠자는 숲속의 공주〉, 그리고 여기에 나온 〈지빠귀 수염 왕〉 등은 여성의 자기실현 문제(따라서 아니무스의 문제)에 대해서 시사하는 바가 크다.

6 Jung, C. G., *Mind and Earth*, C. W. 10. p.41. 다카하시 요시타카 · 에노 센지로 역, 〈마음과 대지〉,《현대인의 영혼》(융 저작집2), 니혼쿄분샤, 1970, 147쪽.

7 Jung, Emma, *op. cit.*, p.28. 주(2)의 책, 42쪽.

7장

자
기

제1장에서 이미 지적했듯이 융은 일찍부터 의식과 무의식의 상호보완성에 주목했으며 마음의 전체성psychic totality에 깊은 관심을 보였다. 그런 생각을 가장 단적으로 보여주는 것이 융이 만든 '자기自己 self, Selbst'라는 개념이다. 이것은 융 심리학의 핵심이라고 할 만큼 융은 평생에 걸쳐서 이 문제와 씨름해왔다고 말해도 과언이 아니다. '자기'는 융 스스로도 기술한 것처럼,¹ 동양사상과 통하는 부분이 많다. 융의 이 개념은 동양과 서양사상의 가교로서도 큰 역할을 한다. 서양학문을 동양으로 옮겨오려 애쓰는 사람, 혹은 동양사상을 서양에 전하려는 사람에게는 놓칠 수 없는 중요한 의미를 갖는다. 먼저 '자기' 문제와 밀접하게 관련되어 있는 개성화 과정에 대해서 설명하겠다.

# 1

## 개성화 과정

지금까지 인간의 유형과 페르소나, 아니마·아니무스 등을 이야기 해오면서 이것들 사이에는 항상 상호보완적인 관계가 존재한다는 사 실을 알게 되었을 것이다. 예를 들어 '내향과 외향', '사고와 감정', '페 르소나와 아니마(아니무스)' 등은 서로 다른 것과 반대되는 극을 이루 며 상호보완적인 성격을 가진다. 인간의 마음이 이러한 양극 사이의 역동성을 지니며 동시에 하나의 전체성·통합성을 견지하고 있다는 사실은 융이 항상 지적해왔다. 본래 우리의 의식도 자아$_{ego}$를 중심으 로 어느 정도의 안정성과 함께 통합성을 유지하고 있다(제2장의 단어연 상검사에 관한 내용 참조). 그리고 이러한 사실 때문에 우리는 하나의 인 격으로서 인정을 받는다. 하지만 인간의 자아는 안정된 상태에만 머 무르지 않고, 그 안정성을 무너뜨려서라도 높은 차원의 통합성을 지향하는 경향을 보인다. 그러한 마음의 움직임을 전형적으로 보여주는 예가 제4장에서 들었던 유치원생의 그림이다. 그 사례에서 가장 인상적인 점은 집에서 편안하게 살고 있는 달팽이와 집을 갈라놓는 듯한 움직임이 발생하는 것이다. 집 안에서 즐겁게 안주하고 있는 상태가 그대로 유지될 때가 가장 좋아 보이는데, 마음속에서 그 안정을 무너뜨리는 움직임이 발생해서 그것을 기점으로 높은 단계의 통합성을 향하는 것이다. 그 사이에 아이가 어떤 노력을 했는지는 이미 설명했듯 그 아이의 다른 그림에 반영되어 있다. 이 예에서 알 수 있듯이 개인에게 내재한 가능성을 실현하고, 그 자아가 높은 차원의 전체성을 지향하려 노력하는 과정을 융은 '개성화 과정individuation process', 또는 '자기실현self-realization의 과정'이라고 부르고, 이것이 인생의 궁극적인 목표라고 생각했다. 그리고 심리치료의 목적도 결국은 이것이다.

유치원 아동의 예에서도 분명하게 드러나듯이 우리 의식 상태가 안정되어 있다 해도 그것을 무너뜨리고, 더 높은 차원의 통합성을 찾으려는 움직임이 우리 마음속에서 발생한다. 이때 그러한 활동을 의식의 중심으로서의 자아로 돌려놓을 수는 없다. 왜냐하면 의식 상태는 일단 안정되어 있고, 자아의 힘으로 이것을 바꿀 하등의 이유가 없기 때문이다. 이 경우에는 남자아이들에게 건방지다고 괴롭힘을 당하는 위험을 무릅쓰고서라도 높은 차원의 통합성을 지향하는 움직임이 생겨났는데, 융은 이처럼 의식을 넘어선 활동의 중심으로 '자기'라는 개념을 생각했다. 자아가 의식의 중심인데 반해서 자기는 의식과 무의식을 포함한 마음 전체의 중심이며, 그 외에 인간 마음에 존재하는 대립적인 요소, 즉 '남성적인 것과 여성적인 것', '사고와 감정' 등을 통합하는 중심이라고도 할 수 있다. 융이 이러한 자신의 생각을 명료하게 표현한 곳은 1921년에 출간한 《인간의 유형》에서였는데, 1902년에 발표한 그의 박사 논문에서도 이미 그 생각이 싹트고 있었다는 사실을 발견할 수 있다.[2] 이 논문에서 융은 이중인격은 새로운 인격의 발견 가능성이 어떠한 특수한 어려움 때문에 방해받고, 그 결과 의식 장애로서 나타난다고 기술했다. 이중인격이나 몽유병 같은 이상 행동을 통해 이러한 목적을 가진 의미 있는 암시teleological significances를 찾아내려고 한 것이다.

그 당시는 이중인격이나 몽유병 등의 의식 장애 현상에 대해서 임상적인 흥미를 가지고 탐구하던 시절인데, 이러한 현상을 설명하기 위해서 프로이트와 융은 무의식의 심적 과정을 찾아나섰다. 그런데 프로이트가 이러한 현상을 무의식 안에 숨은 성적인 동기로 환원하려 했다면, 융은 마음의 전체성이라는 생각을 바탕으로 목적론적인 관점을 도입했다는 점에서 확연한 차이를 보인다. 필자에게 치료를 받으러 왔던 동성애와 몽유병으로 고민하던 스위스의 어느 남자 고등학생이 동성애의 대상이 된 학생에 관해 이야기를 하다가 "결국 그 아이는 저예요. 마음속으로 이랬으면 좋겠다, 저랬으면 좋겠다 하고 바라던 저의 모습이죠. 그 아이가 제가 원하던 모습을 하고 있었던 거예요." 라고 절규하듯이 말한 적이 있다. 동성애 때문에 고민하고 한밤중에 몽유병 상태로 깨어나 상대방을 만나러 가는 일은 상당히 드물고 이상한 행동이다. 그러나 언뜻 보기에 이상한 이 행동을 병리적인 면에서뿐 아니라, 그 행동으로서 그가 살기를 바라며 그렇게 있고 싶다고 기도하는 마음의 활동, 즉 이상한 행동을 해서라도 자신의 인격 안에 부족한 부분을 채워 넣어서 통합하려는 시도를 하고 있다는 사실을 간파해야 한다. 실제로 융의 '자기'에 대한 생각을 파악함으로써 우리는 겉보기에 병적으로 보이거나 이상하게 여겨지는 행동 중에서 높은 차원의 통합성을 지향하는 마음의 활동을 찾을 수 있으며, 이로써 심리치료를 하는 의의를 발견할 수 있다. 그것은 한 고등학생의 동성애라는 '일반적이지 않은' 행위를 소멸하는 작업에 참가하는 일이라기보다는 한 사람의 고등학생이 자기 마음 안에 가라앉아 있는 가능성을 발견하고, 그것을 자아 안에 통합해가는 과정에 함께하는 일이라고 말할 수 있다. 이렇게 생각하면 이 고등학생에게 동성애라는 현상은 자기실현을 촉진하기 위한 하나의 기점이라고도 생각할 수 있다.

이와 같이 융은 이중인격 등의 이상 행동에서 의식과 무의식의 상호보완적인 활동을 발견하면서 마음의 전체성에 대한 강한 확신을 품었는데, 이러한 확신은 동양사상을 접한 후에 점점 더 명확한 형태를 갖추게 된다. 그는 그 내용을 1929년에 발행한 리하르트 빌헬름Richard Wilhelm의 《황금꽃의 비밀》 독일어 번역판 해설에서 분명히 밝혔다.[3] 중국에서는 '도道'를 서로 대립하는 음과 양의 상호작용과 그 대립을 포함하는 것으로 파악하고 있음을 깨닫고 융은 많은 것을 느낀 듯하다. 그는 여기서 의식 세계만 중요한 것이 아니라 무의식도 중요하다는 사실을 깨닫고, 이 두 가지의 상호보완적인 활동에 주목할 때 인간 전全 인격의 중심은 자아가 아니라 자기라는 사실을 깨닫게 되리라고 말했다.[4] 자아는 어디까지나 의식의 중심이며, 의식과 무의식을 포함한 전체의 중심으로서 자기가 있다고 주장한 것이다. 융은 "자기는 마음의 전체성인 동시에 그 중심이다. 이것은 자아와 일치하는 것

이 아니라 큰 원이 작은 원을
포함하는 것처럼 자아를 포함
한다."고 기술했다.[5] 그런데
위대한 자기를 경험하는 일
은 큰 위험을 동반한다. 아니
마 · 아니무스에 대해서도 긍
정적인 면과 부정적인 면이
모두 존재한다고 말했던 것처
럼 자기 또한 어두운 면을 가

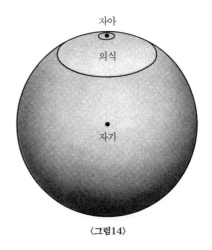

〈그림14〉

지고 있다. 그 위대함이 자아를 삼켜서 안식처를 잃어버린 듯한 상태
가 될 수 있기 때문이다. 즉 마음의 전체성이 무의식 안으로 가라앉아
버려서 무의식의 특성인 시간과 공간의 상대성이나 부분과 전체가 동
일해지는 경향이 의식 속에서 나타날 수 있다. 이것이 극단화된 증상
이 정신분열증인데 그들의 망상에서 이러한 시간과 공간, 부분과 전
체의 일그러짐을 찾을 수 있다. 자아가 강인하지 않으면 이러한 위험
에 빠질 수 있는 것이다. 이것과 비슷한 현상이 있는데, 자아가 자기
의 위대함에 중독되어서 동일화 현상을 일으키는 것이다. '자아의 팽
창ego inflation' 현상이라고 한다. 특히 항상 자아와 대결해야만 하는 심
리치료사나 종교인 등이 빠지기 쉬운데, 누구보다도 겸허해야 할 종
교인이나 심리치료사가 고약한 교만을 드러내는 경우, 자아의 팽창에
빠진 상태라고 할 수 있다. 의식적으로는 겸허하게 행동하지만 그것
이 무의식적인 오만함으로 뒷받침되고 있다는 사실을 깨닫지 못하는
것이다.

이러한 위험한 상황에서 자기와 대결하려는 사람은 상당히 강한 자아를 가지고 있어야 한다. 자아실현의 과정에서 자아의 역할이 얼마나 중요한지에 관해 융은 "자아의 일면성에 대해서 무의식은 상호보완적인 상징을 보여주고, 양자 간에 중간 역할을 하려고 한다. 하지만 이렇게 되려면 자아가 항상 적극적인 협동 태세를 갖추고 있어야 한다는 사실을 잊지 말아야 한다."[6]고 말했다. 즉 먼저 자아를 견고하게 하고 그 강한 자아가 스스로 무의식의 세계를 향해서 문을 열고 자기와 상호 대결함과 동시에 협동할 때 비로소 자기실현의 길을 걸을 수 있다는 의미이다. 융은 동양의 지혜를 상당 부분 받아들였지만 이 점에서 동양사상 일반과는 다른 관점을 가지고 있다고 할 수 있다. 융이 자주 지적했듯이 동양은 마음의 내적 세계에 대해서, 특히 자아 문제에 대해서는 서양보다 훨씬 더 오래전부터 많은 것을 알고 있었다고 할 수 있다. 그래서 자기의 위대함을 강조한 나머지 자아의 존재를 희생하는 듯 느껴지기도 한다. 한 사람의 자아의 가치(나아가서는 한 사람의 생명조차)가 그것을 넘어서는 위대한 존재를 위해서라면 아무렇지 않게 희생당해도 된다는 사고방식과 삶의 태도가 동양에서 강했다는 점도 이를 반영한다. 내적 세계에 마음을 빼앗겨서 외부 세계와의 관계(이것이 자아의 역할이다)를 잊어버린 전형적인 예로는 성서에 나온 베드로 이야기를 들 수 있는데, 그는 많은 사람 앞에서 물 위를 걸으려다가 물에 빠지고 마는 바람에 창피를 당했다. 베드로가 내적 세계에서 시간과 공간의 상대성을 **체험**했음은 쉽게 간파할 수 있는데, 그 체험을 외부 세계로까지 연장하려다가 문제가 발생한 것이다.

이처럼 자아의 존재를 잊어버린 베드로는 물에 빠져서 웃음거리가 되었다. 그렇다면 자기의 존재를 잊어버린 사람은 어떻게 될까? 자신의 의식체계를 강화하고 발전시킴과 동시에 무의식적인 것, 즉 비합리적인 점과 열등한 점을 파악해온 사람은 그 강한 자아로써 지위를 얻고 재산을 축적할 것이다. 하지만 이런 사람은 어느 순간 문득 자신의 지위와 재산, 직업 등 그가 자랑스럽게 생각해온 것에서 '의미'를 찾을 수 없다고 느끼기 시작할지 모른다. 간단히 말하자면 그들은 자신이 자기 영혼에서 잘려나간 존재라는 사실을 깨닫기 시작한다는 말이다. 융은 자신이 만난 환자의 약 3분의 1이 이처럼 인생의 의미를 찾지 못해서 자신을 찾아왔다고 말했다. 그중에는 외적으로 모든 것에 잘 적응하고 있었는데 바로 그 "적응력으로 고민하고 있다."며 역설적인 표현을 한 사람도 있다. 이들의 잃어버린 **마음soul**을 위무하려고 근대문명은 그들에게 한동안 망각할 시간을 주기 위해서 수많은 발명을 했다. 많은 사람은 **자극**을 얻기 위한 수단으로 저속한 영화를 보거나 도박에 몰두한다. 인간의 시간 절약을 위해서 많은 발명을 한 근대문명은 시간 낭비를 위한 텔레비전도 발명하는 등 왠지 묘한 타협을 하고 있는데, 이 때문에 잃어버린 마음과의 접촉을 회복하기가 더욱 어려워졌다. 우리는 물에 빠진 베드로를 마냥 비웃을 수만은 없다. 그렇다면 텔레비전과 세탁기를 내던져 버리고 절에라도 들어가야 할까? 실제로 일본에서는 옛 전통에 따라 좌선을 통해서 마음의 회복을 기도하는 사람도 많은데 이것도 어느 정도는 효과가 있는 듯하다. 하지만 문제는 외부 세계와 내부 세계 중 어느 쪽을 선택하느냐가 아니라 양쪽 모두 신경 써야 한다는 점 아닐까? 즉 외부 세계와의 접촉을 놓치는 일 없이 내부 세계에도 창문을 열고, 근대적인 문명을 소화하면서도 오래되고 어두운 마음의 실상과도 잇닿아 있어야만 한다는 것이다. 이런 점에서 융이 동양의 사유에 마음이 크게 끌리면서도 여전히 자아의 중요성을 강조하고, 자기ego와 자아self의 상호작용과 대결Auseinandersetzung하는 일의 중요성을 강조한 이유를 충분히 알 수 있을 것이다.

사실 이렇게 말하기는 쉽지만 실제로 행하려면 위험하기도 하고 꽤 어렵기도 하다. 어떤 개인이 자기실현 문제에 직면하는 시기는 그 사람에게 가장 위험한 때라고도 할 수 있다. 이때 많은 사람은 자신이 지금까지 가지고 있던 가치관이 역전되는 경험까지 하게 된다. 지금까지 사고기능의 유용성을 확신하던 사람은 감정기능의 중요성에 직면해서 주춤거릴 테고, 여성스러운 것은 경멸해야만 한다고 생각하던 남성이 여성스럽게 행동하는 자신을 발견하고 놀라기도 할 것이다. 각 장에서 여러 가지 예를 들면서, 어떤 사람이 자신의 그림자를 깨닫고 그것을 통합하려고 했던 일과 남성적인 페르소나를 가진 사람이 아니마에 직면한 일을 소개했는데, 그것들은 모두 자기실현 과정의 일부라고 할 수 있다. 그리고 그때 일어나는 위험에 대해서도 설명했다. 실제로 자기실현을 위해서는 지금까지 자신이 전적으로 옳다고 생각하던 것까지 버려야 하는 때가 있다. 왜 융이 "모든 면에서 좋은 것은 비싸기 마련인데, 인격 발전은 그 무엇보다도 비싸다."[7]라고 말했는지 알 수 있다.

융은 자기실현의 과정을 내적인 이미지의 세계에서 추구할 때 그것이 지금까지 기술해온 것처럼 '그림자', 그리고 '아니마(아니무스)', 그다음이 '자기'로 나름의 순서가 존재하며, 아니마 · 아니무스에도 단계가 있음을 인정했다. 하지만 일반적으로는 이것이 내적 세계에서만 추구된다고 보기는 어렵고, 내적 세계와 외적 세계의 교묘한 연결과 중간 역할을 하는 투사 기제도 거들면서 우리의 내적 발전은 외적인 것과도 관련을 맺는다. 그렇기 때문에 예를 들어 그림자 문제를 내적으로 추구하는 사람은 그 이미지를 투사한 친구나 형제 등과 실제적인 관계가 미묘하게 얽히다가 내적으로 그림자의 통합이 이루어질 무렵 그 사람들과의 관계가 개선되기도 한다. 이것들은 밀접하게 얽혀 있어서 어느 쪽이 선행한다고 꼬집어 말하기 어렵다. 융이 강의를 마친 후에 어떤 학생이 "선생님께서 말씀하시는 자기라는 것은 어려워서 와닿지가 않습니다. 더 **구체적으로** 찾을 수 있는 중에서 무엇이 자기인지를 말씀해주시면 좋겠습니다."라고 말하자 융은 "여기 계시는 모든 분, 바로 여러분이 저의 자기입니다."라고 대답했다고 한다. 이것을 통해 융은 자기실현이 혼자만의 문제가 아니며, 다른 사람들과의 관계도 중요하다는 사실을 단적으로 보여주었다고 할 수 있다. 이것을 융의 말로 한 번 더 설명하자면[8] 다음과 같다. "개성화는 두 가지 중요한 면을 가지고 있다. 하나는 내적이고 주관적인 통합의 과정이며, 다른 하나는 마찬가지로 빼놓을 수 없는 객관적 관계의 과정이다. 때로는 어느 한쪽이 우세해지는 일도 있지만, 어느 것도 한쪽만으로는 존재할 수 없다." "분석을 통해서 자신을 알 수 있다." 이 말을 자신의 마음 내부를 현미경으로 들여다보는 것처럼 조사하라는 뜻으로 받아들인 사람은 분석을 시작하자마자 타인과의 관계 개선과 자기와의 대결을 요청받을 때 '분석'의 괴로움을 통감하게 되는데, 타인과의 관계를 떼어놓고 오직 자신만을 알기란 불가능하다. 필자 역시 분석을 하면서 융이 말하는 내적 과정과 외적 과정의 교묘한 결합을 자주 경험하면서 자기실현 과정에서 내면적인 것이 얼마나 중요한 의의를 가지는지 통감한다. 이처럼 '분석'은 사람들에게 자기를 외적·내적으로 **살아가라**고 계속해서 요청한다.

융이 제창한 자기실현에 대한 생각과 그 생각에 포함된 인간의 마음 내부에 존재하는 가능성에 대한 신뢰는 그 후에 많은 심리치료사의 생각에 반영되었다(직접적인 영향은 그다지 많지 않은 듯하지만 말이다). 다만 자기실현에 대한 미국 사람들의 생각은 그 밝은 부분만을 보고, 융이 이야기한 어두운 부분을 놓치고 있다는 점에서 무르다는 생각이 든다. 심리치료에 종사하는 사람으로서 인간의 성장 가능성을 신뢰하는 것은 매우 중요하지만, 자기실현에 동반된 위험성과 괴로움을 제대로 알아야 할 필요가 있다. 융 심리학의 특징으로 자기의 문제를 다룰 때도 그 존재를 가정할 뿐 아니라 그 상징적 표현을 인식하면서 연구를 거듭했다는 점을 들 수 있는데,[9] 이 부분은 다음 절에서 이야기해보겠다.

# 2

# 자기의 상징적 표현

자기실현이 인생의 궁극적인 목적이라고 이야기했는데, 이것은 하나의 정지되어 있는 어떤 지점을 가리키지 않는다. 앞 절에서 다뤘기 때문에 이미 이해했으리라 믿지만, 자기실현은 항상 발전해야만 하는 과정이며 그 과정 자체가 인생의 큰 의미이다. 실제로 우리는 '자기self' 그 자체를 모두 알 수는 없으며, '자기'의 상징적 표현을 통해서 그 활동을 의식화할 수 있을 뿐이다. 이렇게 파악할 수 있는 '자기'의 상징은 여러 형태로 나타난다. 앞에서 그림자나 아니마 · 아니무스가 인격화되어서 나타나는 예를 들었는데, '자기'도 인격화되는 경우가 있으며 그때는 초인간적인 성격을 가진 모습을 취한다. 예를 들어 남성으로는 '지혜로운 노인wise old man', 여성으로는 '지고한 여신'의 모습으로 꿈에 나타나곤 한다. 이러한 인격상은 옛날이야기에 자주 등장하는데, 옛날이야기에서는 주인공이 곤경에 처했을 때 갑자기 나타나서 조언이나 충고를 해주는 지혜로운 노인의 모습으로 출현하는 경우가 많다. 실제로 우리의 자아가 문제에 직면하여 의식적으로 온갖 노력을 해도 좀처럼 해결되지 않아서 절망에 빠져 있을 때, 자기의 활동이 일어나 지금까지와는 다른 고차원적인 해결방안을 찾는 경험을 할 때가 있는데, 이러한 노인의 출현은 자기의 활동이 어떤 것인지를 단적으로 보여준다.

지혜로운 노인에 대해 융은《옛날이야기에 나타나는 정신의 현상학》에서 예를 들어 설명했다.[10] 지혜로운 노인은 평범한 사람보다 훨씬 뛰어난 통찰력을 가지고 있다. 캅카스kavkaz 지역의 옛날이야기에서 왕자는 누가 보더라도 결점을 찾을 수 없을 완벽한 사원을 짓는데, 한 노인이 나타나서 "안타깝게도 밑돌이 비뚤어져 있다."고 충고한다. 왕자는 그 말을 듣고 사원을 다시 지었는데 노인이 또다시 결점을 찾아내는 바람에 사원을 무너뜨리고 짓기를 세 번이나 반복한다. 이런 이야기에 노인이 가지는 불가사의한 지혜가 잘 나타난다. 동양에서는 '신선'이 지혜로운 노인의 전형이라고 할 수 있는데, 아쿠타가와 류노스케芥川龍之介의《도시슌》에 나오는 신선*이 그 좋은 예이다. 이처럼 실존하는 인물인지 아닌지 분명하지 않은 노인의 존재가 동양인의 마음속에 중요한 위치를 차지하고 있다는 사실은 동양인이 가진 '지혜로운 노인'의 이미지가 세월과 함께 하나의 인격상으로 정착했다고

---

* 《도시슌杜子春》에 나오는 신선: 부잣집 도련님으로 태어났으나 방탕하게 살았던 '도시슌'에게 신선이 나타나 인생의 의미를 일깨워 주었다. ─옮긴이

할 수도 있다. 하얀 제사장과 검은 제사장 꿈도 이와 유사하다. 여성의 경우에는 대지의 어머니 신이나 지고지순한 사랑의 신으로 나타난다. 신데렐라 이야기에서 신데렐라가 무도회에 가고 싶다고 했을 때 도와 주었던 할머니 요정이 그 전형적인 예이다. 이때도 주인공이 곤경에 처해 있을 때 요정이 등장한다.

　'자기self'가 인격화된 상으로 나타날 때 때로는 아이의 모습을 하기 도 한다. '노인의 지혜를 가진 아이'라는 표현은 역설적이지만, 이것은 자기실현의 과정으로서 현재 생성되어 가고 있다는becoming 점이 강 조되었다고 할 수 있다. '자기'가 아이의 모습으로 나타나고 있는 예 로 성 크리스토퍼 이야기를 들 수 있다.[11] 크리스토퍼는 힘이 아주 셌 기 때문에 세상에서 가장 강한 사람만을 섬기기로 결심했다. 그는 먼 저 왕자를 섬겼는데, 왕자가 악마를 두려워한다는 사실을 알고 악마 를 섬기게 되었다. 그런데 악마가 십자가를 두려워한다는 사실을 알 게 된 다음에는 만약 예수님을 찾을 수 있다면 예수님을 섬기기로 결 심했다. 그러던 어느 날 한 목사가 강의 얕은 여울에서 예수님을 기다 리라고 조언했기 때문에 크리스토퍼는 그의 말을 따라 강에서 많은 사람을 어깨에 태워 건네주기를 계속하면서 예수님을 기다렸다. 어느 폭풍우 치는 밤에 한 아이가 그에게 강을 건너게 해달라고 부탁했다. 크리스토퍼는 대수롭지 않게 여기면서 아이를 어깨에 태우고 강을 건 너기로 했다. 그런데 어깨에 탄 아이가 점점 무거워졌고 크리스토퍼 의 걸음은 조금씩 느려졌다. 드디어 건너편에 도착했을 때 '마치 전 세 계를 짊어지고 있는 듯한' 느낌을 받았고, 그는 자기 어깨 위에 있는 사람이 예수님이라는 사실을 깨달았다. 그리고 예수님은 그의 죄를

사하고 영원한 생명을 주었다.

이 이야기에서 아이의 모습을 한 예수님의 이미지는 자기에 대한 많은 점을 시사한다. 힘이 세기로 유명한 크리스토퍼가 한 명의 아이를 짊어지기 힘들어한다는 사실은 자아가 아무리 강인한 척해도 '자기'의 활동 앞에서는 얼마나 큰 무력감을 맛봐야만 하는지를 여실히 드러낸다. 그리고 그 무게를 견디지 못한다는 것은 자기실현의 길이 때로는 무거운 짐으로 느껴진다는 사실을 보여준다. 융은 자기실현이 값비싸다고 말했는데, 실제로 자기실현의 길은 가능하면 피하고 싶을 만큼 괴로운 고난의 길이다. 신경증에 시달리는 사람들은 괴로운 자기실현의 길을 거부해버렸기 때문에 다른 의미에서의 괴로움을 맛보고 있다고도 할 수 있다. 달리 말하자면 신경증에 걸린 사람은 본인도 알지 못하는 실현해야 할 가능성을 가진 사람이라고도 할 수 있다. '자기'가 아이의 모습으로 나타나는 것은 일단 무한한 발전 가능성을 나타내지만, 반면에 겉으로는 약하고 그다지 가치가 없는 듯한 느낌을 준다. 실제로 크리스토퍼는 마지막에 전 세계를 짊어지는 것만큼 무겁다고 느낀 예수님을 처음에는 그저 어린아이로만 보고, 이정도면 별것 아니라면서 어깨에 앉혔다. 이 이야기에서 크리스토퍼는 아이의 부탁을 들어주었지만, 아이가 하는 말을 들을 필요가 있겠느냐면서 무시해버리는 사람도 있을 것이다. 직관을 주기능으로 하는 사람이 감각기능을 경멸하거나 내향적인 사람이 외향적인 삶의 방식을 깔보고 조화를 이루려 하지 않는 것이 이런 경우이다. 그들은 태어나려는 아이를 죽이면서(임신중절 수술을 반대하는 꿈 참조) 살고 있다고도 할 수 있다.

'자기' 안의 열등한 부분과 직면해 그것을 통합하는 노력을 통해 자기실현에 이를 수 있는데, 남성과 여성이 결합하는 모습은 이러한 통합성을 강조하면서 상반되는 것의 합치를 보여주는 좋은 예로, '자기'의 상징으로 나타날 때가 있다. 그야말로 음과 양의 조화라고 할 수 있을 것이다. 이것은 왕자와 공주의 결혼이 주제인 옛날이야기에도 반영되어 있다. 앞 절에서 들었던 프시케와 큐피트 이야기에서도 아니무스의 문제를 의식 안에 받아들여야만 했던 프시케는 몇 가지 역경을 겪지만, 마지막에는 프시케와 큐피트가 다시 맺어지면서 이야기가 마무리된다. 이처럼 두 사람의 합일에 의한 전체성의 상징을 보여주는 이야기도 있고, 어느 한쪽이 부족함을 보여주는 옛날이야기도 많이 있는데, 결혼식 당일에 신부(신랑)가 사라지거나 돌이 되어버리는 이야기도 있으며 이와 같은 테마의 꿈을 꾸는 경우도 있다. 이러한 전체성의 상징이 인격화된 것이 아니라 기하학적인 도식으로 표현되는 것이 '만다라'*이다.

　융은 자신의 환자가 원이나 사각형을 테마로 하는 상징적인 도형을 꿈이나 망상에서 보는 것이 아니라 환자의 마음 내부에서 저절로 발생하는 경우가 있다는 사실을 깨달았다. 그리고 환자 본인은 그것이 발현되었다는 점을 불가사의하게 느끼지만, 만다라를 볼 때 깊은 평안과 조화의 감정을 느끼거나 치료의 기점이라고까지 생각하는 경우가 있다는 사실에 주목했다. 그런데 그가 티베트의 문헌을 읽게 되면서 동양에서는 원과 4를 주제로 하는 많은 도형이 종교적으로 큰 의미

* 만다라曼茶羅: 밀교密教에서 발달한 그림으로 우주의 진리를 표현했다고 한다. ―옮긴이

를 가지며 그것이 만다라라고 불린다는 사실을 알고는 동양과 서양정신에서 큰 공통점을 발견했고 이를 아주 흥미롭게 생각했다. 실제로 융이 환자들에게서 모았던 많은 상징도형은 그 사람들이 동양의 만다라를 알고서 그렸다고 생각하기는 어렵기 때문에 집단 무의식의 존재를 상정하는 융에게는 상당히 의미 깊은 발견이었던 셈이다. 원래 만다라는 산스크리트어이며 이 단어의 뜻 또한 다양하지만, 도가노 쇼운栂尾祥雲의 《만다라 연구》[12]에 따르면 인도에서 가장 오래된 문헌인 《리그베다》에서는 '구분'이라는 의미로 쓰인다고 언급했으며, 팔리어로 된 성전 등에서는 '공륜空輪'이라는 의미라고 나와 있다고 한다. 밀교에서는 '본질, 도량, 단, 취집'이라는 네 종류의 개념의 통합이 만다라라고 말한다. 만다라가 본질을 의미한다는 점에 관한 도가노의 문장을 인용해보자면,[13] "원래 만다라mandala라는 단어는 만다manda라는 어근과 라a라는 접사로 이루어져 있다. 그중 '만다'는 중심이 되는 본질을 뜻하는데, 이를 맛에 비유하면 정련에 정련을 거듭한 우유 맛처럼 아주 좋은 맛을 가리킨다. '라'는 산스크리트어의 접사에 해당하는 mat, vat와 동등하게 소유 혹은 성숙이라는 뜻으로, 결국 만다라란 본질에 중심을 가지는 것이라는 뜻이다."

여기서 인용한 만다라의 의미는 융이 생각하는 '자기'의 상징적 표현과 상당히 일치하는 부분이 많다. 다만 동양에서의 만다라는 종교적 향유의 대상으로서 존재하고 보편적인 의미도 갖지만, 융은 그것을 개인이 꿈이나 망상에서 얻은 개인적인 것으로 생각했다(또한 동양의 만다라 개념에는 개인의 꿈이나 망상에서 얻은 것도 포함되는 듯하다). 융은 만다라는 어떤 개인이 심적인 분리를 겪고 있거나 통합되지 못하는 경험을 할 때 그것을 통합하려는 마음 내부의 활동이 드러나면서 발생하는 경우가 많다고 말했다. "이것은 분명히 자연스럽게 일어나는 자기치료self-healing를 위한 시도이며, 의식적인 반성이 아니라 본능적인 움직임에서 생겨난다."[14] 이를 보여주는 좋은 예가 유치원생의 기하학적(화단) 그림인 〈그림IV〉이다. 이것은 그야말로 이 아동의 마음속에서 발생한 통합되지 못하는 느낌(집과 달팽이의 분리로 나타난다)을 마음 내부에서 위로하고, 다시 통합을 향해 나아가는 자기의 활동을 고스란히 보여주는 만다라라고 할 수 있다. 주의해서 살펴보면 아이가 이러한 위기에 직면해서 그것을 극복하려고 할 때마다 만다라 도형을 그리는 것을 의외로 쉽게 발견할 수 있다.[15] 또한 134쪽의 〈그림10〉은 융의 환자가 그린 수많은 만다라 중에서 고른 그림인데 이것은 성인이 그렸기 때문에 앞의 아동의 그림보다 훨씬 세련되게 표현되어 있다. 동양인이 그린 만다라의 예는 융의 저서에 많이 실려 있다. 그것을 참조하기 바란다.[16] 만다라는 가장 간단한 단순한 원만 그린 것부터 앞에서 말한 사례 같은 복잡한 그림까지 그 종류가 자못 다양한데 그중에는 입체적인 그림도 있다. 대부분은 4라는 테마와 겹치지만, 원이나 3, 5 등의 테마와 겹치는 변칙적인 것도 있다. 만다라는 아니지만 비행하는 꿈에서 세 명의 남자와 한 명의 여성이라는 조합이 발생해서 네 번째 미지의 여성에게 이끌려 강을 건너는 것은 4라는 수의 완전성과 아니마가 '자기'를 향한 중개자로서 활동한다는 사실을 잘 보여준다.

의식적으로는 분열의 위기나 통합되지 못함을 강하게 느끼면서도 해결책이 없어서 곤란을 겪던 사람이 만다라 상징과 만남으로써 마음의 평화를 얻고, 새로운 통합을 향해가는 과정을 체험하고 나면 인간 마음에서 전체성과 통합성을 향한 활동이 일어날 수 있다는 사실과 자기치료의 힘이 내재해 있다는 사실을 느끼게 된다. 만다라의 기하학적인 정밀함과 얻기 힘든 값비싼 것이라는 특성이 겹쳐서 보석이 자기의 상징으로서 나타나는 경우도 있다. 그래서 보석을 얻기 위해 주인공이 고생하는 옛날이야기는 상당히 많다. 일본에는 원래 보석이 적었던 까닭도 있겠지만, 일본인은 돌의 의의를 크게 인정하면서도 그것을 기하학적으로 정밀하게 가공하기보다는 자연스러운 모습 그대로 두고 미적인 혹은 종교적인 의의를 부여했다. 서양과 비교할 때 이 점이 상당히 흥미롭다. 정사각형인 정원 중앙에 있는 원형의 분수, 그리고 그 네 구석에는 조각상을 세우는 등의 기하학적인 이미지를 중요하게 생각하는 서양의 정원과 일부러 기하학적인 대칭성을 피하기 위해 애쓰면서 만들었다고 할만한 일본 정원 양쪽 모두 깊은 의미에서 종교적인 의미와 이어지는 만큼 그 차이점이 흥미롭게 느껴진다.

'자기'의 상징으로 아직 의식화되어 있지 않은 면이 강조될 때는 동물의 모습을 하고 나타나는 경우도 있는데(옛날이야기에는 항상 주인공을 구해주는 동물이 있다), 그 내용은 생략하기로 하겠다. 이 절에서는 중요한 '자기'의 상징을 살펴보았는데, 다음 절에서는 화제를 전환해서 자기실현에 있어서의 '시간' 문제를 고찰하겠다.

# 3

# 자기실현에 있어서의 '시간(때)'

　'자기실현은 값비싸다'고 앞에서도 이야기했는데 실제로 자기실현을 하기란 누워서 떡 먹기처럼 쉬운 일이 아니다. 감춰진 보물을 찾기 위해 수많은 역경을 헤쳐 나가는 이야기가 보여주듯 자기실현에는 반드시 고난이 동반된다. 때로는 이것이 파괴적인 힘을 가지고 발생하기 때문에 자기실현 과정이 때로는 자아를 파멸시키기도 한다. 여기서 융이 들었던 전형적인 예를 소개하겠다.[17]

　일개 노동자로 경력을 시작해 많이 고생하다가 마침내 경영자로 출세한 사람이 있었다. 그는 인쇄공으로 출발하여 20년 동안 일한 결과 상당히 큰 규모의 인쇄소를 직접 경영하게 되었다. 사업은 번창했고 이 사람은 점점 더 일에 열중하면서 오직 일에만 전력을 다하게 되었다. 이러한 열정이 사업을 발전시키는 바탕이 되었지만, 사실 이 열정이 그를 파멸로 이끌었다. 지나칠 정도로 사업에만 관심을 가질 뿐 다른 것을 억압해왔던 보상으로 자신이 유년 시절에 그림이나 도안 그리기를 좋아했었다는 기억이 무의식중에 강력하게 떠올랐기 때문이다. 사업과 그다지 관계가 없는 능력을 자신의 유아적인 욕구와 관계된 것으로 있는 그대로 받아들이고 그것을 취미로 삼는다면 특별히 문제될 것은 없다. 하지만 너무나 긴 시간 동안 억압되어 있던 이 소망은 그에게 그 정도에 그치지 않았다. 그는 자신의 인쇄소에서 나오는 제품을 '예술적'으로 만들기 위해 궁리하기 시작했고 자신의 공상을 현실로 실현했다. 그는 인쇄소 제품을 자신의 유아적이고 미성숙한 취미에 맞춰서 만들기 시작했는데 몇 년 지나지 않아 그의 사업은 망하고 말았다. 이것은 현대 문명사회에서 출세하려고 하는 한, 자신의 힘을 오로지 하나의 목적에 집중하고 다른 모든 것을 희생해야만 한다는 무언의 가르침을 그대로 실행해보았지만, 너무나 극단적으로 치달은 나머지 자신의 마음 내부에 축적된 유아적인 욕구에 의해 무너져버린 예이다. 사업을 위해 계속 바깥을 향해 흐르던 그의 심적 에너지는 사업이 확대되어서 정점에 달했을 때, 바로 그'때' 내부 세계를 향해서 역류하기 시작했고, 그에게 내적 의의가 높은 그림과 도안의 세계를 외적인 의미와 혼동하고, 그것을 상품으로 만들어 팔려고 하여 파멸로 향했다. 그가 내부 세계와 외부 세계를 혼동하는 일 없이 사업과 취미를 동일시하지 않고, 유아적인 세계를 서서히 받아들여갈 궁리를 했다면 그의 자기실현은 이러한 파국적인 결말에 이르지 않았을 터이다. 이것은 자기실현의 위험성을 보여주는 좋은 예인데, 사업에 열중하던 그에게 내적인 것에 눈을 돌려야 하는 **때**가 찾아왔던 것이다. 여기서 시간의 문제를 생각해보려고 한다.

융은 이 예에서 보여주듯이 인생의 후반기에 결정적 시간이 찾아온다는 사실을 반복하여 이야기했다. 사춘기는 자아의식이 확립되는 시기라고 많은 학자가 중요하게 생각해왔는데, 융은 독특하게도 40세 전후야말로 인생 후반에 이르기 위한 전환기로서 의의가 있다는 사실을 강조했다.[18] 인생을 자기실현의 과정이라 보면 인생은 항상 발전을 추구해야 하는 동적인 것이지만, 연령적으로 특정한 시기에 이러한 경향이 강화된다. 그런 경향이 뚜렷하게 나타나는 때는 잘 알려져 있듯 제1, 제2반항기이며 이때 사람은 그 전과는 차원이 다른 자주성을 확립하기 위해 노력한다. 이러한 비약의 시기는 필연적으로 '위험한 연령'이며 비약을 위한 에너지가 때로는 파괴적으로 변한다. 그래서 이 시기에 많은 사람이 반사회적이거나 비사회적인 행동을 해서 다른 사람과 자신을 곤경에 빠뜨리기도 한다. 이처럼 두드러지는 두 번의 반항기 사이에 또 다른 반항기가 존재하는 듯하다. 이 반항기는 6세(초등학교 입학 전)와 10세(초등학교 3, 4학년) 무렵에 나타나는데, 반항기라고 부를 만큼 확실하지는 않지만 반항기 때와 비슷한 경향이 나타난다(제4장에서 그림을 그린 것은 6세 여자아이였고, 제2장 제3절의 결벽증 남자아이는 9세였다. 이런 예를 참고하기를 바란다). 이런 단계에 대해서 자세히 설명하지는 않겠지만, 내적인 발달단계가 어느 정도 연령에 맞춰서 일어난다는 사실은 알아둘 필요가 있다.

연령에 따른 내적 발달단계를 보여주는 것으로는 공자가 만든 개념이 유명한데 이것은 우리에게도 익숙하다. 공자는 '불혹不惑', '이순耳順' 등의 단어로 그 나이의 이상적인 모습을 설명했는데, 이것이 지금은 일반적으로 해당 나이를 나타낼 때도 사용된다. 이러한 이상적인 단계가 아니라 일반적인 인간의 발달단계를 보여주는 예로 그림 동화에 있는 인간의 수명에 대한 간단한 이야기를 들 수 있다. 이 유쾌한 이야기에 따르면 신이 당나귀에게 30년의 수명을 부여하려고 했는데, 당나귀는 짐을 실어 나르면서 고생하는 생애가 긴 것이 싫어서 신에게 18년을 줄여달라고 부탁한다. 이어서 개와 원숭이도 30년은 너무 길다며 괴로워하였기에 신은 각각 12년과 10년을 줄여 주었다. 그곳에 온 인간만이 30년의 생명이 짧다며 아쉬워하였기에 신은 당나귀, 개, 원숭이에게 돌려받은 수명 18년, 12년, 10년의 합을 인간에게 주어서 인간은 총 70년의 수명을 받게 되었다. 인간은 그럼에도 불만스럽게 돌아갔다. 이 옛날이야기에 따르면 인간은 원래 주어진 30년 동안의 인간으로서의 수명을 즐긴 후, 18년은 무거운 짐을 지고 비틀거리는 당나귀의 인생을 보내고, 이어서 12년은 이가 빠져버려서 음식을 먹기에도 버거운 노견의 생활을 하고, 남은 10년은 마치 철부지 아이 같은 원숭이의 인생을 보내게 되었다. 이 이야기도 인생의 발전단계에 대해서 우리에게 시사하는 바가 많다. 실제로 모든 동물이 **자연** 그대로 있다면 특별히 긴 수명을 바랄 일도 없을 것이다. 본능에 따라서 살고 본능에 따라서 죽을 뿐이기 때문이다. 하지만 동물 중에서 인간만이 신에게 부탁하여 주어진 천명을 구태여 연장했다. 하지만 무한하게 늘어나지 않고 다른 동물이 거절한 길이만큼 받았다는 점이 흥미롭다. 신도 인간이 다른 자연물과 다르다는 것은 인정했지만, 역시 자연물의 한계 안에서 생명을 연장하도록 허용해준 셈이다. 이 이야기에 따르면 그렇게 생명을 연장한 결과는 그다지 행복하지 않다.

하지만 그림 형제가 이런 이야기를 우리에게 들려준 까닭은 현대를 살아가는 사람들에게 모처럼 부여받은 70년의 생애를 동물에게 물려받은 인생처럼 살지 말고, 어디까지나 인간의 생애로 살았으면 하는 바람 때문이 아니었을까? 그런데 신을 두려워하지 않는 인간은 여러 가지 약을 만들어내서 주어진 70년의 생명을 더 연장하려는 시도를 하고 있다. 하지만 아무리 낙관적인 사람이라고 할지라도 약으로(적어도 과학이 만들어내는 약으로) 죽음을 영원히 회피할 수 있으리라 생각하지는 않을 것이다.

앞에서 말한 30세 이후의 인생을 당나귀나 원숭이로서가 아니라 인간으로서 사는 일이 중요하다. 그런데 인간은 30세까지의 삶의 방식을 **그대로** 70세까지 지속하려는 유혹에 빠지기 쉽다. 30세까지의 생활을 고집해서 '젊음'과 '강인함'을 과시하며 살려고 노력한다. 일에 열중하고 사업을 확장한다. 그리고 그 결과 앞에서 들었던 예가 보여주듯이 겉으로만 그럴듯한 상승이 멈추는 '때'가 찾아오고, 마침내 지나치게 높이 올라간 50세의 젊은이는 갑자기 '원숭이의 인생'을 향해 추락한다. 이러한 사태를 피하기 위해서 우리는 언제까지고 30세 그대로의 생애를 고집하지 말고, 40세는 40세의 인생을, 50세는 50세의 인생을 오롯이 살아야 한다. 60세가 된 사람이 왜 30세의 젊음을 붙잡고 늘어지려 하는 걸까? 60세에는 60세의 맛이 있다. 융은 오랜 옛날부터 있어온 '노인의 지혜'는 어디로 갔느냐며 탄식한다.[19] 미국에서는 노인들이 젊음을 자랑하고, 아버지는 아들의 좋은 남동생이 되고 엄마는 가능하기만 하다면 딸의 여동생이 되기를 바란다. 이러한 혼란이 발생하는 까닭도 지금까지 노인을 너무 존중해온 것에 대한 반

동이겠지만, 이렇게까지 극단적으로 달리면 전혀 의미가 없다. 우리
가 인간답게 70년의 생애를 잘 살아가려면 언제까지고 겉보기에만 그
럴싸한 상승을 좇을 것이 아니라, 인생의 후반에는 '내려감으로써 일
을 완수'하는 역설을 살아내야만 한다. 인생 후반이 갖는 의의에 관한
융의 말은 어쩌면 동양인에게는 새롭지 않을지도 모른다. 공자의 말을
꺼낼 필요도 없이 동양의 종교와 철학에는 이미 노인의 지혜로 가득
하기 때문이다. 그렇다고 융의 말을 동양인에게 전하는 일이 무의미하
느냐고 묻는다면 그렇지는 않다고 할 수밖에 없다. 이상적인 아버지와
어머니가 되려고 노력하는 젊은 부모는 동양에도 있기 때문이다.

　앞에서 자기실현을 위한 반항이 일반적으로 특정한 연령에서 강하
게 감지된다는 사실을 언급했는데, 물론 어떤 개인에게 '때'가 언제 찾
아올지는 확정되어 있지 않다. 그것은 본인이 전혀 생각지도 못한 때
찾아올 수도 있다. 일에만 힘을 쏟던 인쇄소 경영자가 문득 유아기의
기억을 떠올리고 그것을 어떻게든 반영해보고 싶다고 생각하는 '때',
이 사람의 경우 상승이 멈추고 급격한 추락이 시작되는 '때', 그 '때'는
생각지도 못할 때 찾아온다. 또는 제2장에서 이야기한 놀이치료의 예
에서 손과 얼굴을 더럽히면서 놀이에 열중하던 아이가 처음으로 자발
적으로 손을 씻고 치료사에게 손수건을 받아드는 '때', 그 시간은 치
료사의 예상을 깨고 찾아온다. 이러한 의미 깊은 '때'를 시계로 측정
할 수 있는 시간과 구별해서 생각해야 한다. 신학자인 틸리히의 말에
따라서 전자와 같은 때를 '카이로스kairos', 후자와 같은 때를 '크로노
스chronos'라고 부르겠다.[20] 자기실현 문제와 카이로스의 문제는 밀접
한 관련이 있다. 지금까지 외향적으로 살아왔던 사람이 내향적인 삶

의 방식에서도 의미를 찾아내야만 할 때, 또는 여성과의 교제에 무관심한 채 공부에만 몰두해왔던 학생이 뜻밖에 마음이 끌리는 여성을 만났을 때, 이러한 카이로스를 소중히 하지 않으면 이 사람은 자기실현의 길을 제대로 못 갈 수도 있다. 하지만 카이로스를 지나치게 중요하게 생각한 나머지 크로노스를 잊어버리면, 살아가기 위해서 꼭 필요한 페르소나를 파괴할 위험성도 있다. 근무시간, 면접시간, 극장의 상연시간, 연인과의 약속시간 등 모든 크로노스를 지키는 일은 일반 사회인으로서 꼭 필요하다. 반대로 크로노스만을 중요하게 여겨서 그 속에 흐르는 카이로스에는 무관심해지는 사람도 있다.

사실 연인과 만나거나 훌륭한 예술을 감상하는 것 등은 그야말로 '그때' 해야만 하는데, 이런 것을 물리치고 크로노스에 따라 살아야 하는 것이 현대인의 비극인지도 모른다. 이런 비극을 가장 극단적으로 보여주는 사례는 스모 경기에서의 제한시간일 것이다. 본래의 취지로 볼 때 스모는 카이로스에 따른 시합이었다. 그래서 과거의 스모 시합에서는 제한시간 같은 규정이 없었다. 그러다 근대 스포츠가 도입되면서 크로노스의 시간을 중시하게 되었다. 경기는 크로노스가 지배하는데, 아이러니하게도 그 흐름은 카이로스에 따라 진행된다는 점에 의식의 본질이 있으며, 스모가 과거에 종교적 의식이었다는 사실에서도 그 증거를 찾을 수 있다(올림피아 의식도 이처럼 근대 스포츠로 변용되었기는 하다). 이 의식과 스포츠, 카이로스와 크로노스의 딜레마에서 제한시간이라는 타협안이 나왔다고도 할 수 있다. 이런 점에서 스모는 지난날의 종교성을 어딘가에 남겨놓고 있으며, 그렇기 때문에 종교적 의식의 최고 집행자로서 절대로 져서는 안 되는 요코즈나*의 이미지와 가장 강한 스포츠맨으로서의 요코즈나*의 이미지가 팬들과 스모 선수의 마음속에서 교차하는 바람에 비극적인 요코즈나가 탄생하기도 한다.

자기실현을 해야 하는 중요한 때 우리는 종종 불가사의한 현상을 겪을 때가 있는데, 우연이라고 치부하기에는 너무나 의미 깊은 우연이라고 생각되는 현상이다. 예를 들어 지금까지 그림에는 전혀 관심이 없었던 사람이 친구와 그림 전시회에 가는 꿈을 꾸고는 분석가를 찾아가서 자신의 열등기능인 감각기능의 발전이라는 측면에서 전시회에 그림을 보러 가는 것도 의미가 있을 것 같다는 대화를 나눈다. 집에 돌아왔는데 꿈에 나왔던 친구가 실제로 전화를 걸어와 그림 전시회에 함께 가자고 하는 일이 일어날 때도 있다. 이것은 이른바 꿈의 계시로, 예지몽에 대해서 이야기할 때 비슷한 예를 들었다. 이러한 '의미 있는 우연의 일치meaningful coincidence'를 융은 중요하게 생각했는데, 이것을 인과율과 상관없는 일종의 규율이라고 여겨서 비인과적인 원칙인 '동시성synchronicity의 원리'라고 불렀다.[21] 즉 자연현상에는 인과율로 파악할 수 있는 것과 인과율로 해명할 수 없지만 의미 있는 현상이 동시에 발생할 때가 있는데, 후자를 이해하기 위해 동시성이라는 개념을 생각한 것이다. 심리치료라는 인간 마음의 현상을 다루는 일에 종사하다 보면 다른 사람들보다도 이와 같은 현상을 많이 접한다. 이것은 특히 심리치료를 통해서 인생의 전기를 맞이할 때 나타나는

---

* 요코즈나: 스모 선수의 서열 중에서 최고 등급의 지위를 가리키는 말로, 씨름으로 비유하자면 천하장사이다. —옮긴이

경우가 많다. 동시성을 강렬하게 경험한 상담자가 "이런 우연이 겹치는 일은 더는 단순한 우연이라고 생각할 수가 없다."고 말한 적이 있는데, 이것은 동시성 현상을 겪는 것이 어떤 느낌인지를 상당히 알기 쉽게 표현하고 있다. 하지만 이러한 동시성 현상을 인과율로 설명하려고 하면 그것은 즉시 가짜 과학(마술)에 빠지게 된다. 죽는 꿈을 꾸었기 **때문에** 죽었다거나 기도를 했기 **때문에** 좋아졌다고 설명하는 것이 그 예이다. 마이어 교수는 현재 문제가 되는 마음과 신체의 문제를 풀 하나의 열쇠로서 동시성에 대한 생각이 도움이 되리라고 말했다.[22] 즉 심리적 문제 **때문에** 몸이 상했다거나 몸이 상했기 **때문에** 마음 상태가 안 좋아졌다는 등 인과율로 파악하려고 하지 **않음**으로써 정신신체의 학psychosomatic medicine 현상을 해명하려고 한 것이다(물론 그 안에는 인과율적인 방법으로 설명할 수 있는 현상도 당연히 있다).

　동시성의 원리에 따라서 현상을 볼 때는 무엇이 무엇의 원인인지가 아니라 무엇과 무엇이 함께 일어나고, 그것이 어떠한 **의미로** 결합되어 있는가가 중요하다. 후자와 같은 사고방식은 사실 중국인의 특기인데, 특히 《주역》은 그러한 지식이 넘치는 책이다. 현상을 인과의 사슬에 의해서 시간 계열 안에 늘어놓는 것이 아니라 현상 **전체**를 파악해서 그 전반적인 '상相'을 이끌어내려는 것이다. 중국에서 옛날부터 문명이 번영하면서도 자연과학이 발달하지 않았던 이유를 설명할 때 중국인(동양인)의 사고방식이 비논리적이기 때문이라고 말하는 사람도 있지만, 필자는 중국인(동양인)도 충분히 논리적이라고 생각한다. 논리적이지만 이처럼 현상을 대하는 태도가 근본적으로 다르기 때문에 서양은 자연과학이 발전했지만 중국에서는 발전이 더뎠다고 볼 수 있다. 그리고 상을 상으로서 비非인과율로 파악하기는 어렵기 때문에 상의 지식을 인과적으로 설명하기 시작하자마자 미신으로 전락해버려서 자연과학의 발전을 점점 방해하게 되었다고 할 수 있다. 서양에서는 자연과학이 발달했는데, 이것은 풍부한 '상'의 지혜를 억압해서 자아가 마음의 깊은 곳에 존재하는 '자기self'와의 접촉을 잃을 정도의 위험을 초래하게 되었다. 이러한 억압이 현대 서양에서 '인간 소외' 문제가 크게 대두하는 현상에 일조했다.

　동시성 개념은 자기 문제와 관련 깊기 때문에 여기서 간단하게 설명했는데, 이것은 과학 방법론 측면에서도 큰 의미를 갖는다.[23] 흥미가 있다면 융의 저서를 참고하기 바란다.

주 ─────────────────────────────────────

1  Jung, C. G. & Wilhelm, *The Secret of the Golden Flower*, Routledge & Kegan Paul, 1931. 유아사 야스오 · 사다카타 야스오 역, 〈유럽 독자를 위한 주해〉, 《황금꽃의 비밀》, 진분쇼인, 2004. [이유경 역, 《황금꽃의 비밀》, 문학동네, 2014.]

2  Jung, C. G., *On the Psychology and Pathology of So-called Occult Phenomena*, C. W. 1, pp.3~88. 우노 마사토 · 이와호리 다케시 · 야마모토 준 역, 〈심령 현상의 심리와 병리〉, 《심령현상의 심리와 병리》, 호세이대학출판국, 1982, 1~123쪽.

3  Jung & Wilhelm, *op. cit.* 주(1)의 책, 〈유럽 독자를 위한 주해〉.

4  Jung, C. G. *Two Essays on Analytical Psychology*, C. W. 7. pp.175~176. 마츠시 로 요이치 · 와타나베 마나부 역, 《자아와 무의식》, 다이산분메이샤(레굴루스 문고), 1995, 99~101쪽.

5  Jung, C. G., *Concerning Rebirth*, C. W. 9, I, p.142. 하야시 미치요시 역, 〈환 생에 대하여〉, 《개성화와 만다라》, 미스즈쇼보, 1991, 41쪽.

6  Jung, C. G., *Fundamental Questions of Psychotherapy*, C. W. 16, p.12e.

7  Jung, C. G. & Wilhelm, *op, cit.*, p.92. 주(1)의 책, 〈유럽 독자를 위한 주해〉, 50쪽.

8  Jung, C. G., *Psychology of the Transference*, C. W. 16. p.234. 하야시 미치요시 · 이소가미 게이코 역, 《전이의 심리학》, 미스즈쇼보, 1994, 94쪽.

9  자기self와 자기실현의 과정을 심상이나 상징의 세계에서 파악해가는 일은 융 의 평생에 걸친 작업이었다고 말해도 과언이 아니다. 이 책에서는 거의 다루 지 못했지만 다음 저서에서 이 부분을 자세히 다루었다. 관심이 있다면 참조 하기 바란다.

• Jung, C. G., *Psychology and Alchemy*, C. W. 12. 이케다 고이치 · 가마타 미 치오 역, 《심리학과 연금술》(I · II), 진분쇼인, 1976.

• Jung, C. G., *Aion: Contribution to the Symbolism of the Self*, C. W. 9, II. 노다 아키라 역,《아이온》(융 컬렉션 4), 진분쇼인, 1990. [김세영·정명진 역,《아이온》, 부글북스, 2016.]

• Jung, C. G., *Mysterium Coniunctionis*, C. W. 14. 이케다 고이치,《결합의 신비 1·2》(융 컬렉션 5·6), 진분쇼인, 1995~2000. [김세영·정명진 역,《융합의 신비》, 부글북스, 2017.]

첫 번째 책은 중세의 연금술에 자기실현의 과정이 투사되어 있다는 사실을 보여주고, 그 심상을 통해서 자기실현 과정을 기술했다. 두 번째 책은 그리스도가 자기의 상징으로서 의미를 가진다는 사실을 연구한 결과이며, 세 번째 책은 자기가 대립물의 합일·통합에 의해서 이루어진다는 점에 주목한 연구이다.

10 Jung, C. G., *The Phenomenology of the Spirit in Fairytales*, C. W. 9, I, pp.207~254. 하야시 미치요시 역, 〈옛날이야기에서 찾을 수 있는 정신(가이스트) 원형〉,《원형론》, 기노쿠니야쇼텐, 1999, 235~387쪽.

11 von Franz, M. L., *The Process of Individuation*. 가와이 하야오 감수,《인간과 상징: 무의식의 세계》(하권), 가와데쇼보신샤, 1975, 108~109쪽. [이윤기 역,《인간과 상징》, 열린책들, 2009.]

이것은 융이 만년에 편집한 해설서 *Man and his Symbols*, Aldus Books, 1964, p.218에 실린 이야기이다. 그리고 융이 편집한 책은 필자도 최근에 막 입수해서 이 책에 인용할 수 있는 부분이 적어서 안타까운데, 융이 통속적인 해설서로서 쓴 유일한 책인 만큼 상당히 읽기 쉬워서 일반 독자에게도 추천한다.

12 도가노 쇼운,《만다라 연구》, 고야산대학출판부, 1932.

13 도가노 쇼운, 주(12)의 책, 1~2쪽.

14 Jung, C. G., *Mandalas*, C. W. 9. I, p.388. 하야시 미치요시 역, 주(5)의 책, 〈만다라〉, 224쪽.

15 Jung, C. G., *Man and his Symbols*, p.165. 주(11)의 책(하권), 17쪽에도 아이가

그런 만다라 도형이 실려 있다.

16 Jung, C. G., *The Archetypes and the Collective Unconscious*, C. W. 9. I 하야시 미치요시 역, 〈집단적 무의식의 여러 원형에 대하여〉, 주(10)의 책, 27~76쪽 에 만다라의 예가 많이 나온다.

17 Jung, C. G., *Psychological Types*, Routledge & Kegan Paul, 1921, pp.424~425. 하야시 미치요시 역, 《성격유형론》, 미스즈쇼보, 1987, 364~365쪽. [정명진 역, 《칼 융의 심리 유형》, 부글북스, 2014.]

18 Jung, C. G., *The Stages of Life*, C. W. 8, pp.387~403. 가마다 데루오 역, 〈인 생의 전환기〉, 《현대사상 임시증간 총 특집=융》, 세이도샤, 1979, 42~55쪽.

19 Jung, C. G., *ibid.*, p.400. 주(18)의 책, 〈인생의 전환기〉, 52~53쪽.

20 틸리히의 말을 빌렸는데, 지금은 그가 사용한 의미와는 다른 부분도 있다.

21 Jung, C. G., *Synchronicity: An Acausal Connecting Principle*, C. W. 8, pp.417~519. 가와이 하야오 · 무라카미 요이치로 역, 〈공시성: 비인과적 연관 의 원리〉, 《자연현상과 마음의 구조》, 가이메이샤, 1976, 1~146쪽.

22 Meier, C. A., "Psychosomatic Medicine from the Jungian Point of View," J. *Analytical Psychol.*, 8, 1963, pp.103~121.

23 융이 동시성의 원리에 대해서 발표했을 때 유명한 이론물리학자인 파울리 Pauli의 논문과 함께 출판했다는 사실은 시사하는 바가 크다. Jung, C. G. & Pauli, *Naturerklärung und Psyche*, Rascher, 1952(영어판 제목은 *The Interpretation of Nature and the Psyche*, Pantheon Books, 1955). 일본어판은 주(21)의 책. 여기서 융 과 파울리는 자연물과 마음 현상의 공동 설명 원리로서 인과율에 의한 원리 와 함께 이 동시성의 원리를 들어야 한다고 말한다.

# 융 심리학을 더 배우고 싶은 독자에게

가와이 도시오

이 책을 읽고 융 심리학을 더 알고 싶어 하는 일반 독자를 위해서 융의 저서를 중심으로 몇 권의 책을 소개하겠다.

**1. 카를 구스타프 융 저, 마츠시로 요이치 · 와타나베 마나부 역, 《자아와 무의식》(레굴루스 문고), 다이산분메이샤, 1995.**

융 전집 제7권에 들어 있는 'Die Beziehungen zwischen dem Ich und dem Unbewußten'을 번역한 책이다. 상당히 직관적이며 융으로서는 보기 드물게 체계적으로 쓴 책이다. 필자도 몇 번 밝혔듯이 본서의 바탕이 되었는데, 만약 융의 책 중에서 한 권만 골라 읽고 싶다면 문고판이기 때문에 가지고 다니기 쉬운 이 책을 추천한다.

간단히 살펴보면 '개인 무의식'에서 '보편적(집단) 무의식'으로, '페르소나'에서 '아니마 · 아니무스', 그리고 '자기'의 분석 과정과 자기실현의 프로세스가 차례로 나와 있다. 두 가지 방법이 나와 있지만 읽다 보면 양쪽 모두 불가능하다고 설명하고 있어서 당황스러운 때가 있는데, 아무런 해결책을 제시하지 않고 다음 장으로 넘어가 버린다. 나아가는 방법을 바로 가르쳐주는 것이 아니라 스스로 씨름하도록 만드는, 지극히 심리치료적인 책이다.

**2. 카를 구스타프 융 저, 가와이 하야오 외 역, 《융 자전-추억 · 꿈 · 사상》 (1 · 2), 미스즈쇼보, 1972~1973. 〔조성기 역, 《카를 융 기억 꿈 사상-카를 융 자서전》, 김영사, 2007.〕**

원래 전기가 되었어야 했는데 출판사의 판매전략 때문에 자서전이 되어버렸다. 또한 출판사 편집 방침에 의한 검열과 왜곡, 영어 번역, 그리고 그것을 바탕으로 하는 일본어 번역 문제 등 다양한 약점이 지적되고 있다. 하지만 융이 체험한 것을 알기에는 현재로서는 가장 훌륭한 책인 듯하다. 유소년기의 꿈이나 비전, 학창시절의 등교거부 경험, 중년기의 정신병적 위기, 그리고 만년에 심근경색으로 죽음에 이를 뻔한 체험 등이 융 심리학의 중심에 어떻게 관여했는지를 알 수 있다.

그리고 융이 정신적 위기에 빠졌을 때 저술하여 미간행 상태였던 《붉은 책The Red Book》도 출판되었다[《붉은 책》은 제1차 세계대전을 앞두고 정신 상태가 불안정해진 융이 자신이 본 꿈이나 비전을 적은 책이다. 1914~1930년에 걸쳐서 기록한 작품인데, 간행되지 않고 있다가 2009년 각국어로 간행되었으며 일본에서는 2010년에 간행되었다.—옮긴이].

**3. 카를 구스타프 융 저, 오가와 가쓰유키 역, 《분석심리학》, 미스즈쇼보, 1976. 〔정명진 역, 《분석심리학》, 부글북스 2016.〕**

이 책은 타비스톡에서 했던 강의를 바탕으로 한 책으로, 이른바 융 자신이 말하는 융 심리학 입문서라고 할 수 있다. 언어연상검사도 구체적으로 다루었으며 책 후반부에는 실제 치료에 대해서도 상세히 나와 있다. 또한 융이 신체라는 요소를 상당히 의식하고 있었다는 사실도 알 수 있다. 구어체로 쓰였기 때문에 알기 쉽고 융의 강의방식도 엿볼 수 있다.

**4. 가와이 하야오, 《콤플렉스》, 이와나미신쇼, 1971. 〔위성훈 역, 《콤플렉스》, AK커뮤니케이션즈, 2017.〕**

이 책을 쓴 지 4년 뒤에 쓴 책으로 저자와 융 심리학을 유명하게 만든 책이라고 할 수 있다. 이것은 어떤 의미에서 이 책과 이어진다고도 할 수 있으며, 콤플렉스라는 개념을 설명하면서도 융 심리학 전반에 대한 입문서라고 할 수 있다.

**5. A · 스토 저, 야마다 야스히로 감수, 《엣센셜 융》, 소겐샤, 1997.**

이 책은 융의 대표적인 저서와 논문을 발췌한 것이다. 방대한 분량 때문에 끝까지 읽기 힘들다는 단점도 있지만 무언가를 찾아보기에는 편리하다. 책 마지막에 융의 모든 작품과 일본어 번역본 리스트가 실려 있기 때문에 이 책의 주석에 나온 융의 일본어 번역본을 더 읽고 싶다면 참고하기를 바란다.

**6. 카를 구스타프 융 저, 이케다 고이치 역, 《결합의 신비》(1 · 2) (융 컬렉션 5 · 6), 진분쇼인, 1995, 2000. 〔김세영 · 정명진 역, 《융합의 신비》, 부글북스, 2017.〕**

융 만년의 대표작이다. 후기 융은 연금술 연구에 몰두한다. 심리치료 프로세스를 연금술로 이해하려는 시도이자 연금술을 심리학적으로 해석하려는 시도라고 할 수 있다. 하지만 이 책에서 연금술 재료를 다루는 융의 방법은 그야말로 융 심리학 그 자체라고 할 수 있어서 결합과 분리가 주된 테마이다. 분량이 방대하고 난해하며, 융 전기의 생각을 중심으로 하는 이 책과는 조금 동떨어져 있기는 하지만, 본격적으로 융 후기의 사상을 알고 싶은 사람을 위해 소개했다.

# 몇 번이고 돌아봐야 하는 '고전'

### 모기 겐이치로[*]

 

 

'인간이란 무엇인가?', '우리 마음의 본성은 어디에 있는가?' 이러한 물음은 인간이 진화 과정에서 '의식'을 획득하고 자신을 '바깥'에서 바라보는 '메타 인지'를 획득하는 동시에 생겨난다고 할 수 있다.

'나는 생각한다. 그러므로 존재한다.'는 데카르트의 명제처럼 인간 정신은 우리의 존재 이유raison d'etre가 된다. 그런데 '자성自省' 능력과 함께 마치 판도라의 상자가 열리듯이 온갖 재앙과 불안도 함께 탄생했다.

'나는 과연 어떤 존재인가?' 이 슬프고도 날카로운 질문은 인간의

---

[*] 모기 겐이치로: 1962년 도쿄 출생. 도쿄대학교 이학부와 법학부를 졸업하고, 동대학원 이학계 연구과 박사학위를 받았으며 뇌과학자로 활동하고 있다. ─옮긴이

머릿속을 한 순간도 떠나지 않는다. 그리고 누구나 아는 것처럼 이 질문에 대한 답은 쉽게 나오지 않는다. 고대 그리스의 철학자 소크라테스는 '무지無知의 지知'를 이야기했다. 우리는 어렸을 때는 자신이 아무것도 모른다는 사실을 안다. 그렇기 때문에 탐욕스럽게 온갖 것을 흡수한다. 그런데 이도 저도 아니게 대충 알고 어른이 되면 '무지의 지'를 잊어버린다.

현대는 표면상으로는 경험과학과 기술이 전성기를 맞은 시대처럼 보인다. 하지만 인간 영혼의 문제에 관해서는 이러한 접근법으로 얻을 수 있는 것이 놀라우리만치 적다. 우리 의식이 뇌라는 물질의 활동에서 어떻게 생겨나는가 하는 미스터리에 대한 답의 행방은 여전히 묘연하기만 하다. 하지만 우리 인간은 표면상의 진보와 기술상의 편리함에 마음을 빼앗겨서 영혼의 본성에 대한 깊은 질문에서 점점 멀어져가는 경향이 있다.

오랜만에 가와이 하야오 씨의 《카를 융 인간의 이해》를 다시 읽고 가뭄에 내리는 단비 같은 느낌을 받았다. 마를 대로 말라버린 수건에 물이 스며들어 가는 것처럼 가와이 씨의 따뜻하고 깊은 문장이 가슴을 파고들어왔다. 현대라고 하는 '괴물'에 적응하기 위해서 우리는 무엇을 잃어야 했을까? 두고 온 것은 무엇일까? 그 중대한 비밀 속으로 회귀해가는 기쁨을 맛보았다. 《카를 융 인간의 이해》를 다시 읽으면서 나는 말 그대로 '치유'받았다. 많은 독자가 그렇지 않을까 싶다.

인간 의식과 무의식의 존재 방식, 꿈의 의미, 상징의 힘에 대해 많은 독창적인 논고를 남긴 카를 구스타프 융. 융의 이야기 안에 숨은 '현대인이 잃어버린 것'. 가와이 하야오 씨는 인간의 본성을 알기 위한 방법론으로 융 심리학이 지닌 '가능성의 중심'을 누구보다도 깊이 이해한 사람이었다. 《카를 융 인간의 이해》는 융이라는 한 심리학자의 자취를 더듬어가면서 동시에 진리의 탐구자였던 가와이 하야오 씨의 사고를 접할 수 있는 명저名著이다.

읽기 시작하면 그 감촉이 바로 전해지고 마음속에서 깊고 풍부하게 울리는데, 다양한 것을 이어주는 듯한 가와이 하야오 씨의 문체 덕도 있는 듯하다. 《카를 융 인간의 이해》의 페이지를 넘기다 보면 가와이 씨를 직접 만났을 때 느꼈던 영혼을 따뜻하게 감싸주는 듯한 충만감이 떠오른다.

처음으로 가와이 하야오 씨를 만난 것은 도쿄 스루가다이에 있는 야마노우에 호텔에서였다. 호텔로 들어가니 먼저 와 있던 가와이 씨가 몸을 일으키며 미소 지었다. '큰 사람'이라는 인상을 받았다.

그때 나는 당시에 꿨던 꿈 이야기를 했다. 내 앞에 빨간 옷을 입은 다섯 살 여자아이가 있었는데 꿈에서 깼을 때 강렬한 인상이 남았다. 그 아이가 누구인지는 모르지만 계속 묘하게 신경이 쓰인다고 말하자 가와이 씨는 빙그레 웃으며 "그것 참 재밌네요."라고 답한 뒤 "모기 씨 인생에서 5년 정도 전에 새로 시작된 일이 있나요? 그 일이 마음속에서 과제가 되고 있는 것 같네요."라고 말씀하셨다.

그 한마디에 퍼뜩 떠오르는 것이 있었다. 그때까지는 '빨간 옷을 입은 다섯 살 여자아이'라는 것은 구체적으로 존재하는 인물을 나타낸다고만 생각했었다. 하지만 그런 지적을 받고 보니 확실히 그렇게 단정할 수는 없었다. 가와이 씨가 말한 것처럼 무의식중에 마음이 쓰이고 있었던 무언가가 '빨간 옷을 입은 다섯 살 여자아이'로 의식에 떠오르는 일도 일어날 수 있다는 생각이 들었다.

"콤플렉스는 통합성을 흐트러뜨리고 장애를 일으킨다. 그래서 그 구조와 현상을 특히 자아와 관련하여 잘 알아두어야 한다. 그런데 콤플렉스는 원래 자아가 쉽게 받아들이기 힘들 때가 많다. 자아에 의한 억압 기제가 작동하기 때문에 스스로 쉽게 콤플렉스의 존재를 눈치 채지 못하는 것은 어쩌면 당연하다고 할 수 있다."(《제2장 콤플렉스》에서)

융의 심리학 체계 안에서 중요한 위치를 차지하는 '콤플렉스'. 내 꿈속에 나온 '빨간 옷을 입은 여자아이'는 내 의식이 쉽게 눈치 채지 못하는 무의식 아래에 있는 어떤 표상일 것이다. 쉽게 의식화되지 않는 기억이나 감정에 관한 정보처리의 복잡성을 현대의 뇌과학은 서서히 밝혀가고 있다. 그런 의미에서 융 심리학이 겨냥하던 목표는 확실히 먼 미래로 이어지는 것이었다고 할 수 있다.

인상적이었던 점은 "모기 씨 인생에서 5년 정도 전에 시작된 일이 있나요?" 하고 말하는 가와이 씨의 부드러운 음성이었다. 엄청난 석학인 그는 내 앞에서 치밀한 이론을 펼쳐 보이려고 마음만 먹으면 얼마든지 할 수 있었을 터이다. 그런데 "그것 참 재밌네요." 하면서 나를 부드럽게 받아주었다. 나도 모르게 내 마음속 가장 깊은 곳에 있는 비밀을 털어놓게 될 것 같은 느낌이 들었다.

가와이 씨는 미국에서 유학한 후 스위스로 건너가 융 연구소에서 공부했다. 그리고 일본인으로는 처음으로 융 학파 분석가 자격을 얻었다. 그는 카운슬링과 모래상자 놀이치료법의 개척자이자 일인자인데, 특히 '모래상자 놀이치료법'은 그 방법론에 깊이를 더해 그것을 효과적으로 개량하고 일반에 널리 알리는 데에 큰 공적을 세웠다.

**해설**

가와이 씨는 '다른 사람 이야기 듣는 일'에서도 대가였던 듯하다. 대담을 하러 간 나 또한 어느새 자연스럽게 내 이야기를 하고 있었다. 가와이 씨의 지혜로 가득 찬 따뜻한 반응에 나도 모르게 나의 모든 것을 맡겨도 될 듯한 기분이 들었다.

교토에 있는 그의 클리닉에 방문했을 때 이와 관련된 흥미로운 이야기를 듣게 되었다. 가와이 씨가 택시를 탔을 때의 일인데, 택시 운전사가 자기 처지에 대해서 하소연하기 시작하더니 거기에 몰두한 나머지 목적지와는 정반대의 장소로 가버린 일이 몇 번이나 있었다는 것이다. 대부분 "저도 말이죠, 택시 운전을 시작하기 전에는 여러 가지 일을 했는데요."라는 식으로 시작해서 자기 인생사를 털어놓는다고 했다.

물론 운전사는 손님이 '가와이 하야오' 씨라는 사실을 몰랐을 것이다. "아, 그랬군요."라는 식으로 맞장구쳐주는 말의 간격, 목소리가 주는 따뜻한 인상 등의 요소가 뒤섞여서 운전사가 자기 인생의 비밀을 말하고 싶은 기분이 들게 했을 것이다. 택시 뒷좌석에 앉아서 맞장구를 치는 것만으로 카운슬링이 시작된다. 아무리 노련한 청중이라도 이렇게는 하지 못할 것이다. 그는 그야말로 달인의 경지에 이르렀다고 할만하다.

그런 가와이 씨가 융의 세계관을 깊이 이해하고 써 내려간 이 책은 곳곳에서 주옥같은 예지가 빛나고 있다. 그중에서도 '꿈 분석'에 관한 장에서 소개한 여섯 살 남자아이의 에피소드가 인상에 남는다. 아들이 죽음에 관해 질문해서 고민이라며 아이의 어머니가 상담을 받으러 왔다. 아이는 "부모님도 결국 죽음을 맞이할 때가 올 것"이라며 운다. 그것을 듣던 어머니도 울면서 이야기를 나눈다. 어느 날 아이는 눈을 반짝이며 "엄마, 드디어 좋은 생각이 떠올랐어요."라고 말하며 달려온다. 그리고 "내가 죽어도 엄마 배 속으로 들어가서 다시 태어나면 돼요."라고 말하고는 다시는 죽음에 대한 이야기를 꺼내지 않았다고 한다.

가와이 씨는 이 보고를 듣고 강한 감동에 휩싸이지 않을 수 없었다고 고백한다. 죽음의 문제에 직면한 여섯 살 남자아이의 마음 내부에서 모든 종교에서 가장 중요한 '재생'의 모티브가 자연적으로 발생했고, 아이는 내적인 안정을 되찾았다. 아이는 융이 중요하게 생각했던 '누미노스', 즉 개념화해서 합리적으로 표현할 수 있는 것 이상이 포함된 체험을 했다. 그는 자신의 학문을 살아 있는 현장과 연결해서 아이의 영혼의 이력과 마주한다. 이런 문장을 읽으면 '이 사람의 지혜와 심성은 믿을 수 있다'고 확신하게 된다.

융 심리학을 보는 가와이 씨의 접근에는 수학에서 심리학으로 분야를 옮긴 후에도 평생을 바쳐 인간을 이해하고, 그 뿌리에 있는 재생력을 믿었던 그의 삶이 진하게 투사되어 있는 것처럼 느껴진다.

'성격유형론', '콤플렉스', '집단 무의식' 등의 융 심리학 개념은 인간 정신의 깊은 곳에 있는 원동력을 이해하기 위한 유효한 수단이다. '융'에서 '가와이 하야오'로 이어지는 '영혼의 릴레이'를 현대를 살아가는 우리도 반드시 이어가야만 한다.

물론 어려움이 없는 것은 아니다. 경험주의 과학은 그 실제적 태도로 인해서 인간 마음의 본성에서 멀어져버렸다. 융의 문제의식은 대상을 세세하게 분해해서 그 성질을 조사하는 현대 과학의 방법과는 솔직히 맞지 않는다. 이 점을 어떻게 생각해야 할까?

가와이 씨가 자신의 교토 클리닉의 모래상자가 있는 방에서 했던 말을 잊을 수가 없다. 그는 임상심리에서 가장 중요한 점은 환자가 '치료되는 것', '더 긍정적으로 살게 해주는 것'이라고 말했다. 모래상자 안에 넣고 사용하는 아이템을 표준화하거나 모래를 몇 센티미터 깊이로 하고, 칸을 몇 개로 나눌지를 정하는 일은 '재현성'이나 '보편성'을 표방하는 경험과학으로서는 필요할지도 모르지만, 그것이 지나치면 인간 마음의 유기적인 체계성이나 살아 있는 현장에서 멀어져버린다.

가와이 하야오 씨가 마주했던 인간 마음의 진실. 그것은 현대 과학이나 기술의 문법과 직접 연결하기는 어렵다. 하지만 길은 반드시 있기 마련이다. 우리에게는 너무나도 큰 숙제가 남아 있다. 온갖 복잡한 생각을 가슴에 품고서 《카를 융 인간의 이해》를 읽을 때, 이 책이 우리에게 몇 번이고 돌아봐야 하는 '고전'이라는 사실을 새삼스럽게 확신하게 된다.

# '심리치료법' 컬렉션 간행에 즈음하여

가와이 도시오

본 컬렉션은 나의 아버지이자 융 심리학을 일본에 처음으로 소개한 가와이 하야오의 심리치료법에 관한 저서에서 중요한 내용만을 모아서 일반 독자가 쉽게 볼 수 있도록 문고판 형태로 제작한 책이다. 2006년 8월에 갑자기 쓰러져 의식불명 상태로 거의 1년을 지내다가 2007년 7월에 돌아가신 아버지는 적어도 의식적으로는 죽음에 대한 어떤 준비도 하지 못하셨다. 생전에 일하던 방식 때문에 안타깝게도 유고도 남아 있지 않다. 더는 남은 연구 내용을 출판할 방법이 없으니 이 컬렉션 출판에는 추도의 의미도 담겨 있다.

본 컬렉션은 첫 번째 저서인 《카를 융 인간의 이해》로 시작해서 만년의 《심리치료법 입문》에 이르기까지 심리치료법에 대한 가와이 하야오의 생각의 변천을 따라가도록 구성되어 있다. 《카를 융 인간의 이해》는 서양에서 배운 심리치료법을 소개하고 있으며,《카운슬링의 실제》는 임상 현장에서 부딪히면서 깨달은 자신의 심리치료법 사례가 실려 있다. 저자의 독자적인 심리치료법은 63세로 교토대학교를 정년퇴직했을 때 쓴《심리요법 서설》에서 더욱 두드러지게 나타나는데, 초기의 작품에서도 그 생각의 싹을 발견할 수 있다.

심리치료는 치료사 혼자 열심히 한다고 해서 되지도 않으며, 그 치료 여부는 내담자인 타자에게 달려 있다. 융 학파의 특징이기도 한데, 아버지 가와이 하야오의 심리치료 방법론은 항상 다른 학문과의 대화나 다양한 맥락이라는 타자에 비추어서 전개하는 경우가 많다. 그것은《생과 사의 접점》에서 나오듯 문화인류학이나 종교학적인 식견이기도 하고,《융 심리학과 불교》에 나오듯 불교의 가르침이기도 하다. 또한 어떤 종류의 양 극단을 이루는 경우도 많지만, 과학도 항상 의식하고 있었다는 사실을 알 수 있다. 컬렉션의 마지막 책인《심리치료법 입문》은 '이미지', '신체성', '성 인식', '이야기' 등 다양한 타자와의 관련성을 가지고 심리치료법을 파악한 여덟 권으로 구성된《심리치료법 강좌》의 개설을 모았기 때문에 체계적이지는 않지만, 다양한 맥락에서 심리치료법을 파악하려고 하는 일관된 자세를 찾아볼 수 있다.

이번 시리즈는 심리치료법에 관한 가와이 하야오의 저서 중에 이미 문고판으로 나왔거나 한 권으로 편집하기 어려운 내용은 포함되어 있지 않기 때문에 모든 책을 망라했다고는 할 수 없다. 하지만 가와이 하야오의 심리치료법에 대한 생각의 핵심을 알 수 있는 컬렉션이라고 할 수 있다.

판권과 관련해서는 바이후칸培風館과 세이신쇼보誠信書房에서 감사하게도 사용해도 좋다고 허락해주었다. 본 컬렉션에서 《융 심리학 입문》과 《카운슬링의 실제》(《카운슬링의 실제문제》라는 제목으로 세이신쇼보에서 간행되었다)를 발췌했기 때문에 더 전문적으로 알고 싶은 사람은 바이후칸과 세이신쇼보에서 나온 완전판을 추천한다. 또한 바쁜 와중에도 각 권의 해설을 흔쾌히 승낙해주신 여러 선생님과 기획부터 아낌없는 지원을 해주신 이와나미쇼텐의 나카니시 사와코 씨에게 깊은 감사의 뜻을 전한다.

2009년 3월의 마지막 날

가와이 도시오

# 카를 융 인간의 이해

초판 1쇄 발행 | 2018년 5월 15일
개정판 1쇄 발행 | 2023년 4월 7일
개정판 2쇄 발행 | 2024년 1월 17일

지은이      가와이 하야오
엮은이      가와이 도시오
옮긴이      김지윤
책임편집    김원영
디자인      이미지 박소현

펴낸곳      (주)바다출판사
주소        서울시 마포구 성지1길 30 3층
전화        02-322-3885(편집) 02-322-3575(마케팅)
팩스        02-322-3858
E-mail      badabooks@daum.net
홈페이지    www.badabooks.co.kr

ISBN        978-11-6689-146-5 93180